圖說 史記

（西汉）司马迁 著

强尚龙 冯增录 郭枫义 编译

西安交通大学出版社
XIAN JIAOTONG UNIVERSITY PRESS

七十列传 下

图书在版编目(CIP)数据

图说史记.七十列传.下/强尚龙,冯增录,郭枫义编译.
—西安:西安交通大学出版社,2015.8(2016.12 重印)
ISBN 978-7-5605-7788-3

Ⅰ.①图… Ⅱ.①强… ②冯… ③郭… Ⅲ.①中国
历史-古代史-纪传体-通俗读物 Ⅳ.①K204.2-49

中国版本图书馆 CIP 数据核字(2015)第 192992 号

书　　名	图说史记·七十列传(下)
编　　译	强尚龙　冯增录　郭枫义
责任编辑	郭　剑

出版发行　西安交通大学出版社
　　　　　(西安市兴庆南路 10 号　邮政编码 710049)
网　　址　http://www.xjtupress.com
电　　话　(029)82668357　82667874(发行中心)
　　　　　(029)82668315(总编办)
传　　真　(029)82668280
印　　刷　西安明瑞印务有限公司

开　　本　700mm×1000mm　1/16　　印张 23.625　　字数 310 千字
版次印次　2015 年 8 月第 1 版　　2016 年 12 月第 3 次印刷
书　　号　ISBN 978-7-5605-7788-3/K·127
定　　价　49.80 元

序言

史苑奇葩——《图说史记》丛书含苞欲放。在该书付梓前夕，歌民、歌文先生约我为该书作序。细细品读，我悟出八个字：功莫大焉，可喜可贺！

西汉王朝是继秦王朝之后在中华大地上建立的又一个中央集权的大一统国家。"汉承秦制"，却吸取了秦王朝"仁义不施"的教训，采取无为而治和与民生息的政策，从而出现了中国封建社会少有的"文景之治"和"汉武盛世"。经济的发展、国力的雄厚、疆域的开拓、社会的稳定，以及各民族文化的交流融合，为东方巨人的崛起创造了条件。中华民族第一次文化高潮以空前磅礴的气势奔腾而至。历史要求对黄帝以来的数千年文化进行总结，而适时肩负起这一伟大历史使命的就是世界文化巨人司马迁；对黄帝以来三千年历史文化作出全面总结的，便是太史公倾毕生之心血凝成的鸿篇巨制《史记》。

《史记》是我国第一部纪传体通史，为"二十四史"之首，它囊括了政治、经济、军事、法律、教育、宗教、学术、科技、民族、历史、文学、美学、天文、地理、人才、伦理、道德、社会、民俗和医学等各个方面的内容。《史记》在中华传统文化国学精品中是无以伦比的百科全书。中国人，不能不读《史记》。

《史记》中的本纪、世家、列传都以人物为中心展开历史画卷，从而塑造了许许多多既具有时代特征，又具有鲜明个性的人物形象，开创了我国纪传体史书的先河，其选材、剪裁和人物形象塑造、心理描写、性格表现等手法、技巧，对后世历史、传记、小说、戏剧乃至叙事诗歌的创作都具有深远的影响。

《十二本纪》仿效《春秋》按年月记大事的体制，以历代帝王为历史事件的中心人物，当然也包括司马迁心目中扭转乾坤的盖世英雄。它记述历代帝王的兴替及其重大的政治事件，并以其前后继承关系显示历史的发展，作为全书的总纲，用以统帅整个历史的论述，形成了华夏民族统一的思想观念和基本意识，对华夏一统思想的形成奠定了基石。

《三十世家》记述了西周和春秋战国以来主要诸侯国以及西汉所封诸侯、勋贵的历史，可以认为是纪、传结合的国别史。当然其中也记载了司马迁认为应该与公侯相提并论的特别重要的人物史迹。司马迁以公侯为中心编年纪事，既是对《十二本纪》内容的承接，又是对历史社会更深入的剖析，展示出了一幅更为宏阔、更为生动、更为深入的历史画面。

《七十列传》除《匈奴列传》、《大宛列传》、《西南夷列传》、《南越列传》、《东越列传》、《朝鲜列传》等记叙当时中国境内非汉族君长和外国君长统治的历史外，其他人物记述得非常广泛，包括贵族、官吏、学者、政治家、军事家、文学家、刺客、游侠、商人等不同阶层、不同职业的各种人物。在记述中，他偏重于个体人物人生得失的探究，表现出不同层面、不同性格的人物以及各自不同的命运，道理发人深省，令人感叹不已。《七十列传》的文笔挥洒自如，写法不拘一格，语言辩而不华，质而不俚，成为后世文学的典范。

《史记》的语言生动传神，简洁流畅，甚至有许多陕西省关中地区方言口语化的特点。历史上每当繁缛、怪癖、艰涩的文风出现时，杰出的文学家便以《史记》为典范提倡新文风，韩愈、柳宗元以复古为革新的古文运动，便是有名的例证。然而，时隔两千多年，祖国语言已经发生了很大的变化，不仅中等文化程度的广大读者通读《史记》原文会感到困难，即使是古代史专业和古代文学、古汉语专业以外的各种专业学者要研究《史记》，也难免遇到文字障碍。有鉴于此，姚歌民、冯巧丽、姚歌文、冯晓薇诸君组织强尚龙、冯增录、郭枫义等先生会同西安交通大学城市学院艺术系多位老师合作编著了这套《图说史记》丛书，陕西盛星皓月文化传播有限公司董事长雷建强先生为本书的编辑出版提供了全方位的帮助。丛书将文言文全部翻译成白话文，并精心搭配了4000多幅生动的手绘插图，对难认、难解的字词作了注音，为一般读者扫除了阅读障碍。丛书以创新的形式，全方位、新视角、多层面地向读者呈现了这部中华历史经典，全景式再现了华夏三千年恢弘的历史画卷。这为帮助广大读者，尤其是青少年朋友更好地理解原著提供了便利条件，尤其是"图说"给读者带来了身临其境的阅读体验和感同身受的时空遨游。

我郑重地把《图说史记》丛书推荐给大家，它确实值得一读。还是我前边的话，歌民诸君的辛勤劳作功莫大焉、可喜可贺！

薛引生
（中国史记研究会常务理事）

专家推荐

在中国传统文化国学精品中,惟有《史记》是无以伦比的"百科全书",它有取之不尽的思想源泉,养育着一代又一代人。这一特殊的历史价值与地位,使《史记》成为中国学人的根柢书。司马迁的思想、精神、人格对中国知识阶层,对中华民族产生了不可估量的影响,以至于不研究司马迁和《史记》,就有中国文化从何谈起之感。《史记》又融文、史、哲、经于一炉,成为各个学科的研究对象。中国自 20 世纪 80 年代改革开放以来,学术界发表《史记》论文 2000 余篇,出版《史记》论著约 150 余部,作者达 1200 余人,可以说是《史记》研究的黄金时代。余平生致力于《史记》研究,积渐已达 50 余年,躬逢盛世,其乐无比,其中甘苦,每体味三生。研读《史记》看似容易,深入实难。司马迁早有警言:"非好学深思,心知其意,固难为浅见寡闻道也。"(《史记·五帝本纪》)余观《史记》研习者中,涉猎者多,专精者少,有突破性建树者更鲜也。总之,非好学深思,并持之以恒者,是难以有成的。

——张大可(中国史记研究会会长、教授)

伟大的历史学家司马迁的《史记》是一部以五十二万字高度浓缩的三千多年中国历史的史卷,同时也是一部大数据史书。这部书里不仅浓缩了中国人的历史和文化,同时也是一部启发全人类智慧、培养无尽的洞察力的一部好书,是一本历史文化经典史书。

——金瑛洙(韩国灵山圆佛教大学校教授、韩国司马迁学会创立人)

《史记》是文、史、哲合一的著作,其中蕴藏先民和司马迁极为丰富的智慧结晶。各人尽可以有个别不同的领会,各自受用无穷。

——李伟泰(台湾大学教授、文学博士)

古人说"以史为鉴",现代人说"读史使人聪明"。《史记》是中国史学的宝典,司马迁透过人物的塑造,呈现历史的真实,呈现多元的政治、社会图像,更呈现人物的典型性与历史的普遍性,有助于后人从历史中汲取智慧。

《图说史记》丛书深入浅出,生动地传达了司马迁的历史书写与历史智慧,文不甚深,言不甚浅,读之益人神智,值得推荐给所有人,引领读者进入司马迁由睿智的历史观察呈现的博大深刻的历史世界。

——林聪舜(台湾师范大学博士、台湾清华大学中国
文学系教授兼系主任、美国普林斯顿大学访问学者)

本书在编写上既严肃认真,又不失生动活泼,企图引领读者于轻松惬意的阅读中获取历史知识,在笔法上力求短小精悍、生动幽默。本书以浅显易懂的文字,活泼、灵妙的图画相配合,使《史记》的人物事迹跃然纸上,为广大读者提供了一种新的阅读《史记》的方式,更为学术的普及化注入一股源头活水。

——刘锦源(台湾清华大学博士、马偕学校
财团法人、马偕医护管理专科学校教授)

目录

七十列传（下）

匈奴列传第五十 …………………………………………………（001）

卫将军骠骑列传第五十一 ………………………………（035）

平津侯主父列传第五十二 ………………………………（053）

南越列传第五十三 ………………………………………（073）

东越列传第五十四 ………………………………………（087）

朝鲜列传第五十五 ………………………………………（097）

西南夷列传第五十六 ……………………………………（105）

司马相如列传第五十七 …………………………………（115）

淮南衡山列传第五十八 …………………………………（153）

循吏列传第五十九 ………………………………………（181）

汲郑列传第六十 …………………………………………（191）

儒林列传第六十一 ………………………………………（203）

酷吏列传第六十二 …………………………………………（217）

大宛列传第六十三 …………………………………………（241）

游侠列传第六十四 …………………………………………（263）

佞幸列传第六十五 …………………………………………（275）

滑稽列传第六十六 …………………………………………（283）

日者列传第六十七 …………………………………………（301）

龟策列传第六十八 …………………………………………（313）

货殖列传第六十九 …………………………………………（331）

太史公自序第七十 …………………………………………（355）

匈奴列传第五十
人物像

孝文帝

卫青

霍去病

冒顿

中行说

匈奴列传第五十

匈奴人的先祖是夏后氏的子孙，叫淳维。唐尧、虞舜以前就有山戎、猃狁、荤粥居住在北方蛮荒之地，随畜牧的需要而不断迁移。他们蓄养最多的牲口是马、牛、羊，最奇特的有骆驼、驴、骡子、駃騠、騊駼、驒騱。

这是一个追逐水草的民族，不断迁徙；他们没有城郭和经常居住的地方，不从事农业，但却有各自的分地。没有文字书籍，只能用言语约束人们的行动。

他们的少年儿童能骑羊，会用弓箭射击鸟和老鼠，再大些就能射杀用作食物的狐狸和兔子。成年的匈奴男人能拉开满弓，全都披盔甲，骑战马。不打仗的时候，人们随意放牧，以射猎飞禽走兽为生计，遇到紧急或战事时，人人都习练骑射，以便侵袭掠夺，这是他们的天性。

弓箭是匈奴人的长兵器，刀和铁把小矛是他们的短兵器。对他们来说，形势有利就进攻，不利就撤退是一件很正常的事，他们从不把逃跑当作羞耻。只要有利可图，就不管是否合乎礼仪。

从君王以下，人人都吃牲畜肉，穿牲畜皮做的衣服，披带毛的皮袄。青壮年人吃最肥美的肉，上了年纪的吃剩下来的肉，他们崇尚强壮有力量，轻视老弱病残的人。父亲死后，儿子娶后母为妻；兄弟死后，活着的就娶死去兄弟的媳妇做妻子。他们有名字，却不会避讳，没有姓和字。

夏朝衰微后，公刘失去了他的稷官之职，改变了西戎的风俗，在豳(bīn)地建立都邑。以后的三百多年间，戎狄人进攻太王亶父，亶父逃亡到岐山脚下，而豳地民众全部跟随亶父来到岐山脚下，创建周朝。

一百多年后，周朝西伯昌讨伐畎(quǎn)夷氏，又过了十多年，武王讨伐纣王建造洛邑，重新回到酆京、鄗京居住，放逐戎夷到泾河、洛河以北，让他们按时纳贡称之为"荒服"。

过了二百多年，周朝衰微，周穆王讨伐犬戎，获得四条白狼、四只白鹿后回来了。这以后，荒服的戎夷人再也没有来镐京纳贡。于是周朝就制订了《甫刑》法规。

周穆王以后的二百多年，周幽王由于宠幸褒姒，与申侯结下仇怨。愤怒的申侯与犬戎在骊山下联合攻打并杀死周幽王，戎狄趁机夺取了周朝的焦获之地，居住到泾水和渭水之间，侵犯中原地区。这时秦襄公援救周王朝，周平王只好离开酆京、镐京，向东迁徙到洛邑。

这时，秦襄公来到岐山攻打戎人，被封为诸侯。以后的六十五年间，山戎越过燕国进攻齐国，齐僖公同山戎在齐国城郊作战。

后来的四十四年间，山戎进攻燕国。燕国向齐国求救，齐桓公北上讨伐山戎，山戎逃跑。这以后的二十多年间，戎狄来到洛阳，攻打周襄王，周襄王逃到郑国的氾邑。

最初，周襄王想攻打郑国，娶了戎狄的女子做王后，同戎狄的人马一起讨伐郑国。不久，周襄王废黜了狄后，狄后心里怨恨他；周襄王的后母叫惠后，有个儿子叫子带，想立他为王。惠后伙同狄后、子带做内应，为戎狄打开城门，戎狄因此进了城，打败周军，赶走周襄王，立子带为天子。

戎狄中的一些人就住到陆浑，东部到达卫国，不断侵犯虐害中原，中原人民痛恨他们，所以《诗经》的作者作诗说："打击戎狄""讨伐猃狁，到达大原""出动军车，战马盛多""在北方筑城"。

周襄王在外流亡了四年，派使者向晋国求救。那时晋文公刚刚即位，想要创建王道霸业，就发兵讨伐并驱逐了戎狄，杀了子带，迎回周襄王，居住在洛阳。

这时候，秦国晋国都是强大的封国。赤狄、白狄的戎狄部落定居在河西圁水、洛水之间，他们被晋文公打跑了。秦穆公在由余的帮助下，获得西戎八国的臣服。

从陇地向西，有绵诸、绲戎、翟、獂（huán）之戎；岐、梁山、泾水、漆水以北有义渠、大荔、乌氏、朐衍等戎狄部落；晋国北部有林胡、楼烦等戎狄部落，燕国北部有东胡、山戎等部落。他们都分散居住在溪谷里，有自己的君长，常常百多个部落聚集在一起，但都不能相互统一。

从这以后的一百多年间，晋悼公派魏绛与戎狄讲和，戎狄人朝见晋国。

以后的一百多年间，赵襄子越过句（gōu）注，攻破又兼并了代地，逼近胡人、貉人居住区。后来，他又与韩康子、魏桓子夷齐灭了智伯，瓜分并占有了晋国的土地。

这样一来，赵国就占有了代地与句注山以北的土地，魏国占有了河西与上郡的土地，与戎狄比邻而居。

后来，义渠的戎狄部落修筑城郭用来防卫自己，但遭到秦国蚕食。到秦惠王时期，秦国攻夺了义渠二十五座城。秦惠王攻击魏国，夺取了西河及上郡的土地。

秦昭王时期，义渠戎狄首领与宣太后淫乱通奸，生下两个儿子。宣太后在甘泉宫设计杀死了义渠戎王，接着发兵讨伐义渠残余部落，秦国占领了陇西、北地、上郡之地，修筑长城来防范、抵抗胡人。

赵武灵王也改变风俗，让人们穿胡人衣服，学习胡人骑马射箭技术，向北打败林胡、楼烦。修筑长城，从代地沿着阴山脚下直到高阙，修建了要塞。设置了云中、雁门、代郡。

后来燕国出了个著名的大将秦开，他被送到胡人那里当人质，胡人特别相信他。秦开回来后袭击并打败东胡人，致使胡人后退一千多里。当年与荆轲一起刺杀秦王的秦舞阳就是秦开的孙子。

燕国也修筑了长城，从造阳一直到襄平，设置了上谷、渔阳、右北平、辽西、辽东郡来防范抵御胡人。

这时候，具有文明礼仪又相互攻打的大国有七个，其中三个和匈奴人边界相邻。后来李牧当了赵国的大将，匈奴人害怕他，不敢侵扰赵国的边境。

秦国灭亡六国后，秦始皇派遣大将蒙恬率领十万大军向北攻打匈奴，收复黄河以南所有的土地，凭借黄河做要塞，靠近黄河岸边修建起四十四个县城，迁徙那些犯了罪被贬戍守边境的罪犯，来充实这些县城。

秦国又修建起一条从九原直到云阳的道路，凭借边塞、山区险要的沟壑等可以修缮的地方建起城池，从临洮直到辽东一万多里。又渡过黄河，占据阳山、北假一带。

当时，东胡比较强大，月氏较为兴盛。匈奴的单于叫头曼，头曼打不过秦国，不得不向北迁徙。十多年后，大将蒙恬死了，诸侯们开始背叛秦国，中原地区混乱不堪。

被秦朝当年迁徙过去谪守边疆的犯人都纷纷离去，于是匈奴人得到宽松机会，慢慢地又渡过黄河，在黄河以南与中原地区原来的关塞接界。

单于的太子叫冒顿。后

来，单于最喜欢的阏氏生了个小儿子，单于就打算废掉冒顿而改立小儿子当太子。他命令冒顿到月氏国当人质，冒顿去了以后，头曼却快速去攻打月氏。月氏就想杀冒顿。冒顿偷了一匹月氏人的良马，逃了回来。

头曼觉得冒顿很勇猛，就让莫顿统领一万多名骑兵。冒顿设计出一种能发出响声的箭镞，训练他的骑兵，他命令说："我的响箭就是你们的方向，它射向哪里，所有人也要跟着射向那里。否则，杀！"

冒顿首先让骑兵射猎鸟兽，有不按响箭的方向射猎的，全部被他杀死；接着射猎他的坐骑，左右亲信由于不敢射杀，就立即被处死。不久，冒顿又让射击他最喜欢的妻子，亲信中有人恐惧，不敢射杀，冒顿又把这些人杀了。不久，冒顿用响箭射杀单于的良马，左右亲信都跟着他一起射杀。

冒顿拥有了一支只听令于自己的部队。一次，他跟随父亲头曼单于外出打猎，用响箭射杀头曼的头，左右亲信都跟着他射杀单于，然后杀了后母和弟弟以及不听从他的人。冒顿让自己做了单于。

冒顿当了单于，这时的东胡比较强大，听到冒顿杀父自立为王，就派使者对冒顿说，想得到头曼的千里马。冒顿向群臣询问，大臣们都说："千里马是匈奴的宝马，不能给！"冒顿却说："我们同人家是邻国，怎么可以吝啬一匹马，让邻居不高兴呢？"就给了东胡千里马。

不久，东胡认为冒顿害怕他们，又想要一名单于的阏氏。冒顿征询

大家的意见，大臣们很愤怒，说："太无耻了，东胡居然向我们要阏氏，请求大王出兵攻打东胡！"冒顿说："我们怎么能吝啬一个阏氏，却让邻居不高兴呢？"就把自己最心爱的阏氏送给了东胡。

东胡王越来越放肆，向西侵犯。东胡与匈奴之间有一块闲弃没人居住的土地，纵横一千多里，双方都在边界建有哨所。东胡派使者前来对冒顿说："这块闲置的土地，你们匈奴人就不能再到那里去了，我们准备占有它！"冒顿询问群臣，群臣中有人说："这好似一块闲置的土地，给了他也没有关系，不给也行。"

冒顿大怒，说："土地是国家的根本，怎么能够随便送给他人呢。"他把说可以送给东胡的大臣都杀了。冒顿上马，下令只要有后退的，杀！就率军向东袭击东胡。

东胡一开始轻视冒顿，没有做防备。等到冒顿的部队过来后，一交手就大败。冒顿消灭了东胡王，俘虏了东胡的百姓，掠夺了财产和牲畜。

冒顿返回后，又向西赶走月氏，向南吞并了楼烦和白羊河南王。全部收复了秦朝时蒙恬将军掳掠走的匈奴地盘，与汉朝以原来的河南塞为界，直到朝那（zhūnuó）、肤施之地，又侵犯燕国和代国。

这个时期的汉军正忙着与项羽开战，战争使中原地区疲惫不堪。却给冒顿留下了自强壮大的机会，匈奴有能够拉弓打仗的部队三十多万人。

从淳维到头曼的一千多

年间,匈奴的势力时大时小,一会儿相聚,一会儿分离,时间跨度太大了,他们的世系没法排列出来。然而,只有到了冒顿时代,匈奴人的力量才是最强大的,他让北方夷人完全服从匈奴的统治,又与南边的汉族政权形成敌对国。这以后,他们的世系、国家的官位名号才能够被记录下来。

匈奴人设置了左右贤王,左右谷蠡王,左右大将,左右大都尉,左右大当户,左右骨都侯。他们把"贤"叫"屠耆",他们常用太子做左屠耆王。

匈奴从左右贤王以下到当户之间,官职大的拥有一万多骑兵,官职小的也有几千骑兵,二十四位长官,名号叫做"万骑"。所有大臣都是世袭的官位,呼衍氏、兰氏,还有后来的卜(bǔ)氏,这三个姓氏是匈奴的贵族。

匈奴所有左方的王和将都居住在东方,直到上谷郡以东,与秽貉、朝鲜接境;右方的王和将都居住在西方,直到上郡以西,与月氏、氐、羌等接壤;而单于的王庭一直延续到代郡、云中郡。他们之间各有自己的封地,追逐茂盛的水草而不断迁徙。

匈奴的左右贤王和左右谷蠡王为最大的封国,左右骨都侯都辅佐单于统治。二十四长官也各自设置千长、百长、什长、裨小王、相、封都尉、当户、且渠等官职。

每年正月,各位长官小规模聚会于单于的王庭,做祭祀。五月,在茏城举行大规模集会。祭祀先祖、天、地、鬼、神等。秋天,牲畜肥壮的季节,他们举行盛大的集会蹛(dài)林,考核和计算人口、畜产数量。

按照匈奴的法律，拔刀伤人造成伤口达到一尺长，就可判死罪，犯盗窃罪的没收家产；犯罪之人，罪轻的，判压碎身上骨节刑罚，重大的，判死罪。坐牢最久的不超过十天，一国之内没有几个罪犯。

单于早上离开营地，跪拜刚刚升起的太阳，晚上跪拜月亮。他们的座位，年长的面朝北坐在左边。他们尊崇戊时己时。

殡葬上，匈奴安葬逝者时有棺椁金银衣裘，没有坟墓、树、丧服；单于死后，他亲近、宠幸的大臣以及妻妾要给他陪葬，陪葬的人数最多可以几十或几百人。

一般出征时，匈奴人都要观测星月，月亮圆了就打仗，月亮亏了就收兵。打仗时，凡杀死和俘虏了敌人，都会奖励一壶酒，战利品也都分给他们，俘虏都会变成自己的奴婢。

只要有战争，每个匈奴人都自动寻求自己的利益，他们善于埋伏，诱敌深入，就好像鸟儿向一处飞翔一样；如果他们遭遇失败，马上就解散队伍，像云一样散去。战斗中能把战友的尸体拉回来并安葬的，就可以获得死者的全部家产。

后来，冒顿又向北征服了浑瘐、屈射、丁零、鬲昆、薪犁之国。匈奴的贵族和大臣都服气冒顿，认为冒顿是最贤能的领袖。

这时，汉朝刚刚平定了中国，迁韩王信到代地，监督马邑城。匈奴人大举围攻马邑城，韩王信投降匈奴。匈奴人得到了韩王信，就统兵向南越过句注，围攻太原，直到晋阳城下。

高帝亲自领兵前去剿杀。正值隆冬，严寒雨雪，兵士中十分之二三被冻掉手指。冒顿假装失败，落荒而逃，却把他的精锐部队藏起来，只留下老弱病残的兵士在外面活动。

在这种情况下，汉军把自己的全部力量拿了出来，大部分是步兵，三十二万人马全部向北，追赶冒顿。汉高帝先到达平城，步兵却没跟上，冒顿就率领精锐部队

四十多万骑兵把汉高帝围困于白登山，鏖战七天，汉军里外不能相互救助粮草。而匈奴人的骑兵，在西边的全部是白马，东边的是青色马，北边的是黑马，南边的是赤色马。

高帝就让使者偷偷送给阏氏许多财物，阏氏对冒顿说："双方的君主不能够相互围困，现在就是获得了汉朝的土地，但那里终究不是单于的久居之地。况且汉王也有神明帮助，请单于好好想一想。"

冒顿本来就和韩王信的将领王黄、赵利约定了会师时间，但王黄和赵利却没有按时来，冒顿怀疑王黄、赵利与汉朝有阴谋，就采纳了阏氏的意见，解开包围圈的一角。

汉高帝于是命令兵士们持满弓，箭上弦，一致对外，从放开的包围圈

直接攻打出去，与外围的大军会合，冒顿和汉军都各自领兵回返，白登山之围被解。高帝便派刘敬到匈奴缔结和亲的盟约。

后来韩王信替匈奴人领兵，他和赵利、王黄等人多次违背汉与匈奴的盟约，侵扰掠夺代郡、云中郡。

不久，汉将陈豨谋反，又与韩王信合谋一起攻击代郡。

汉朝派遣樊哙前往攻打，收复了代郡、雁门，云中等郡县，但没有越过边塞。

这时期，汉朝一部分将领投降，冒顿便经常往返于代地，进行侵扰抢掠。汉高帝命刘敬奉汉朝皇室公主过去做单于的阏氏，每年送给匈奴一定数量的丝绸、缯、酒、米、食物等，结成兄弟友好，实行和亲政策，于是冒顿很少到边关侵扰掠抢。

后来燕王卢绾谋反，率领他的部属几千人叛逃匈奴，往来于上谷以东，给当地人带来极大的困苦。

汉高帝去世后，孝惠帝、吕太后时期，天下刚刚稳定，匈奴人却越发骄横。冒顿给吕后写了一封口无遮拦的信，使得吕后发了脾气，准备派军前去攻打。但诸位将领劝道："凭借高帝的贤明威武，尚且还被困在平城"，吕后只好打消了进攻的念头，也走与匈奴和亲的道路。

孝文帝刚刚继位，又开始施行和亲政策。汉文帝三年五月，匈奴右贤王进入河南之地居住，侵扰抢掠，杀戮边民。汉文帝诏令丞相灌婴出动车骑八万五千辆，前往高奴抗击右贤王。右贤王逃到塞外。汉文帝幸临太原。

这时济北王刘兴居谋反，文帝从太原返回，解除了丞相灌婴攻打匈奴一事。

第二年，单于送汉朝天子书信，说："上天眷顾的匈奴大单于恭敬地问候汉朝皇帝平安。前段时间皇帝所言和亲的事，和信中说的很一致，双方都很高兴。汉朝边吏侵扰侮辱匈奴右贤王，右贤王没有请示单于，却听信后义卢侯难氏等人计谋，与汉吏抗衡，断绝了两位首领缔结的盟约，离散了我们之间兄弟般感情。"

单于在信中说："皇帝两次责备的书信收到了，我们派出送书信和报告情况的使者却被汉朝阻拦，没有回来，汉朝的使者也不到我们这边来了，汉朝因为这个不与我们和解，我们也不能依附邻国。"

单于说："如今因为小官吏破坏了和约，我已惩罚右贤王，派他向西寻找并攻打月氏。凭借上天的眷顾，部队的精良，战马的强壮，已经灭掉了月氏，杀死了反抗不服的，降服了普通百姓。又平定了楼兰、乌孙、呼揭及其旁边二十六个国家，都变成匈奴的一部分。各个部落善于拉弓打仗的民众，合为一家。"

单于说："现在北方已经平定，我们希望能够停止战争，休养兵士，养育战马，消除以前的误会，回复原有的盟约，使边界的民众安详顺利，构建匈奴和汉朝自古以来建立的友好关系，让少有所长，老有所安，世代平安快乐。"

单于最后说:"我们还不知道汉皇帝的心愿,所以就派遣使者郎中系雩浅奉上书信,献上骆驼一匹,战马两匹,驾车之马八匹。如果汉皇帝不想让匈奴人靠近边塞,我们就命令自己的边民远离汉朝边关。使者到了后,就即刻让他返回。"

六月中旬,匈奴使者来到薪望之地。匈奴单于的信送到后,汉朝君臣商议出兵或和亲哪一个更有利朝廷。大臣们都说:"单于刚刚攻打完月氏,气势正盛,不适宜攻打。况且,即就是获得了匈奴的土地,那些都是盐碱地,也不能长期居住,和亲是最好的办法。"汉朝答应了匈奴的要求。

孝文帝前元六年,汉朝送给匈奴的书信中说:"大汉朝皇帝敬问匈奴大单于安好。单于派遣郎中系雩浅送给朕的信收到了,看后我很高兴,这是古代圣贤君主的心意啊。汉朝与匈奴缔结合约,结成兄弟般友好关系,所以我送给单于的礼物很丰厚。"

汉朝送给单于的信中说:"违背和约,离散兄弟关系的,常常在于匈奴。但右贤王的事出现在大赦之前,单于不要过多责罚。如果单于能心口如一,管束部下,能信守盟约,我将严谨地对待单于信中所提之事。"

汉朝的信中说:"使者说单于亲自领兵讨伐别国有功劳,却为战争深深苦恼。现在,送给单于汉皇帝穿过的服绣袷绮衣、绣袷长襦、锦袷袍各一，比余一，黄金饰具带一，黄金胥纰一，绣十匹，锦三十匹，赤绨、绿缯各四十匹，派中大夫意、谒者令专程馈赠单于。"

不久，冒顿死了，他的儿子稽粥（jī yù）继位，叫老上单于。

老上稽粥单于刚刚当上匈奴王，孝文帝又派遣皇室公主做单于阏氏，让燕国宦官中行说辅佐公主。中行说不愿意去，汉朝强迫他前往。

中行说临走时说："一定要让我到匈奴去的话，我就会成为汉朝的祸患！"中行说到匈奴后，趁机投降了单于，单于非常宠信他。

一开始，匈奴人很喜欢汉朝的棉絮、缯、食物，中行说说："匈奴人没有汉朝一个郡县的人口多，可是却比汉朝强大，原因就在于匈奴的衣食住行都和汉朝不一样。现在单于要变革习俗，使用汉朝人的衣食住行，汉朝送给匈奴的物品不超过十分之二，那么匈奴就会完全归属依附于汉朝了。"

中行说强调："希望把从汉朝得到的缯絮做成衣服，骑马在荆棘丛中飞驰，让衣服撕裂，以此告诉人们，汉朝的缯絮没有匈奴人的旃裘皮袄完美。把从汉朝人那里得到的食物统统扔掉，以表示没有乳汁及乳制品味美。"中行说教导单于身边的人分条记事，以便能核算他们的人口和牲畜数量。

汉朝写给单于的书信，是写在一尺一寸的木札上，开头总是说："大汉朝皇上敬问匈奴大单于安好！"然后是所赠送的物品清单和要说的话。中行说让单于对汉朝皇帝的书信，要写在一尺二寸的木札上，把印章和封泥的尺寸加大加宽加长，信的开头就要态度倨傲，写上"天地所生日月所置的匈奴大单于恭敬问候汉朝皇帝平安"然后再写上所赠送物品清单和要说的话。

汉朝使者有人说："匈奴的风俗中轻视老年人。"中行说反驳道："你们汉朝的风俗，当兵要出发戍守边关疆土，他们的长辈难道有不省下暖和的衣物和丰盛的美食，让出征的人使用？"

汉朝使者说："当然这样！"中行说道："匈奴人都明白战争的意义，不能参加战斗的老弱病残都把丰盛的美食送给健壮者，大概这就是为了保卫自己。这样父子才能相互保护，怎么能说匈奴人轻视老年人呢？"

汉朝使者又说："匈奴人的父子同睡一顶帐篷。父亲死后，儿子就娶后母当妻子；兄弟死后，就把兄弟的妻子全部占为己有。没有帽子和衣带等装饰品，缺少朝廷礼仪。"中行说反驳道："匈奴人的风俗中，人吃牲畜肉，喝牲畜乳汁，穿牲畜皮做的衣服；牲畜吃青草喝泉水，随着节令不断迁徙转移。情况紧急了，人人学习骑射；情况松宽了，人人和乐无事。条条框框少，简单易行。君臣关系简单，一个国家的政治就像一个人的身体一样。父子兄弟死了，就娶他的妻子做妻子，这是在确保宗族的延续。所以，匈奴人虽然关系混乱，但是一定要立本族的子弟。"

中行说说："现在的中原，即使不乱伦，亲属间却越来越疏远，甚至相互残杀，改朝换姓。都是因为这些才造成的。况且礼仪的弊端是，君臣之间生怨气，建造豪华的宫室，耗费民力。认真耕作以满足衣食所需，构筑高大的城墙来保护自己，百姓急迫时不习兵攻伐，松宽时又要劳作，疲惫不堪。难道戴上帽子就了不起了吗？"

从这以后，汉朝使者要和匈奴辩论时，中行说总是说："汉朝的使者不要多说话！好好想一想汉朝送给匈奴的缯絮米蘖，一定要分量足，质量好就可以了，何必说那些多余的话呢。送给匈奴的一定要齐全美好，不齐全或者粗劣的话，那么等到成熟时，匈奴就骑上马糟蹋你们待收的庄稼。"中行说没黑没白地教导单于等待有利时机和地点。

孝文皇帝十四年，匈奴单于率领十四万骑兵攻打朝那、萧关，杀死北地都尉孙印，强掳百姓牲畜及财物多得无法统计，然后到了彭阳。派突击军队攻占并烧毁回中宫。匈奴的侦查骑兵甚至到达了雍州甘泉。

孝文帝用中尉周舍，郎中令张武为将军，兵发战车一千辆，骑兵十万，驻扎在长安旁边防范匈奴的侵扰。又任命上郡将军昌侯卢卿，北地将军宁侯魏遫，陇西将军隆虑侯周灶，大将军东阳侯张相如，前将军成侯董赤，率领大量战车和骑兵攻打匈奴。单于滞留在汉朝边关一个多月就离开了，汉军追逐出边塞后立即回还，没有斩杀敌军。

匈奴人一天比一天骄横，每年都侵入汉朝边境，残杀掠抢汉朝大量的民众及财物，云中郡、辽东郡最为严重，连同代郡，一共有一万多人被杀。汉朝担忧匈奴，于是派使者送书信给单于，单于也派当户来汉朝送信，表达感谢之意，双方再一次商定和亲。

孝文帝后元二年，派遣使者对匈奴单于写信说："大汉朝皇帝敬问匈奴大单于安好。你派当户且居雕渠难、郎中韩辽送给我的两匹马，我恭敬地接收了。汉朝先帝规定：长城以北，拉弓引箭者的国家，由单于统管；长城以内，是戴冠束带者的国家，我也要控制它。使万民种田纺织射猎而获得衣食，父子不分离，君臣和气，没有暴虐和叛逆的事发生。"

孝文帝的信中说："如今听说奸邪之人贪图利益，违背道义，背叛合约，忘记万民的性命，离间两国君主的交情，但这些都是以前的事了。你的信中说：'两国已和亲，两位君主都高兴，停止战争，休养兵士，养肥战马，世代和平欢乐，重新开始友好的新局面。'我特别赞赏这个提议。"

孝文帝说："圣明的人天天都在进步，改正不足，重新开始，使老有所养，幼有所长，各自爱惜生命，度过一生。我与单于都遵照这个道理，顺应天意，体恤民情，世代相传，永远延续，天下之人没有不获得利益的。汉朝和匈奴是实力相当的邻居，匈奴地处北方，寒冷的天气早早就降临那里，所以我诏令使者年年要送给单于秫蘖(niè)金帛丝絮和其他物品。"

孝文帝说："如今，天下安定，万民和乐，我与单于作为他们的衣食父母。我听说，天不会覆盖一方，地也不会承载一处。我愿与单于抛弃以前的小嫌隙，消除过去的不愉快，从两国的长远利益出发，使两国民众情同一家。让万物苍生都能寻找到有利的生活环境，躲避危险。"

孝文帝最后强调："所以前来归顺的，都不能阻止，这是天经地义的事。过去的不再提起，汉朝即刻释放匈奴逃亡隶民遣送归国，希望单于也不要再纠缠逃往汉朝的章尼等人的过失。古代的帝王们，合约一旦缔结，就信守诺言，从不食约。希望单于留意，天下则一定会安宁的。和亲之后，汉朝绝不先违反盟约。请单于仔细考察这件事。"

单于签定了和亲盟约后，汉文帝就下令御史说："匈奴大单于来信说和亲盟约已经生效，今后匈奴再也不会到边塞这边来，汉人也不能走出边塞，违反和亲盟约而出入边塞的，判死刑。这样一来，汉匈之间可以享受长久的和睦，再也没有后顾之忧了。这对双方都有好处，我已经答应这件事。把这个诏告天下，让民众明白知道。"

孝文帝后元四年，老上单于稽粥死了，他的儿子军臣被立为单于。待他登基后，孝文帝又与他订立和亲盟约。而中行说仍然侍奉匈奴军臣单于。

军臣单于即位四年，匈奴又与汉朝断绝和亲盟约，派大军大举进犯上郡、云中郡，匈奴派三万骑兵侵扰，杀人无数，抢掠走好多财物后，撤走了。

汉朝派出张武等三个将军，在北地驻军，代国驻屯句注，赵国驻屯飞狐口，沿着边境之地，也派军坚守，以防胡人入侵。又设置了周亚夫等三位将军，驻防长安西边的细柳，渭北的棘门、霸上，以防范胡人的侵扰。只要匈奴的骑兵进入了代地、句注、边塞等，警报用的烽火就会直通到甘泉宫和长安城。几个月功夫，汉军就到达边关，匈奴也远离边塞，汉军停止了追赶。

此后一年多,孝文帝去世,孝景帝即位。这时,赵王刘遂偷偷和匈奴联系。吴楚七国叛乱,匈奴打算与赵国合谋入侵边境。汉朝围困并攻破赵国,匈奴也停止了侵入。

孝景帝后来又与匈奴订立和亲盟约,互通关市,送给匈奴财物,派遣公主,直到孝景帝去世,匈奴人虽然有小的危害,但没有大规模的侵扰。

当今汉武帝继位后,进一步申明和亲的主张,以仁爱对待匈奴,互通关市,赠送给匈奴人很多礼物。匈奴人从单于以下都愿意亲近汉朝,往来于长城脚下。

汉朝派马邑下人聂翁壹故意违反禁令,把货物偷运出去与匈奴人进行贸易,假装出卖马邑城来引诱单于上当。单于相信了,他贪婪马邑城的财富,就带领十万骑兵侵入武州要塞。

这时,汉朝在马邑城郊埋伏了三十万的骑兵,御史大夫韩安国做护军将军,护卫四个将军来伏击单于。单于侵入汉塞,距离马邑城还有一百多里路,发现牲畜遍布四野,却没有人看管放牧,觉得奇怪,就攻打汉朝的哨所。这时雁门尉史正在巡逻,发现敌寇,就保护哨所,他知晓汉军的计划。

单于抓到尉史,本打算处死,尉史就把汉朝兵马的意图告诉了单于。单于大惊失色,说:"我本来就怀疑这中间有鬼。"就急忙率部返回。出边塞门时说:"我获得尉史,这是天意,上天让你给我汇报实情。"就任命尉史做"天王"。

汉朝军队约定，匈奴人一旦进入马邑城，就挥军攻杀。如今单于没有到达马邑城，汉军就一无所获。汉朝将军王恢率部从代郡出发，去攻击匈奴人的辎重，他听说单于跑了，又听说匈奴人的兵力多，因而不敢出击。朝廷认为王恢原来是这次行动的策划人，结果却不出击，朝廷于是杀了王恢。

从此以后，匈奴人拒绝和亲，开始攻击直通要道的边塞，常常到汉朝边境侵扰，侵扰多得数不过来。但是，匈奴人贪婪汉朝的物品，依然喜欢同汉朝互通入市，汉朝也保持着与匈奴关市贸易的协定，迎合他们的心意。

马邑事件后的第五年秋天，汉朝派遣四个大将军各带一万骑兵，在关市附近攻打匈奴。大将军卫青从上谷出发，到达茏城，杀死和俘虏胡人七百多人。公孙贺从云中出发，没有获得战果。公孙敖从代郡出发，被胡人所败，损失七千多人。李广从雁门出发，被胡人打败，李广也被匈奴人抓了俘虏。李广后来从匈奴人那里逃了回来。

汉朝囚禁了公孙敖和李广，待他们交了赎金后，被贬为平民。这年的冬天，匈奴多次侵扰抢掠边塞，渔阳尤其严重。汉朝派遣韩安国将军驻扎渔阳，以防范匈奴。第二年秋天，匈奴两万多骑兵侵扰汉朝，杀了辽西太守，掠走二千多人。匈奴又侵入渔阳，并打败渔阳太守带领的一千多人。

汉朝派大将军卫青率领三万骑兵。从雁门关出发，李息从代郡出发，打击匈奴，斩杀和俘虏匈奴几千人。第二年，卫青再次从云中郡西边出发，到陇西一带，在河套南岸打击匈奴的楼烦、白羊王，杀死和俘虏的敌方人数几千人，牛羊一百多万。

汉军夺取了黄河河套的南岸地区，建造朔方城，修复了以前秦国时期蒙恬修建的边塞，凭借黄河作为坚固的防线，汉朝也放弃了上谷郡那些偏远如造阳县等地方，送给了匈奴。这一年，是汉朝元朔二年。

这以后的第二年冬天，匈奴军臣单于死了。军臣单于的弟弟左谷蠡王伊稚斜自立做了单于，打败了军臣单于的太子于单。于单逃亡并投降汉朝，汉朝策封于单为涉安侯，几个月后于单死去。

伊稚斜单于即位后的夏天，匈奴几万骑兵侵入代郡，杀死代郡太守恭友，俘虏一千多人。秋天，匈奴人又入侵雁门郡，杀死、俘虏一千多人。

第二年，匈奴人又一次派遣各三万骑兵，侵入代郡、定襄、上郡，杀死和俘虏几千人。匈奴右贤王怨恨汉朝抢夺了河套南岸土地，又修筑了朔方城，多次侵扰抢掠边塞，他们攻入河套南岸，侵扰抢掠朔方城，杀死和抢劫了许多官吏及民众。

第二年春天，汉朝派卫青大将军率领六个将军，十多万骑兵，出师朔方城、高阙，征讨匈奴。右贤王以为汉军不会到达，喝醉了酒，汉军出走边塞六七百里，连夜围困右贤王。右贤王大惊，脱身逃走，许多精锐骑兵也都跟着随后离去。汉军俘虏右贤王手下男女一万五千多人，十多个裨小王。

这一年的秋天，匈奴一万多骑兵侵入代郡，杀死都尉朱英，俘虏一千多人。

第二年春天，汉朝又派大将军卫青统领六员大将，率领十多万骑兵，再出定襄几百里攻击匈奴。先后俘虏和杀死敌方一万九千多人，汉军也阵亡两员将军以及他们率领的三千多骑兵部队。

这次战争，右将军建得只身脱险，前将军翕侯赵信出师不利，投降匈奴。赵信本来就是匈奴小王，投降汉朝后，被封为翕侯，因为前将军与右将军两军合并，又与大队军队分开行军，独自遇上单于，所以全军覆没。

单于获得翕侯，封他为自次王，又把自己的姐姐嫁给他，同他商量一起对付汉朝的事。赵信教导单于越发向北迁移，越过沙漠，引诱汉军追击，使汉军疲惫后再攻打，而不要到汉朝边塞去折腾，单于听从了赵信的计谋。

第二年，匈奴骑兵一万多人入侵上谷郡，杀掠几百人。

第二年春天，汉朝派遣骠骑将军霍去病率领一万多骑兵，从陇西出发，越过焉支山一千多里，去攻打匈奴，斩杀、俘虏匈奴一万八千多人，打败休屠王，夺得他的祭天金人。

到了夏天，骠骑将军又与合骑侯几万骑兵一起出师陇西、北地二千多里，攻打匈奴。经过居延，攻打祁连山，抓获杀死匈奴共三万人，裨小王以下官员七十多人。

这时匈奴也来入侵代郡、雁门郡，杀死、俘获几百人。汉朝派博望侯张骞和李广将军从右北平出发，打击匈奴左贤王。左贤王包围李将军，李将军所率四千人马几乎被全部歼灭，但李将军杀死和俘虏的敌人超过了自己部队损失的数量，适逢博望侯的救兵赶来，李将军才得以脱身。汉军损失几千人。

合骑侯没有在骠骑将军规定的时间内赶到，误了军期，他与博望侯都被判处死罪，交了赎金后，变为平民。

这年秋天，单于对浑邪王、休屠王居住在西边被汉朝杀死、俘虏数万人之事感到愤怒，打算召见并杀死他们。浑邪王与休屠王害怕，谋划一起投降汉朝，汉朝派遣骠骑将军前往迎接。

浑邪王杀了休屠王，并领着休屠王的部下投降了汉朝。总共只有四万人，却号称十万大军。汉朝获得了浑邪王后，陇西、北地、河西等地遭受匈奴的侵扰越来越少，朝廷就迁徙关东的穷苦百姓到从匈奴人手里夺回来的河套南岸、新秦中之地,来充实这里的人口,还减少了一半北地以西的防守兵力。

第二年,匈奴各出兵几万骑兵,入侵右北平、定襄等,杀死和抢夺大约一千多人后离去。

第二年春天,汉朝君臣谋划对付匈奴时说:"翕侯赵信为单于出主意,让匈奴居住在大漠以北,他认为汉朝军队不能到达。"就用粟米喂养马匹,派发十万骑兵,再加自愿担负衣食马匹跟随部队出征的人,总共有十四万人马,粮食和辎重并不包括在此,令大将军卫青、骠骑将军霍去病平分军队,带兵攻打。

大将军卫青从定襄出发,骠骑将军从代郡出发,都约定穿越沙漠攻打匈奴。单于听到后,把他的辎重送到远处,带领精锐部队在漠北等待汉军。他们与大将军激战一天,黄昏时分,天空刮起大风,汉朝的军队从左右两翼围困单于。

单于判断打不过汉军,于是就单独与几百名壮士骑兵奋力杀出一条路,穿过包围圈,逃向西北方向。汉军夜晚追赶却没有收获。但在行进中杀死、活捉一万九千多匈奴人,向北追赶到阗颜山赵信城便班师回朝。

单于逃走后,他的兵常常和汉兵混战在一起,设法追随单于。单于长时间联系不上他的部队,右谷蠡王以为单于死了,立自己做了单于。真单于又找到他的大军后,右谷蠡王只好删去名字前的单于封号,又做了右谷蠡王。

骠骑将军从代郡开拔二千多里,和匈奴左贤王遭遇后就打了起来,汉军杀死和俘虏敌方七万多人,左贤王和其他将领全部逃跑。骠骑将军就在狼居胥山祭天,在姑衍山祭地,举行封禅,部队一直挺进到瀚海才返回。

从此以后,匈奴远远地逃走了,大漠以南再也没有匈奴的王庭。汉军渡过黄河,从朔方向西一直到令居,常常在那里修沟渠,垦田地,官吏士卒多达五六万人,汉军采用蚕食的方法侵吞匈奴,边界接近到匈奴旧有边界以北。

当初,汉朝两个大将军大举围攻匈奴单于,所杀和俘虏的敌方人数有八九万人,而汉朝也损失了几万名士卒,损失了战马十多万。匈奴因此疲惫不堪,远远遁走,然而汉朝也因为马少,没有办法再一次前往追击。

匈奴听信赵信计策,派遣使者到汉朝,用甜言蜜语请求与汉朝和亲。天子把这件事交给群臣商议,有的主张和亲,有的主张趁机让匈奴臣服汉朝。丞相长史仁敞说:"匈奴最近才被攻破,很困窘,应该让他们变成汉朝的外放臣子,分春秋季到边境上朝拜。"

汉朝派仁敞出使匈奴。单于听到仁敞的主意,大怒,扣留了仁敞不让他回去。这以前,汉朝也招降过匈奴使者,单于也常常扣留汉朝的使者。汉朝正在收集士卒马匹,适逢骠骑将军霍去病病死,于是,汉朝较长时间不往北攻击匈奴。

几年后,在位十三年的伊稚邪单于去世,他的儿子乌维做了单于。这一年是汉元鼎三年。乌维单于继位,而汉天子也出京师巡视郡县。后来汉朝向南剿灭两越。汉军不再追击匈奴,匈奴也不侵扰汉朝边塞。

乌维单于即位三年,汉朝已经剿灭南越,就派过去的太仆公孙贺率领一万五千名骑兵,奔袭二千多里,出师九原,到达浮苴井后返回,并没有看见一个匈奴人。汉朝又派原来的从骠侯赵破奴率领一万多骑兵,从令居出师几千里,到达匈河水才返回,也没有看见一个匈奴人。

这个时候,汉天子巡视边关,到达朔方郡,统帅十八万骑兵来显示军威,派郭吉委婉地告诉单于。郭吉到匈奴后,匈奴主客(礼宾官)询问他出使目的,郭吉就谦卑地说了些好话,说:"等我见到了单于后再说实话。"

郭吉对单于说:"南越王的人头已高悬在汉朝京师的北阙山上,单于如果现在能去和汉军作战,那么汉朝天子将亲自带兵在边境上等候你;单于要是不能,就应该面向南方,向汉朝称臣。何必

要逃到遥远的漠北,能有什么作为呢?"

郭吉的话音刚落,单于大怒,立刻杀了主客中允许会见郭吉的那个人,把郭吉扣留下来不让返回汉朝,再把他迁移到北海那边。

单于最终也不愿意到汉朝边境上侵扰掠夺,而是休养生息军队和马匹,练习射猎,多次派使者出使汉朝,好言好语请求与汉朝和亲。

汉朝派王乌等人窥视匈奴。按照匈奴的法律,汉朝使者如果不放弃旄节,也不用墨黥面,就不得进入帐篷。王乌是北地人,熟悉匈奴习俗,就放弃旄节,用墨黥面,才被允许进入帐篷,单于很喜欢他,假装答应让太子到汉朝当人质的的事,来请求和亲。

汉朝派杨信出使匈奴。这时汉朝已经在东边攻下了秽貉和朝鲜,并在那里建立了郡,在西边设置酒泉郡,隔绝匈奴与羌人的交通。

汉朝又向西沟通了月氏国和大夏国,把公主嫁给乌孙王做妻子,来离间匈奴与西方援国的关系。又向北扩大田地,直到眩雷,把它作为边塞,而匈奴始终不敢对此多说一句话。

这一年,翕侯赵信死了,汉朝的官员们认为匈奴很衰弱,完全可以把它变成大汉朝的属国,让它臣服。杨信为人刚强秉直,本来就不是汉朝中最尊贵的大臣,单于就不重视他。单于想接见他,杨信却不肯放弃旄节,单于坐在毡帐外接见杨信。

杨信见到单于后,说:"你想要和亲,就先把单于太子作为人质送到汉朝!"单于说:"这并不是我们过去的约定。以前的盟约,汉朝经常派遣诸侯的女儿来匈奴,还送给匈奴缯絮食物,和亲后,匈奴再也不会侵扰边塞了。现在,竟违背古时的盟约,让我的太子去汉朝做人质,休想!"

按照匈奴的习俗，凡出使的使者不是汉朝宫廷中受宠幸的人，如果是儒生，就认为他是来游说的，就要想法驳倒他的言语；如果是少年，就认为他是来指责匈奴的，要设法挫败他的气焰。每次使者来到匈奴，匈奴总要给予奖赏。如果汉朝扣留匈奴使者，匈奴也同样扣留汉朝使者，一定要使双方被扣留的人数相等方能停止。

杨信回来后，汉朝又派王乌出书匈奴，单于继续用甜言蜜语希望获得汉朝更多的财物，他欺骗王乌道："我打算到汉朝国都去拜见天子，当面缔结盟约，结为兄弟般外交关系。"王乌回来后把这些对天子说了，汉朝就给单于在长安城修建了一座官邸。

单于又说："不见到汉朝尊贵的人出使，我是不会对他说心里话的。"匈奴派出他的尊贵之人出使汉朝，到长安后便病倒了，汉朝积极给他治疗，很不幸最后还是死了。汉朝便派路充国佩戴二千石印绶出使匈奴，顺便护送他的丧葬队伍，丰厚的葬礼花费多达几千金，说："这是汉朝的贵人。"

单于认为是汉朝杀死了他的尊贵使者，就把路充国扣留在匈奴，不让他回归汉朝。单于说的话，只是为了欺骗王乌，他压根就不愿意到汉朝来，也不愿意把太子当人质送到汉朝。于是匈奴多次派快速反应部队侵犯边塞。汉朝就派郭昌做拔胡将军,与浞野侯一起驻军朔方以东,来防范匈奴。路充国被扣留三年时,单于死了。

乌维单于在位十年就死了,他的儿子乌师庐被立为单于。乌师庐年龄小,被称为儿单于。这一年是汉武帝元封六年。从这以后,单于越发的向西北迁移,左边的军队直到云中郡,右边的军队直到酒泉、敦煌郡一带。

儿单于继位后,汉朝派两名使者出使匈奴,一个去吊唁单于,一个去吊唁右贤王,想离间他们的君臣关系,使国家混乱。使者到匈奴后,匈奴把两个使者都送到单于那里。单于很愤怒,把使者全部扣留。汉朝出使匈奴而被扣留的使者前前后后有十多批,而匈奴的使者来汉朝,也被汉朝扣留下相等的人数。

这一年,汉朝派遣贰师将军李广利向西讨伐大宛国,命因杅将军公孙敖建造受降城。冬天,匈奴遭受严重的雨雪灾害,许多牲畜都因为饥饿和寒冷而死去。儿单于年龄小,喜欢杀人攻伐,国内人心慌恐不安。

匈奴左大都尉打算杀死单于,他私下里派人对汉使者说:"我想杀死单于投降汉朝,但汉朝距离过分遥远,如果能派兵接应我,我就立即做这件事。"一开始,汉朝听了这话,就修建受降城,天子还担心受降城过于遥远。

第二年春天,汉朝派遣浞野侯赵破奴率领二万多骑兵,从朔方郡出发,向西北进军二千多里,约定到达浚稽山后回返。浞野侯按时到达指定的地点后才返回来,左大都尉准备起事却被单于发觉,单于杀了左大都尉,命令左边的部队攻打浞野侯。

浞野侯赵破奴边行军边捕杀了一千多敌人。回到距离受降城四百里的地方,匈奴八万骑兵围攻他。浞野侯夜晚亲自寻找水源,匈奴人悄悄搜寻,活捉了浞野侯,就趁机加紧攻打浞野侯的部队。

汉军郭纵担任护军,维王担任匈奴降兵的头目,两个人相互谋划商量道:"趁诸位校尉害怕丢失了将军而被朝廷诛杀的机会,不要相互劝告返回汉朝。"于是浞野侯部队就湮灭在匈奴。

匈奴儿单于非常高兴,派遣部队攻打受降城。打不下来,又入侵边塞后离去。第二年,单于准备攻打受降城,还没有到达,就因病而死。

儿单于在位三年而死。他的儿子年龄偏小,匈奴就拥立他的叔父乌维单于的弟弟右贤王呴犁湖做单于。这一年是太初三年。

呴犁湖单于继位后,汉朝派遣光禄徐自为从五原塞出行几百里,最远的到达一千多里,修建小的城堡哨所等,一直建造到庐朐,又派遣游击将军韩说、长平侯卫伉在周围屯军,派遣强弩都尉路博德在居延城修建城堡。

秋天,匈奴大举侵入定襄郡、云中,杀死掠夺几千人,打败几个二千石级别的军官后离去,一路上,边走边破坏光禄大夫修建的小城堡哨所等。又派遣右贤王侵入酒泉、张掖,杀死和抢掠几千人。正好遇上任文将军的阻击解救,把抢掠来的人员、财物全部丢失后方才离去。

这一年,贰师将军李广利攻破大宛国,斩杀大宛国王后返回。匈奴想截阻贰师将军,却无力办到。这年冬天,匈奴想攻打受降城,正赶上单于得病死了。

呴犁湖单于当了一年后也死了，匈奴就拥立他的弟弟左大都尉且鞮侯做单于。

汉朝剿灭大宛国后，威震国外。天子想趁机围困攻打匈奴，就下诏说："高皇帝为我留下了平城心患，高后时期，单于写信极端背离叛逆。当初齐襄公报九世冤仇，《春秋》大加赞颂。"这一年是太初四年。

且鞮侯单于即位后，全部返还汉朝使者中那些被扣留的人，路充国等人才得以返回汉朝。单于刚刚即位，担心汉朝袭击，就自我称谓说："我们匈奴只是儿子辈，怎么敢跟汉天子平起平坐，天子是长辈啊。"

汉朝派中郎将苏武带着丰厚的礼物到匈奴进行安抚。单于越发骄横，礼仪上特别傲慢不恭，并不是汉朝所希望的。第二年，浞野侯赵破奴从匈奴逃走，返回汉朝。

第二年，汉朝派遣贰师将军李广利率领三万骑兵，从酒泉出发，在天水攻打右贤王，杀死和俘虏敌人一万多人。返回的时候，匈奴大举围困贰师将军，几乎没法脱身，汉军损失十分之六七。汉朝又派遣因杆将军公孙敖兵出西河，与强弩都尉在涿涂山会合，什么也没有得到。

汉朝又派遣骑都尉李陵率领五千步兵，从居延出发，向北进军一千多里，与单于遭遇，鏖战，李陵部杀伤匈奴一万多人，最后武器损失完了，粮食完了，李陵想解脱困境，返回汉朝，却被匈奴死死困住，最后李陵投降了匈奴，

他的部队覆灭了，能够返回汉朝的只有四百人。单于很尊崇李陵，把他

的女儿嫁给李陵做妻子。

随后的第二年，汉朝又派遣贰师将军李广利率领六万骑兵、十万步兵，从朔方出发，强弩都尉路博德率领一万多人，与贰师将军会师。游击将军韩说率领步兵三万人马，从五原出发。因杅将军公孙敖率领一万骑兵、三万步兵，从雁门出发，一起攻打匈奴。

匈奴听到后，转移全部贵重物品到余吾水以北，单于亲率十万骑兵在余吾水以南等待汉军，与贰师将军交战。贰师将军离开原地向回走，与单于激战十多天。

贰师将军听说他的家人因巫蛊案而被灭族，就带领他的部队投降了匈奴，能够返回汉朝的兵卒每千人中能有一两个罢了。游击将军无所获。因杅将军公孙敖与左贤王战，地形不利，就返回来了。

这一年汉军出师攻打匈奴的将领，都不能论功劳大小，因为功劳还抵不上损失。皇上下令逮捕太医令随但，是他说出了贰师将军家室被灭族的事，才导致李广利最后投降匈奴的。

太史公说："孔子著《春秋》，鲁隐公、鲁桓公时期的事情表述得具体而明了，到了鲁定公、鲁哀公时期，记述就比较隐晦模糊，因为这个时期最贴近当时的政治统治，又没有什么值得褒扬的，文辞上很忌讳。"

太史公接着说："世俗中论及匈奴时，人们错误地迎合统治者的意旨，因而进献谀言，从而有利于片面观点，却不考虑匈奴和汉朝的具体情况。将帅们也是仰仗着中国地大物博，自奋其气，而皇上又借助这些制定政策，所以导致建立的功业不深广。"

太史公还说："尧即使贤明，也没有完成大业，只有在获得了大禹的帮助后，才让天下获得了安宁。要想光大先圣的传统基业，最重要的，是要选择任用好将相，选择任用好将相啊！"

卫将军骠骑列传第五十一
人物像

卫青

李息

岸头侯

汉武帝

卫将军骠骑列传第五十一

大将军卫青是平阳人。他的父亲郑季，是县里的一个小官吏，在平阳侯曹寿那里供职，与平阳侯的小妾卫媪通奸，生下了卫青。

卫青的同母哥哥卫长子、姐姐卫子夫在平阳公主家得到汉武帝宠幸，所以他也冒充姓卫。卫青的字叫仲卿。卫长子改字叫长君。长君的母亲叫卫媪，她的大女儿叫卫孺，二女儿叫卫少儿，三女儿就是卫子夫。后来，卫子夫的弟弟步和广都冒充姓卫。

卫青一开始在侯家当仆人，少年时回到父亲家里，父亲让他放羊。父亲前妻的孩子都奴役他，不把他当作兄弟看待。

卫青曾经跟随别人去过甘泉宫，遇到一个脖子上戴着铁枷的犯人，给他相面说："你是个贵人，以后当官能被封侯。"卫青苦笑着说："我是个被奴役的人生下的，只要不被人打骂就心满意足了，怎么敢想象封侯的事呢！"

卫青长大后，当了侯家的骑兵，经常跟随平阳公主。建元二年春，卫青的姐姐卫子夫有机会被汉武帝宠幸，进入宫内。

皇后陈阿娇是馆陶大长公主刘嫖的女儿，她膝下无子，嫉妒卫子夫。大长公主听说卫子夫被皇上宠幸，有了身孕，嫉妒她，派人逮捕了卫青。

卫青当时在建章宫供职，还没有名气。

大长公主逮捕卫青，想杀死他。

卫青的朋友骑郎公孙敖与猛士前往抢夺卫青，所以卫青才没有被折腾死。汉武帝知道这件事后，就召见卫青，并任命他做了建章监，加侍中官职。

卫青的同母兄弟也得到显贵，汉武帝给他们的赏赐，几天时间就累积千金。卫孺做了太仆公孙贺的妻子。卫少儿原来与陈掌私通，汉武帝也召见并显贵陈掌。公孙敖由此更加显贵。卫子夫做了汉武帝的夫人，卫青也升官做了大中大夫。

元光五年，卫青做车骑将军，打击匈奴，他从上谷出发；太仆公孙贺做轻车将军，从云中出发；大中大夫公孙敖做骑将军，从代郡出发；卫尉李广做骁骑将军，从雁门出发：他们每人率领一万骑兵。

卫青到达茏城，斩杀匈奴几百人。骑将军公孙敖损失七千人马，卫尉李广被匈奴俘虏，最后逃出来返回汉朝：他们二人被判处死刑，交了赎金后变成平民。公孙贺也没有立下战功。

元朔元年春，因为卫夫人生了一个儿子，被皇上册封为皇后。这一年秋天，卫青做为车骑将军，从雁门出发，率领三万骑兵攻打匈奴，斩杀敌人几千人。

第二年，匈奴人侵犯，杀了辽西太守，掳掠渔阳郡二千多人，还打败韩安国将军所部。汉朝命令将军李息将军从代郡出发，打击匈奴。

政府又命令车骑将军卫青从云中出发，向西攻打匈奴，一直到高阙。

攻夺下黄河以南地区，到达陇西，俘虏敌人几千人，牲畜几十万头，赶跑了白羊王、楼烦王。汉朝就在黄河南岸设立了朔方郡。册封卫青为长平侯，封邑三千八百户。

卫青的校尉苏建也有功劳，被分为平陵侯，封邑一千一百户，派遣苏建修建朔方城。卫青校尉张次公立下功劳，被封为岸头侯。

天子说："匈奴悖逆天理，混乱人伦，欺凌虐待老人，专门盗窃，欺负蛮夷各国；阴谋策划，仰仗武力，多次危害边疆，所以朝廷要兴师遣将，来征伐他们的罪恶。《诗》中不是说，'周宣王北伐猃狁，直到太原。''出征的战车发出轰隆隆响声，''修筑朔方城'。"

汉武帝又说："如今车骑将军卫青渡过西河地区，直到高阙，斩杀敌人两千三百级，缴获他们全部车辆辎重及畜产等，已被封为列侯，于是往西平定了黄河以南地区，巡行榆谿古代要塞，越过梓领，在北河建筑桥梁，征讨蒲泥，攻破符离，斩杀敌人精锐士卒，抓捕敌人的侦察兵三千零七十一人，抓获敌人间谍，割下敌人死亡者的左耳来计算功劳，赶回敌人一百多万马牛羊等牲畜，保全了部队，凯旋而归。追加卫青的封赏三千户。"

第二年，匈奴侵入代郡，杀死代郡太守共友，侵入雁门，抓获一千多人。

随后的第二年，匈奴大举进犯代郡、定襄郡、上郡等，斩杀抢掠汉朝边地百姓几千人。

第二年，也就是元朔五年春，汉朝命令车骑将军卫青率领三万骑兵部队，从高阙出发；卫尉苏建为游击将军，左内史李沮为强弩将军，太仆公孙贺为骑将军，代国丞相李蔡为轻车将军，都全部归属车骑将军统领，共同由朔方出发。

朝廷又命令大行李息、岸头侯张次公为将军，从右北平出发，共同打击匈奴。

匈奴右贤王面对卫青等汉军，认为汉军不可能到达，把酒喝醉了。汉军夜晚到达后，围攻右贤王，右贤王大惊，连夜逃窜，与他的一个爱妾和几百个精壮的骑兵突出包围圈，飞驰北去。

汉军轻骑校尉郭成等人追赶几百里，没有撵上。抓到右贤王手下裨王十多个人，男女部属一万五千多名，牲畜成千上百万，凯旋而归。

大军返回到边塞，天子派遣使者手持大将军官印，当即在部队中任命卫青做大将军，各位将领都率领自己的部队归属大将军统帅，大将军确立名号，班师回朝。

汉武帝说："大将军卫青亲身率领将士，出师大捷，抓获匈奴王十多个，追封奖赏卫青六千户封邑。"又封卫青的儿子卫伉为宜春侯、卫不疑为阴安侯、卫登为发干侯。

卫青坚辞不肯，说："臣下我侥幸在军队中当官，仰仗陛下神圣英明，军队才获得大捷，这与各位校尉奋力杀敌是分不开的。现在陛下已经对我奖赏了。我的儿子还在褓褓中，没有一点点功劳，皇上降恩，分封他们三个侯位，这并不是我在军队当官、鼓励将士们奋力作战的本意。卫伉他们兄弟三人怎么敢接受封邑？"

卫将军骠骑列传第五十一

汉武帝说:"我并没有忘记各位校尉的功劳,现在就考虑他们的功绩。"于是就下令御史说:"护军都尉公孙敖三次跟随大将军出击匈奴,不断接应,带领一校人马抓获匈奴王,用一千五百户封公孙敖做合骑侯。"

汉武帝继续奖励有功人员:"都尉韩说跟随大将军从窳浑塞出发,打到匈奴右贤王王庭,在大将军的带领下英勇奋战,抓获匈奴小王,用一千三百户封为龙𩢍侯。骑将军公孙贺跟随大将军抓获匈奴王,用一千三百户封公孙贺为南窌侯。"

汉武帝奖励说:"轻车将军李蔡两次跟随大将军抓获匈奴王,用一千六百户封为乐安侯。校尉李朔、赵不虞、公孙戎奴等,都三次跟随大将军抓获匈奴王,用一千三百户封李朔为涉轵侯,用一千三百户封赵不虞为随成侯,用一千三百户封公孙戎奴为从平侯。将军李沮、李息及校尉豆如意有功劳,赐爵关内侯,食邑各三百户。"

这一年的秋天,匈奴入侵代郡,杀了都尉朱英。

第二年春,大将军卫青从定襄出发。合骑侯公孙敖为中将军,太仆公孙贺为左将军,翕侯赵信为前将军,卫尉苏建为右将军,郎中令李广为后将军,右内史李沮为强弩将军,都统归大将军指挥,斩杀匈奴几千人后返回。

一个多月后,他们又全部从定襄出发打击匈奴,斩杀一万多敌人。右将军苏建、前将军赵信合在一起领兵三千多人,遭遇单于部队,与单于苦战一天多,汉军将要被全歼。

前将军赵信本来就是匈奴人,投降汉朝后被封为翕侯,现在情况危急,匈奴又引诱他,于是就带领大约剩余的八百骑兵投奔单于。

右将军苏建的部队全部损失了，他独自一人逃了回来，来到大将军处请罪。

大将军向军中法官闳、长史安、议郎周霸等人商议苏建的事。他说："给苏建定什么罪？"周霸希望杀了苏建，来显示大将军的军威。

闳、安不同意周霸的观点，认为苏建以几千人马抵挡单于几万人的部队，苦战一天而败，自己却不敢有背叛之心，逃了回来。逃回来却被军法所不容，就等于告诉兵士今后遇到失败就不要再返回来了。"

大将军说："卫青我侥幸以皇上的亲戚身份在军中做官，不怕没有军威。周霸让我杀苏建树立军威，其实是失去了作为人臣的根本。况且我的职权即使允许我斩杀将官，凭借我目前的尊显地位也不敢临阵擅自杀伐，而应该报告天子，让天子自己裁定这件事，也表示做臣子的不敢越职专权，不也很好吗？"军官们都说："好！"于是就囚禁苏建到汉武帝巡行之所。

这一年，大将军姐姐的儿子霍去病年满十八，被汉武帝宠幸，当了天子侍中。

霍去病擅长骑马射箭，两次随大将军出征，大将军受诏拨给他一部分健壮的勇士，任命他做剽姚校尉。

霍去病与八百名健壮的勇士离开大军几百里，奔向有利的地方，斩杀敌人的数量超过了自己部队的伤亡数。

在这种情况下，汉武帝说："剽姚校尉霍去病斩杀敌人二千二十八名，包括匈奴的相国和当户，斩杀单于祖父辈的藉若侯产，抓捕单于叔父罗姑比,两次获得军中第一功劳,用一千六百户封霍去病做冠军侯。上谷太守郝贤四次跟随大将军出征,斩获敌人二千多人,用一千一百户封郝贤做众利侯。"

这一年,部队损失两位将军和他们的部队,翕侯赵信逃跑,军功不多,所以大将军没有受到嘉奖。

右将军苏建回来后,汉武帝赦免了他的罪,没有杀他,等他交了赎金后身份变为平民。

大将军出征返回后,被汉武帝赐赏千金。这时候王夫人正好被汉武帝宠幸,宁乘对大将军说:"大将军您之所以功劳不多却食邑万户,三个儿子都被封侯,原因就在皇后这里。现在王夫人受宠幸,但家族还没有富贵显赫,希望大将军能捧上汉武帝赏赐的千金,去给王夫人父母祝寿。"

大将军卫青就从中拿出五百金,给王夫人父母祝寿。汉武帝知道这件事后,询问大将军,大将军就如实禀报,汉武帝于是就任命宁乘做了东海都尉。

张骞跟随大将军出征,凭借他曾经出使过大夏国,被匈奴人扣留时间长的缘故,做军中向导,他晓得哪里的水草旺盛,部队因此没有受到饥渴的威胁,又因为他以前出使过遥远的国家,被封为博望侯。

霍去病做了三年冠军侯的元狩二年春,汉武帝任命他做骠骑将军,率领一万骑兵从陇西出发攻打匈奴,获得功劳。

汉武帝奖励说:"骠骑将军率领部队越过乌盩,征讨遬濮,渡过狐奴河,历经五个匈奴王国,不掠夺顺从者的人员、财产,只为抓捕单于的儿子。转战六天,深入焉支山一千多里,用短兵器交战,杀死折兰王,斩首

卢胡王,剿灭装备精良的敌人,抓获浑邪王的儿子以及相国、都尉,歼敌八千多人,夺取休屠祭天金人,追加奖赏霍去病二千户食邑。"

这一年的夏天,骠骑将军霍去病与合骑侯公孙敖一同从北地出发,兵分两路进军;博望侯张骞、郎中令李广都从右北平出发,兵分两路进军,都去攻打匈奴。

郎中令李广率领四千骑兵先期抵达,博望侯率领一万骑兵随后赶到。匈奴左贤王率领几万骑兵围攻郎中令李广,郎中令与左贤王鏖战两天,部队死伤过半,斩杀敌人的数量多于自己的伤亡数。

博望侯所部到达后,匈奴的部队已逃走,博望侯因犯行军迟缓贻误战机罪,被判死刑,当斩,花钱赎买罪行,变为平民。

汉武帝骠骑将军从北地出发,远远深入到匈奴之地,因合骑侯公孙敖迷了路,错过汇合机会,骠骑将军越过居延泽,直到祁连山,斩杀很多敌人。

汉武帝说:"骠骑将军穿过居延泽,经过小月氏,攻打祁连山,俘虏酋涂王,和率众投降的两千五百人,杀敌三万零二百个,抓获五个王,五个王母,单于阏氏,王子五十九人,相国、将军、当户、都尉六十三人,汉军大约损失十分之三。加封霍去病五千户食邑,赏赐随霍去病到达小月氏的校尉们左庶长的爵位。"

汉武帝说:"鹰击司马赵破奴两次跟随骠骑将军斩杀遫濮王,抓获稽沮王,千骑将抓获小王、小王母各一人,小王子以下四十一人,俘虏三千三百三十人,先头部队俘虏一千四百人,用一千五百

户封赵破奴为从骠侯。校尉句王高不识，跟随骠骑将军抓获呼于屠王王子以下十一人，俘虏一千七百六十八人，用一千一百户封高不识做宜冠侯。校尉仆多立功，封为辉渠侯。"

合骑侯公孙敖犯行军迟缓不能与骠骑将军汇合罪，应当斩首，赎买罪行后变为平民。

各位老将军所率兵士、马匹、武器等都不如骠骑将军，骠骑将军的兵士是经过严格挑选的，但他敢于深入敌人腹地，经常和健壮的骑兵冲在大队人马最前边，他也有好运气，并未遇到大的挫折。但是各位老将军却经常因为行军迟缓，而贻误战机。

从此以后，骠骑将军越来越受到汉武帝的喜爱，地位更加显赫，跟大将军卫青相仿佛。

这一年秋天，单于很恼怒居住在西方的浑邪王多次被骠骑将军的汉军打败，伤亡几万人。恼怒的单于打算召见浑邪王，并诛杀他。

浑邪王和休屠王等人一起密谋，准备投降汉朝，就派人先到边境迎接汉人。

这时的大行李息正率兵在河上筑城，见到浑邪王的使者，就急奔驿站把这个消息传报给朝廷。

天子知道后，担心浑邪王用欺诈的方法袭击边境，命令骠骑将军率领部队前往迎接浑邪王。骠骑将军渡过黄河后，与浑邪王的部队远远地相互观望。

浑邪王的副将看到汉军，多数不愿意归附，多有逃走的。骠骑将军于是就上马飞驰到浑邪王跟前，杀了想逃走的八千人。

骠骑将军命令浑邪王一个人坐传车，到皇上的行在所，随后由他引导着浑邪王的所有归降部队渡河。投降的人有好几万人，号称十万。

到长安后，汉武帝赏赐给浑邪王他们的财物竟有几十万。分封一万

户食邑给浑邪王，做漯阴侯。封他的小王呼毒尼为下摩侯，鹰庇为辉渠侯，禽梨为河綦侯，大当户铜离为常乐侯。

汉武帝嘉奖骠骑将军说："骠骑将军霍去病率部攻打浑邪王，浑邪王和他的民众都相互投奔，用军粮接济汉军，骠骑将军率领他们一万多精良的部队，诛杀妄图逃跑的八千多凶悍之人。使敌方三十二个王投奔汉朝。所部将士没有伤亡，十万大军凯旋而归，河塞地区几乎消除了战争祸患，幸运将永远存留下去，用一千七百户食邑增加奖励骠骑将军。"

朝廷随后减少了陇西、北地、上郡地区戍守部队的一半人数，用来减轻天下民众的赋税徭役。

不久，朝廷分别迁徙投降的匈奴人到边境五个郡原先的边塞外，但都在黄河以南，借助他们原来的习俗，把他们作为汉朝的属国。第二年，匈奴人入侵右北平、定襄，杀掠汉朝一千多人。

元狩四年，汉武帝与大臣谋划说："翁侯赵信给单于出谋划计，认为汉军不可能横穿大漠，而轻易留在那里。如今，只要派大军出击，就一定能实现愿望。"

元狩四年春，汉武帝命令大将军卫青、骠骑将军霍去病各领五万骑兵，几十万步兵和后勤保障人员跟随他们，骠骑将军的部下都是些敢于玩命搏杀和深入敌后的骁勇之士。骠骑将军开始准备师出定襄，正面迎击单于。但从俘虏那里获知单于向东而去，于是就改令骠骑将军从代郡出发，令大将军卫青从定襄出发。

郎中令李广做前将军，太仆公孙贺做左将军，主爵赵食其做右将军，平阳侯曹寇做后将军,统归大将军卫青节制。大军立即穿越大漠,人马总共有五万骑兵,同骠骑将军霍去病一起攻打匈奴单于。

赵信替单于谋划说:"汉军穿过大漠,人困马乏,匈奴可以坐在那里尽收俘虏了。"于是就把他们的辎重全部运到遥远的北方,用精兵强将守候在漠北。

奔袭一千多里的大将军所部,迎面遇到陈兵等待的单于。大将军命令有防护装置的战车排成环形阵营,又命令五千骑兵纵马奔驰,抵挡匈奴。

匈奴也有一万多骑兵奔驰而来。正赶上太阳行将落山,刮起大风,沙石击打地面,敌我双方相互看不见对方,汉军命令部队越发加紧攻势,左右包抄单于,单于看见汉军人数众多,士卒和战马强壮,打下去肯定对匈奴不利。

傍晚时分,单于乘坐上六匹骡子拉的车子,在几百名精壮的匈奴士兵掩护下,突破汉军包围圈,向西北方面急驰而去。

这时,天已黄昏,两军混战在一起,伤亡大体相当。汉军左校尉抓到俘虏说单于天还没黑时就已经离开了,汉军于是派轻骑兵连夜追赶,大将军的部队紧随其后。匈奴兵也四散逃开。

天快亮时,部队已追出二百多里,却没有抓到单于,但俘虏和斩杀了一万多敌人,于是来到寘颜山的赵信城,获得匈奴囤积的军需,补充了部队。部队在那里停留一天,全部烧毁城里的军需粮食后方才返回。

在大将军卫青和单于激战的时候,前将军李广、右将军赵食其率军从东路进发,中途迷了路,没能如期与大将军汇合,攻打匈奴。大将军率部返回到大漠以南时,才遇到前将军和右将军。

大将军准备派使者回京城报告皇上,就命令军中长史按法规审问前将军李广,李广自杀身亡。右将军回到京城后,被交给法官,赎买罪行后变为平民。大将军的部队入边塞作战，共斩杀、俘虏匈奴九万多人。

这时，匈奴的部属十多天与单于失去联系，右谷蠡王就自立为单于。单于后来又与部属联系上了，右谷蠡王只好取消了自立的单于封号。

骠骑将军也率领五万骑兵，辎重等军需物资与大将军卫青相当，却没有副将。他任命李敢等人做大将，充当副将，从代郡、右北平进发一千多里，遭遇匈奴左贤王部队，斩杀和捕获敌人的数量比大将军多。

部队返回后，因为战功，汉武帝用五千八百户食邑加封骠骑将军。因未能按时与骠骑将军汇合，用一千六百户食邑加封右北平太守路博德做符离侯。用一千三百户加封北地都尉邢山义阳侯。过去投降汉朝的匈奴因淳王复陆支、楼专王伊即靬都因跟随骠骑将军攻打匈奴，建立功业，用一千三百户封复陆支做壮侯，用一千八百户封伊即靬做众利侯。

骠骑将军的部下中，受到皇上嘉奖的还有：骠侯赵破奴、昌武侯赵安稽因作战有功，各加封为三百户。校尉李敢获得匈奴战旗战鼓，封为关内侯，食邑二百户。校尉徐自为被授予大庶长爵位。另外骠骑将军属下的官吏士卒被封官和受赐的非常多。

但大将军卫青没有获得封赏，他的部属军吏士卒都没有获得嘉奖。

骠骑将军和大将军两路人马出塞作战时，他们曾检阅部队，官府和私人马匹共计十四万匹。大军返回时，所剩马匹不满三万。于是朝廷增置大司马官位，大将军卫青、骠骑将军霍去病都被封为大司马。

朝廷又制定法令，命令骠骑将军的官阶和年薪与大将军卫青相等。从这以后，大将军卫青的地位每况愈下，而骠骑将军的地位却与日俱增。

大将军曾经的那些老朋友、门客大多都跑过去事奉骠骑将军，常常能获得官爵，唯独仁安不愿这样做。

骠骑将军为人少言寡语，不泄露他人的话语，他有气魄，敢作敢为。

汉武帝曾经想教给他孙子、吴起兵法，可他却说："作战只要看准战略、谋略就足够了，不需要学习古人如何排兵布阵。"

天子为骠骑将军建造府第，让他前往观看，他回答说："匈奴还没有剿灭，我哪有心思经营自家的事啊。"因为这些，汉武帝越来越看重爱惜他。

但是，骠骑将军少年时代就在宫中当差伺候汉武帝，获得显贵，养成不关心兵士的习惯。他行军打仗时，汉武帝派遣太官给他的部队送来几十车的食物，等他返回来的时候，车上丢弃了许多剩余的粮食和肉，而他的士兵中还有忍饥挨饿的人。

在塞外作战时，骠骑将军的部队缺乏粮食，有的人饿得站不起身子，可骠骑将军还在旁边玩踢球的游戏。他做的事情大多都是这样的。

大将军却为人仁义善良，能容忍、退让他人，他常常用宽和温柔来取悦汉武帝，但天下人却不称赞他。

骠骑将军从元狩四年率军攻打匈奴时起，三年后的元狩六年就去世了。汉武帝对霍去病的去世很伤感，亲自调动边疆五郡的铁甲兵，排列成阵，从长安城一直到茂陵，把他的坟墓外形修建成祁连山的样子。给他命名谥号，考虑了勇武和扩地的原则，加以合并，称为景桓侯。

霍去病的儿子霍嬗接替了冠军侯的爵位，霍嬗年龄小，字子侯，汉武帝很喜爱霍嬗，希望他长大后能任命成将军。六年后的元丰元年，霍嬗病逝，遂赠送谥号叫哀侯。霍嬗身后无子，香火断绝，封国随之被废除。

骠骑将军去世后，大将军的长子宜春侯卫伉因犯法失去爵位。过了五年，卫伉的两个弟弟，阴安侯卫不疑和发干侯卫登都因所献助祭金的成色和份量不足而犯罪，失去侯位。失去爵位之后两年，冠军侯的爵位被废除。

冠军侯爵位被废后第四年，大将军卫青去世，追封谥号为烈侯。长子卫伉接替爵位做长平侯。

围困单于以后的第十四年，大将军卫青去世。这期间汉朝再没有攻打过匈奴，因为汉朝的马匹少，又适逢朝廷向南剿灭东越和南越，向东征讨朝鲜,攻打羌人和西南夷,所以长时间不再讨伐匈奴。

大将军卫青因为娶了平阳公主的缘故,长平侯卫伉才能接替爵位。但六年后,卫伉又因为犯法而失去爵位。

下面是两大将军以及各位副将的名单:大将军卫青总共出击匈奴七次,斩杀和俘虏敌人五万多人。与单于交战一次,收复黄河以南之地,于是设置了朔方郡,两次被升官加封,共计一万八千户食邑。他的三个儿子均被封侯,每人爵位在一千三百户食邑。把卫家几个人受封的爵位加起来,有一万五千七百户。

大将军的校尉副将因为跟随大将军而建功立业,受封爵位九人。其他副将及校尉已经做了将军的有十四人。当副将的有李广,已有李广传记。

将军公孙贺是义渠人,他的先祖是胡人。公孙贺的父亲是浑邪,汉景帝时做平曲侯,因犯法失去侯爵。武帝做太子时公孙贺是太子舍人。汉武帝即位八年时,他以太仆身份做了轻车将军,驻军马邑。四年后,以轻车将军身份从云中出发,攻打匈奴。五年后,以骑将军身份跟随大将军攻打匈奴,立有战功,被封为南窌侯。一年后,以左将军身份两次跟随大将军从定襄出兵伐匈奴,没有功劳。

过了四年,公孙贺因所献助祭金的成色和份量不足而犯罪,失掉爵位。又过了八年,以浮沮将军身份师出五原二千多里伐匈奴,无功。又过了八年,以太仆身份升任丞相,被封为葛绎侯。公孙贺七次做将军,出击匈奴没有建立大功劳,而两次被封侯,做丞相。后来因儿子公孙敬声与阳石公主通奸,又因为巫蛊之事,被灭族,没有后人。

将军李息是郁郅人。侍奉过汉景帝。汉武帝即位后八年,他做了材官将军,驻军马邑。六年后,做将军,从代郡出发攻打匈奴。三年后,做将军,跟随大将军从朔方郡出发攻打匈奴。都没有建立功劳。公孙敖一共三次做将军,后来常做大行一职。

将军公孙敖是义渠人，早先做郎官事奉汉武帝。汉武帝即位十二年，做骠骑将军，从代郡出发攻打匈奴，损失七千多人，被判死刑，交赎金后变为平民。过了五年，以校尉身份跟随大将军攻打匈奴，有功劳，被封为合骑侯，一年后，做中将军跟随大将军两次师出定襄，没有功劳。两年后，做将军，从北地出发攻打匈奴，延误汇合日期，被判死刑，交赎金后变为平民。

两年后，公孙敖以校尉身份随大将军出征，没有功劳。十四年后，做因杅将军建造受降城。过了七年，又以因杅将军身份出击匈奴，到达余吾，损失较多兵力，交军法处，判死罪，以假死逃亡民间五六年，后被发觉，又被捕。因他妻子搞巫蛊事件，被灭族。公孙敖一共四次做将军出击匈奴，一次被封侯。

将军李沮是云中人。曾事奉汉景帝。汉武帝即位十七年，以左内史身份做强弩将军，一年后，又当了强弩将军。

将军李蔡是成纪人。事奉过汉文帝、汉景帝、汉武帝。以轻车将军身份跟随大将军攻打匈奴，有功劳，被封为乐安侯。后来做了丞相，因犯法而死。

将军张次公是河车人。曾以校尉身份跟随卫青将军征讨匈奴，有功劳，被封为岸头侯。后来王太后去世，做将军，驻守北军军部。一年后，做将军，跟随大将军出征，再做将军，犯法后失去爵位。张次公的父亲张隆是驾驭轻便战车的勇武射手。由于擅长射箭，汉景帝很喜欢并亲近他。

将军苏建是杜陵人。以校尉身份跟随卫青将军出征，伐匈奴，有功劳，被封为平陵侯，以将军身份修建朔方城。四年后，做游击将军，跟随大将军出朔方郡攻打匈奴。一年后，以右将军身份再次随大将军从定襄出发攻打匈奴。但翕侯赵信逃亡，部队受到大的损失，被判死罪，交赎金后变为平民。后来做了代郡太守,他死后,坟墓在大犹乡。

将军赵信,以匈奴相国的身份投降汉朝,做翕侯。汉武帝即位十七年,做前将军,与单于作战,失败,投降匈奴。

将军张骞,凭借使者身份沟通大夏国,返回后做校尉。跟随大将军征讨匈奴有功劳,被封为博望侯。三年后做将军,从右北平出发,误了汇合日期,被判死罪,交赎金后变为平民。后来以使者身份出使乌孙,后又当了大行,病死,坟墓在汉中。

将军赵食其是祋祤人。汉武帝即位二十二年,以主爵身份做右将军,跟随大将军从定襄出发攻打匈奴,途中迷失道路,被判死罪,交赎金后变为平民。

将军曹襄,以平阳侯身份做后将军,跟随大将军从定襄出发攻打匈奴。曹襄是曹参的孙子。

将军韩说是弓高侯韩颓当的庶出孙子。以校尉身份跟随大将军攻打匈奴,有功劳,被封为龙𩽾侯,因所献助祭金的成色和份量不足而犯罪,失去爵位。

元鼎六年,韩说以待诏身份做横海将军,打击东吴有功劳,做按道侯。太初三年做游击将军,驻扎在五原外的诸城堡,做光禄勋,因到太子宫挖掘巫蛊罪证,被卫太子杀死。

将军郭昌是云中人。以校尉身份跟随大将军讨伐匈奴。元封四年,以太中大夫身份做拔胡将军,驻军朔方郡。返回后带兵攻打昆明,没有功劳,被收回官印罢官。

将军荀彘是太原广武人。因擅长驾驭而求见皇上,被任命为侍中,又被任命为校尉。多次随大将军讨伐匈奴。元封三年做左将军,打击朝鲜,没有功劳。因捕楼船将军杨仆而犯罪,被处死。

骠骑将军霍去病总共六次出击匈奴。其中四次出击都是将军的身份,总共斩杀和俘虏匈奴十一万人。等到浑邪王率几万人投降后,于是就开垦河西和酒泉等地,致使匈奴侵扰西部地区的活动范围越来越少。被四次加封,总共食邑一万五千户爵位。他的部属中,校尉一类建立功业被封侯的一共六人，后来被封为将军的二人。

将军路博德是平洲人。以右北平太守身份跟随骠骑将军攻打匈奴，有功劳，被封为符离侯。骠骑将军死后，路博德以卫尉身份做伏波将军，讨伐并攻破南越，被加封。后来犯法，失去爵位。做强弩都尉，驻军居延，直到老死。

将军赵破奴原来是九原人。曾经逃亡到匈奴，不久回归汉朝，做骠骑将军司马。出征北地时有功劳，被封为骠侯。因所献助祭金的成色和份量不足而犯罪，丢失爵位。一年后，做匈河将军，攻打匈奴直至匈河水，没有功劳。

过了两年，赵破奴攻打并俘虏楼兰王，又被封为浞野侯。六年后，被封为浚稽将军，率领二万骑兵攻打匈奴左贤王，左贤王与赵破奴激战，指挥八万骑兵围攻赵破奴，赵破奴被敌人活捉，部队全军覆没。赵破奴在匈奴住了十年，又和他的长子赵安国逃回汉朝，后来因犯巫蛊罪，被灭族。

从卫氏家族兴起，大将军卫青是第一个受封侯的人，他的后代子孙亲属中，有五人被封侯。二十四年间，五个爵位被全部剥夺，从此以后，卫氏家族再也没有被封侯的人了。

太史公说："苏建对我说：'我曾经责备大将军尊贵到了极点，但天下的贤士大夫却不称赞他，希望将军能够仿效古代那些有名的将领招贤选人，认真努力。'大将军拒绝道：'自从魏其侯窦婴、武安侯田蚡厚待宾客以来，皇帝常常切齿愤恨，亲近、安抚士大夫，选拔贤才，剔除无能无德之辈，是皇帝的权力啊。做臣子的只要尊奉法规，爱岗敬业就够了，何必参与招贤选士的工作呢！'骠骑将军霍去病也是效仿这个想法的，他们当将军的就是这样啊。"

平津侯主父列传第五十二

人物像

公孙弘

主公偃

徐乐

平津侯主父列传第五十二

丞相公孙弘是齐地菑川国薛县人，字季，年轻时曾在薛县的监狱里当官，因触犯了法律，被罢免了官职。

公孙弘的家里非常贫穷，曾在海边放过猪。四十多岁时他才开始学习《春秋》和各家对《春秋》解释。他很孝顺后母。

建元元年，天子汉武帝刚刚即位，在天下招考贤良文学之士。这时的公孙弘已经是六十岁的老头了，他凭借贤良身份被征召，入京当了博士。

朝廷派公孙弘出使匈奴，返回后他向汉武帝汇报工作，不适合天子的心意，惹得皇帝很不高兴，觉得他并没有什么真才实学。于是，公孙弘假借身体生病，免官回到家里。

元光五年，汉武帝又征招文学学士，菑川国又推举公孙弘。

公孙弘推辞不肯，他对菑川国人说："我已经向西去长安接受过天子的诏命了，因为没有才能才罢官回到家里。我希望县里重新考虑，更换人选。"菑川国却坚决推荐公孙弘。

公孙弘于是就来到太常那里。太常让一百多个应征学员分别回答

皇帝提出的治国方略。按照成绩,公孙弘的文章被排列在最后边。所有的对策文章送到天子那里后,汉武帝却把公孙弘的对策文章提拔到第一位。

公孙弘被召去觐见皇帝,汉武帝看见他相貌非常奇伟,就封他做了博士。

这时,汉朝正在开通通往西南夷的道路,在那里设置郡县,巴蜀之地的民众感到困苦,汉武帝派公孙弘前往视察。他从西南夷返回后,极力诋毁西南夷没有用处,皇帝没有相信他的话。

公孙弘为人伟岸高大,见多识广,他经常说人主的毛病在于心胸不够广大,人臣的毛病在于不节俭。公孙弘睡觉盖布被子,吃饭不吃两种以上的肉菜。

后母死后,公孙弘服了三年丧,每次上朝议论政事,他总是开始陈述事情,让皇帝自己做出选择和决定,他不愿意当面驳斥、在朝廷争辩。

汉武帝观察公孙弘的行为,觉得他品行敦厚,善于谈论,熟悉各种法律条文和官场规则,又能使用儒家经典加以装饰,汉武帝很喜欢他。两年时间里,公孙弘就当了左内史。

公孙弘在朝廷向天子上奏言事,有时没有被采纳,他也不肯当堂争执辩论。他曾经与主爵都尉汲黯请求分别拜见汉武帝,汲黯先提出问题,公孙弘却能把问题的来龙去脉以及利害得失说得清清楚楚,汉武帝很高兴,公孙弘说的每一件事汉武帝都会采纳,他越来越受到汉武帝的喜爱和尊显。

他曾经与公卿大夫商量约定要给汉武帝谈论的问题,但到了跟前他却常常违背约定,而顺从汉武帝的旨意。汲黯曾经在朝廷上责备公孙弘说:"齐地的人多半是奸诈没信用的人,他开始同我们一起提出这个建议,现在他全部违背了,不忠实。"

汉武帝问公孙弘。公孙弘谢罪说："知道我的人觉得我忠诚，不知道我的人说我奸诈。"汉武帝觉得公孙弘说得好。

汉武帝身边的亲信们每一次诋毁公孙弘，换来的却是汉武帝对公孙弘越发的喜爱和尊重。

元朔二年，张欧被免去了御史大夫一职，由公孙弘来接任。这时，朝廷正在开通西南夷，在东边设置沧海郡，向北修建朔方郡。公孙弘多次上谏，认为经营这些无用的地方会使中国疲惫不堪，希望汉武帝能停下来。

汉武帝派遣朱买臣等人诘难公孙弘，论述朝廷设置朔方郡的有利因素，向他提出十个问题，结果公孙弘一个也没有回答出来。公孙弘于是便道歉说："臣公孙弘是来自于山东的鄙陋之人，不知道设置朔方郡有这么多好处，因此，我请求停止西南夷和沧海郡的设置，集中力量专门做朔方郡这件事。"汉武帝答应了他的提议。

汲黯说："公孙弘位列三公，年薪非常多，可是他却身盖布被子，这是欺世盗名。"

汉武帝就汲黯的话询问公孙弘，公孙弘谢罪说："有这回事，在九卿官职中，与我最要好的莫过于汲黯，可他今天当廷诘难我，的确说中了我身上的毛病。我位居三公，却盖布被子，真的有虚伪造作，欺世盗名之嫌。"

公孙弘说："我听说管仲当齐国的国相时，有三处住房，他奢侈的程度完全可以与齐王相比，齐桓公凭借管仲而称霸，也是对地位高于他的桓公的越礼行为。"

公孙弘说："晏婴做齐景公的国相，吃饭时不吃两样以上有肉的菜，妻妾不穿丝绸，齐国也得到了很好的治理，这是晏婴在向下面的百姓看齐。"

公孙弘说："如今，我公孙弘位在御史大夫，却盖着布被子，从九卿一下到小吏之间没有了贵贱差别，的确像汲黯说的那样。况且，如果没有汲黯的忠诚，陛下怎么会听到这些言论呢。"天子认为公孙弘能谦让，越发地优厚他。最终让公孙弘做了丞相，封为平津侯。

公孙弘为人猜忌忌恨，表面上宽宏大量，内心却深藏不露。那些曾经和他有矛盾的人，公孙弘即使表面上与他们相处得很好，但暗地里却常常使坏，嫁祸于人，进行报复。主父偃被杀，董仲舒被外放到胶西做官，都是公孙弘的主意。

公孙弘每顿饭只吃一个肉菜和脱了壳的糙米饭。他喜欢的门客和老朋友，都要依靠他提供衣食，公孙弘的俸禄都做了这些事情，家里没有多余的钱财，士人也由于这个认为他贤明。

淮南王与衡山王谋反，朝廷追查治理其党羽到了最关键的时刻，公孙弘得了重病，他认为自己并没有什么功劳却被封侯进爵，位居丞相，理应辅佐君主安抚和报效国家，使人人都能做好臣子的本分事。如今诸侯中出现叛逆谋乱之事，这是宰相没有尽到职责的结果。

公孙弘害怕自己一旦病死，却没有办法搪塞责任。于是就上书皇上说："我听说天下共有五种常道，实现五种常道的有三种美德。构成常道的是君臣、父子、兄弟、夫妻和长幼次序；而智慧、仁爱、勇气又构成常德，是用来实现常道的。"

公孙弘说："所以孔子说：'努力去做的人，就接近仁爱了；好问的人，就接近智慧了，知道羞耻的人就接近

勇敢了。'懂得这三个因素，自然就晓得怎样自我休养了；懂得自我修养后，就自然懂得治理他人了。天底下没有连自己也管不好却能管好别人的人，这是世世代代不变的道理。"

公孙弘说："现在陛下以三王为借鉴，亲行大孝，建立起像周代那样的治理之道，兼备文王武王的美德，招纳贤才，赠送俸禄，凭借能力授予合适的职位。"

公孙弘说："公孙弘并没才能，缺少功劳，却得到陛下的提拔，封为列侯，位在三公。我的行为和能力与这个职位不相称，平素身体又不好，多病，恐怕会走在陛下的前边，最终不能报答陛下的恩德，不能搪塞责任。我恳求交回官印，退休回家，给有才能的人让道。"

汉武帝对他说："古代奖励有功人员，表彰有德行的人，崇尚教化才能守护先人的大业，遭遇祸患要崇尚武力。我有幸承受王位，希望能同各位大臣一起治理好国家，使天下太平安宁。善良的君子都憎恶丑恶之人，你如果谨慎行事，就可以经常留在我的身边。"

汉武帝说："但你不幸运，得了风寒之疾，不要因为担心你的病就上书交官印，罢官回家。你这是在彰显我的无德啊。如今朝廷政事不多，希望你少用些心思，集中精力，再辅以医药进行治疗。"

汉武帝恩准公孙弘继续在家养病，又赐给他牛酒和布帛一类的东西。过了几个月，公孙弘的病情有所好转，就上朝办理政事去了。

元狩二年，公孙弘犯病，最终在丞相的位置上病逝。他的儿子公孙度继承了平津侯的爵位，当了十多年山阳太守，后因犯法而失去爵位。

主父偃是齐地临菑人，最初他学习长短纵横之术，到了晚年才学习《易经》《春秋》和诸子百家。

主父偃曾经在齐国许多读书人中间游学，没有谁肯厚遇他。齐国很

多读书人都排挤他，使他在齐国呆不下去。

主父偃的家境贫寒，出去借贷却常常空手而归，于是就向北游历燕国、赵国、中山国，都没有得到厚遇，主父偃的门客做得分外艰难。

汉武帝元光元年，他认为各个诸侯国都不值得他去游学，就向西进入函谷关，拜见卫青将军。卫青大将军多次向皇帝推荐他，皇帝却不召见。

主父偃留在长安城逗留了很久，身上所带的钱财也花光了，诸侯的门客们都不喜欢他，于是他就向汉武帝上书言事。

主父偃的折子早上被递进去，傍晚就受到汉武帝的召见。他谈论的九个问题中，其中八个是关于法律条文的，一个是关于阻止征讨匈奴的。

主父偃奏章的原文是："我听说贤明的君主不厌恶深切的谏言，反而会广泛观察；忠诚的大臣不敢逃避严厉的惩罚，一定要直言劝谏，因此处理国家大事的优秀策略才不会被遗漏，而使功名流传千古。现在，我也不敢隐瞒衷心、逃避冒犯天子的死罪，向您陈述我愚蠢的见解，恳求陛下赦免我的罪行，稍微考察我的想法。"

主父偃说："《司马法》说：'国家即使再大，喜欢打仗就必然导致灭亡；天下即使再太平，忘记战争就会面临危险。'现在，天下已经平定，天子演奏《大凯》的旋律，春秋两季举行盛大的狩猎活动，使诸侯春天锻炼军队，秋天训练战术，牢记战争。

"愤怒是背逆的行径，武器是凶恶的东西，争斗是最不齿的节操。古代的君主一旦发怒，则会浮尸遍野、血流成河。所以，圣明的天子总是小心翼翼地对待愤怒。而那些致力于战争的胜负，崇尚武力的人，最终都是会后悔的。

"当年，秦始皇凭借强大的军威，蚕食天下，吞并各国，使海内一统，功追夏商周三代之君。但他贪胜负，轻修养，竟想对匈奴动武。李斯直言劝谏说：'不能这样做。匈奴是个没有城郭，也没有财富可以守护的国家，就像鸟儿一样到处迁徙。很难战胜并控制他们。'

"李斯劝谏秦始皇说：'征伐匈奴时，要是派遣轻便的部队深入匈奴，粮食补给就会被截断；要是携带大量军需，不光物资沉重难运，也几乎不顶用。'

"李斯进一步劝谏秦始皇说：'秦朝即就是战胜了匈奴，也没有多少利用价值。不能役使匈奴的百姓守护土地，战胜了就势必要杀死他们，这并不是爱民如子的君王应该做的事啊。使自己的国家疲惫，却在攻打匈奴这件事上让君王心情舒畅，这绝对不是好计策。'

"秦始皇不听李斯的劝告，派蒙恬率领大军进攻匈奴，开辟了千里疆土，与匈奴划黄河为界，这些土地本是盐碱地，五谷不生。从此以后，天下的丁男被征发来守戍北河。风餐露宿十多年，死伤不计其数，却终究没有越过黄河北进。这难道是人马不足，武器不多吗？不是！是形势不允许这样做。

"秦朝又让百姓飞快地转运粮草，从黄县、腄县和琅琊郡靠海的县开始，一直转运到北河。一般运三十钟才能得到一石粮食，男子努力耕作却不能满足粮饷之需，女子认真纺线也不能满足军队的需求。

"百姓越发疲惫，孤寡老弱得不到供养，路上的死人比比皆是。这可能是天下百姓背叛秦国的原

因啊。

"高皇帝平定天下、攻取了边境的土地后,听说匈奴聚集在代郡的山谷之中,就准备攻打。这时候御史成进谏说:'不能这么做。匈奴常常像鸟兽一样散聚,追赶他们如同捕捉影子一样难。现在,凭借皇上的圣德去攻打匈奴,我私下里觉得这是一件充满了危险的事。'"但高帝没有采纳他的建议。

"高皇帝亲率大军向北来到代郡,结果却遭遇了平城被围。高帝非常悔恨,派刘敬去和匈奴缔结和亲盟约。从此,天下民众才忘记战争,太平无事。所以《孙子兵法》上说:'兴兵十万,每天要耗费千金。'

"秦朝经常聚集民众,囤积部队达几十万,即使有歼灭敌军、诛杀将领、俘虏匈奴单于的军功,但也和对方结下了深仇大恨,不能抵偿天下为此的开销花费。这种上使国库空虚,下使百姓凋敝,心甘情愿替外国扬名,并不是一件完美的事。

"从古到今,匈奴就难以控制,偷盗成性,掳掠成瘾,以此为业,性情使然。所以从虞舜、夏商和周朝以来,从不用法律条规来约束他们,而是把他们看作禽兽,却不当人来对待。向上不借鉴虞夏殷周的经验,向下却按照近世以来的错误来做,这是我最大的担忧,也是黎民百姓最痛恨的地方。

"战争持续的时间长了,就会生出变故;事务劳苦了,思想就会起变化,会导致边境的百姓疲惫困苦,从而产生背离之心;使将士相互猜疑,从而与外国相互勾结,狼狈为奸。

"在这样的环境下,赵佗和章邯才能实现自己的狼子野心。秦朝不能在那里推行政令,原因就是这两个人重权在握。这是政事上的得失验效啊。因此,《周书》说:'国家的安危全系于君王的政令,社稷的存亡只关乎君王任用什么样的人。'请陛下仔细考察这个问题,对这个要详加留意,慎思熟虑。"

这时,赵人徐乐、齐人严安也都上书皇上,专门议论当代的重大事情。

徐乐在奏章中说："我听说，从古到今，天下最担心的事在于土崩，而不在于瓦解。什么是土崩呢？秦朝末年的情况就是。当时的陈涉没有诸侯的尊显，没有尺寸封土，既不是王公或贵族的后代，也没有家乡民众的赞誉，没有孔子、墨子、曾子的贤良，没有陶朱、猗顿的富有。然而，他却从穷乡僻壤中兴兵，挥舞长戟，振臂高呼，天下人闻风响应。

"是什么原因导致了陈涉的结果呢？是民众贫困而君王却不加以体恤，是下层怨忿而上层却不知晓，是世俗早已败坏而政事上却不加以治理，这三个因素是陈涉赖以凭借的客观条件。这就是所谓的土崩。所以说天下最大的祸患在于土崩。

"什么是瓦解呢？吴、楚、齐、赵的军事叛乱就是！吴楚七国阴谋叛乱，都号称万乘君王，拥兵数十万，他们的威严足以使封国的民众畏惧胆寒，财富足以鼓励封地的百姓安居乐业，但他们却不能向西夺取尺寸土地，反而在中原被擒。

"吴楚七国失败的原因，并不是他们的权势比百姓轻，也不是他们的军队比陈涉弱小，而是先帝的恩泽还没有消退，安心于乡土风俗、不愿背井离乡的人很多，而诸侯们又没有得到境外势力的援助。这就是所谓的瓦解。所以说天下最大的忧患不在于瓦解。

"由此观之，天下如果有土崩的趋向，即使再穷困的百姓，只要有人率先发难，就能动摇国家的根基！陈涉就是这样啊。何况可能还有三晋之类的国君存在啊。

"国家即使没有得到大治，如果的确没有土崩因素，即使再强大的国家机器和军队谋乱造反，造反也会很快被平息，吴、楚七国就是这样。何况群臣百姓谁愿意战乱呢？这是国家安危最根本的地方，恳请圣明的君主仔细留意，深刻体察啊。

"最近，关东粮食歉收，年景还未恢复，民众多半贫穷，加上边境上的战事，按照形势的发展和规律，就会发现，关东的百姓不安心本地的生存环境。心不安则容易导致流动，易流动其实就是土崩之势。

　　"圣明的君主能独自看到事物的变化，明察安危，高坐朝廷就能化安危于萌芽。这样做的要点，自然是想方设法让国家不要出现土崩之势。

　　"只要做到上面那些，即使有强大的国家机器和部队，皇上仍然可以逐禽兽、猎飞鸟、扩展游宴场所，不加节制地观赏游乐，尽情地享受猎获带来的愉悦。

　　"国家只要不出现土崩之势，皇帝就可以尽情享乐了。美妙的乐器之声不绝于耳，帷帐中与歌女的情爱、与侏儒演员的欢笑，不时呈现在眼前，而天下却没有长期积压的忧患。名望何必要像商汤、周武那么大，世俗风气何必要像周成王、周康王那样醇美。"

　　"我私下认为，陛下就是天生的圣人，具有宽厚仁爱的高贵品质，把治理好国家政务当作本分职责。真能这样的话，那么，就等同有了商汤、周武王的名望了，周成王、周康王时期的世俗就可以再现了。

　　"上面所说的两种情况确立了，就可以处在尊贵安全的境地，在当代传送美名，扩大声誉，使天下的民众亲近，使四方边远之民归附。陛下的余恩和遗德盛传几代人，面南而坐，背靠屏风，挽起衣袖，与王公大臣作揖行礼。这些都是陛下应该做的事情啊。

　　"实行王道即使没有成功，最差也能够使国家安宁，国家安宁了。那么陛下想得到什么，想做什么，想征服谁，难道还有办不成的事情吗？

　　"周朝建立后，最好的国家治理长达三百多年。周成王和周康王的统治达到最鼎盛时期，四十多年没有使用刑罚。周王朝的衰败也持续了三百多年，春秋五霸才相继兴起。

"春秋五霸这些人，经常辅佐天子兴利除害、诛杀暴虐、禁止奸邪，在天下匡扶正义，使天子得到尊显。

"春秋五霸去世后，没有继起的贤明圣君，天子孤立无援，号令不能发布落实。各诸侯恣意妄为，扶强凌弱，田常篡夺了齐国的政权，六卿分割了晋国的土地，形成混乱的战国局面，天下百姓的苦难开始了。

"这时候，强国热衷于战争，弱国致力于防范，一会儿合纵，一会儿连横，使者的车马急于奔命，战士的盔甲生满虱虮，百姓的苦难却没有地方去诉说。

"秦王嬴政出现后，他蚕食天下，吞并六国，号称始皇帝。他统一海内，毁坏诸侯的都城，销毁天下的兵器，融化浇铸成钟虡，显示出再也不兴兵动武的决心。善良的百姓希望能免于战争的危害，遇上了圣明的君主，人人都以为得到了新生。

"假如秦朝能宽刑罚，少赋敛，节省徭役，推行仁政，轻视权利，崇尚笃厚，鄙夷智巧，改变风俗，教化天下百姓，就可以享受世世代代的安定局面。

"但秦王朝没有这样做，反而却因循过去的风俗，使惯用智巧权利的人得到重用，而忠诚厚道的人不被重视；严酷的法律，严厉的政治，导致谄媚者人多势众。皇上天天听这些人的赞美之词，心满意足。

"为满足野心，为威震海内外，秦始皇派遣蒙恬出兵征伐匈奴，扩大疆域，扩张国境，戍守黄河以北，让百姓跟随其后，急速运送粮草。

"秦始皇又派尉官屠睢率领水军攻打百越，派遣监御史禄凿通运河，运输粮食；深入越地，越人逃遁。长时间相持，粮食告罄，越人突然攻打，秦兵惨败。于是派赵佗率兵戍守越地。

"这时候，秦朝在北边同匈奴广结怨仇，在南边又与越人结下深深的

梁子，把军队驻扎在没用的地方，只能进不能退。十多年功夫，男子披甲上阵，女子运送粮草，痛苦得找不到出路，有的人把自己吊死在路旁的树上，死人越来越多。

"秦始皇死后，天下民众大都反叛秦朝。陈胜、吴广攻占陈县，武臣、张耳攻占赵县，项梁攻占吴县，田儋攻占齐县，景驹攻占郢地，周市攻占魏地，韩广攻占燕地。穷山深谷当中，各地豪杰纷纷兴起，数也数不完。

"这些反抗暴秦的人并不是公侯的后代、重臣的下属，没有尺寸封地，从闾巷发作。他们手持戟矛，顺应时势，不谋而合，不约而同地聚在一起，不断扩大战果，最终成就霸业，这是当时的教化导致的结果啊。

"秦始皇贵为天子，富有天下，最后却导致国破家亡，这是穷兵黩武的结果。所以，周朝的失败在于国势软弱，秦朝的失败在于国势强大！

"如今，朝廷打算招抚南夷，使夜郎国前来朝拜，降服羌人、僰人，攻取州地，建立城池，深入匈奴之地，烧毁茏城，议论此事的人都在赞美这些宏伟计划。这是做人臣的权力，但这却并不是天下大计的长远策略。

"如今的国家还没有听到狗叫的惊扰，却已经受到了远方备战的牵累。它可以使国家疲惫不堪，这并非是爱抚百姓的好办法。施行无穷无尽的欲望，使心情愉快，却与匈奴结下深仇大恨，也不是稳定边疆的好办法。结下怨仇却不想办法和解，刚刚停下的战争又会狼烟再起，使天下民众愁苦惊骇，也不是长久的办法。

"现在，到处都在锻造盔甲，磨练武器，修正箭杆，聚积弓弦，无休无止地长途转运战备物资，这已经成为天下民众集体担忧的事了。战事长久了，变故就会产生，事物繁杂了，疑虑就会出现。

"当今，外郡的土地绵延几千里，列城数十座，纵观其山川形势，则可以控制百姓，胁迫附近的诸侯，这并不是宫室皇家的利益啊。

　　"向上看，齐国、晋国之所以灭亡，是由于朝廷衰落，六卿势大的缘故；向下看，秦朝之所以灭亡，是因为严刑酷法，欲壑难填。

　　"如今，郡守的权力早已超过六卿；属地也不只是闾巷那一点点凭借；武器装备，也不只是戟矛那点用处。这样的客观条件，如果遇上重大变故，后果将不堪设想。"

　　徐乐和严安的奏章送交天子后，汉武帝就召见主父偃和他们两个，汉武帝对他们说："你们都在哪里啊？怎么让我们君臣这么晚才能相见！"于是，汉武帝就任命主父偃、徐乐、严安做郎中。

　　主父偃多次觐见汉武帝，上奏章谈论政事。汉武帝就任命他为谒者，再升迁为中大夫。一年时间，主父偃四次被汉武帝升迁。

　　主父偃劝说汉武帝道："古代诸侯的疆域不过百里，强弱的形势朝廷最容易控制。现在的诸侯，有的竟然拥有几十个相互连接的城池，地方纵横一千多里，形势和缓时，他们则容易骄横奢靡，做出淫乱之事；形势一旦危机，他们就可能仰仗强大的势力，联合起来反叛朝廷。用法律削弱他们的势力，就可能引发叛逆之事。前不久晁错就是这样的。"

　　主父偃继续说："如今，各诸侯中诱人的子弟竟然多达十几个，但却只有嫡长子能世代相传，其余的，即使是诸侯王的亲骨肉，也不会得到一尺一寸的封地。这样一来，仁爱孝亲之道就得不到彰显。"

　　主父偃说："我恳请陛下命令诸侯，让他们可以推广恩德，在自己的封地里，分封子弟，封他们的子孙后代为侯。这样，诸侯子弟都高高兴兴实现了愿望，而陛下用这种办法施行恩德，实质上却分割了诸侯王的国土，并没有削减他们的封地，却削弱了他们的势力。"汉武帝采纳了主父偃的计策。

　　主父偃又劝说汉武帝道："茂陵刚刚变成一个县，可以把天下豪强富有的人、唆使民众作乱的人全部迁移到茂陵。在内部可以充实京城，在

外部可以消除奸猾之人。这就是所谓的不用诛杀却消除了祸患。"汉武帝又采纳了他的计策。

尊立卫子夫当皇后，以及揭发燕王刘定国的隐私，都是主父偃的功劳。朝中大臣都畏惧主父偃一张犀利的嘴，贿赂和赠送给他的钱财累计超过一千金。

有人劝说主父偃："你也太横行了。"主父偃回答说："我从束发开始学习，已经有四十多年了，自己的志向得不到实现，父母不把我当儿子，兄弟不收留我，宾客排挤抛弃我，长期以来，我穷怕了。"

主父偃又说："大丈夫在世，生不能名垂千古，死也要遗臭万年。我已经到了日暮途穷的年纪了，所以要倒行逆施，横暴行事。"

主父偃盛赞朔方那里的土地肥沃、富饶，外部有黄河险阻，蒙恬在此修筑城墙来驱赶匈奴，内部省略了转运和戍守漕运的人力物力，是扩大中国疆域、剿灭匈奴的根本。

汉武帝看完主父偃的奏折后，就交给公卿商议，大家都说不利。公孙弘说："秦朝时曾调发三十万民众在黄河以北修建城池，最终没有完成，后来就放弃了。"主父偃盛赞修筑朔方城的好处。汉武帝竟采纳了主父偃的建议，设置朔方郡。

元朔二年，主父偃向汉武帝讲了齐王刘次景在宫内淫乱、邪僻之事，皇上就任命主父偃做齐国宰相。

主父偃来到齐国，把他所有的兄弟和宾客召集来，给他们散发了五百金，他数落这些人说："当初我贫穷时，兄弟不给我衣食，宾客不让我进门；现在我做了齐国的宰相，在座的人中，有的人到千里以外去迎接我。我现在同你们断交了，你们以后不要再到我主父偃的家里来！"

主父偃派人用齐王和姐姐通奸的事来触动齐王。齐王觉得犯到主父偃手里，最后不可能会逃脱罪责，害怕像燕王刘定国那样被处死，吓得自杀了。主持这件事的官员把它汇报给了皇上。

主父偃开始做百姓时，曾经游历燕赵两地，等他当官显贵后，就揭发燕王的阴私。

赵王害怕他成为赵国的祸患，准备给汉武帝上书，说主父偃的阴私，因为主父偃在朝廷，不敢揭发。等他去齐国当了宰相、走出函谷关后，就马上派人给汉武帝上书，告发主父偃收受诸侯的贿赂，因此，诸侯子弟中的许多人因这个才得以封侯的事。

齐王自杀后，汉武帝终于大怒，认为齐王是受主父偃胁迫齐王才自杀的，就交给官吏审问此事。主父偃承认收受了诸侯的贿赂，实际上却没有胁迫齐王使他自杀。

汉武帝并不想杀主父偃，但做御史大夫的公孙弘却对汉武帝进言说："齐王自杀了，他没有后人，封国被废除变为郡，归入朝廷。主父偃是这件事的罪魁祸首。如果汉武帝不杀主父偃，怎么向天下交代呢?"于是，主父偃全家被灭门。

主父偃刚刚显贵受宠时，他的门客人数用千做单位计算，等到他被灭族而死时，竟没有人去给他收尸。

洨县人孔车是唯一一个给主父偃收尸并安葬他的人。汉武帝后来听到这件事，认为孔车是个长者。

太史公说："公孙弘的行为品德即使很美好，然而他也是碰到了好的机遇。汉朝建国已经八十多年了，皇上正崇尚儒学，招募才能超群的人士，来发扬和光大儒家、墨家学说，公孙弘以第一名的身份被选拔出来。

"主父偃身居要职时，所有的高官都赞美他，等到身败名裂、被诛杀时，士人们都争着抢着说他的坏话。悲哀啊!"

太皇太后王政君下诏对大司徒马宫、大司空甄丰说："听闻治国的大道，首先要使百姓富裕；而富民的关键，又在于节俭。所以《孝经》上说：'使皇上平安，治理民众，礼是最好不过的办法了。''礼，宁节俭而不奢侈。'"

太皇太后说："当初管仲做齐桓公的相，使齐桓公在诸侯中称霸，有九合诸侯，匡正天下的功劳，但孔子说他不懂礼，这是因为他过度奢侈，在奢侈方面和国君相比拟的缘故。

"夏禹住在矮小的房屋里，身穿粗布衣服，后代的圣君也不遵循他的做法。由此来说，国家政治达到鼎盛时，君王的德行优厚，却没有高过节俭的。用节俭的美德教化俗民，那么尊卑长幼的秩序就会形成，父母兄弟间的骨肉亲情就会更加亲密，纷争诉讼的根源就会消失。这就是家给人足，不用刑罚就能治理好国家的根本，怎么能够不努力实践呢！

"三公是天下百官的统帅，是万民崇敬的楷模。在天下还没有树立起直率的标杆时，自然会获得弯曲的影子，孔子不是说过吗：'你领着走正道，谁还敢走邪道呢？''选拔贤能的人，教育能力差的人，人们就能得到鼓励。'汉朝兴盛以来，作为皇上股肱之臣的宰相能身体力行，崇尚节俭，轻钱财而重道义。

"在节俭方面表现得尤为突出的，当属从前的平津侯公孙弘了。他身居丞相要职却盖布被子，吃糙米饭，每顿饭不过一个肉菜。但他对老朋友和所喜欢的宾客，却能用自己的俸禄来供养，家里没有剩余的钱财。内心能够自我克制约束，外表能遵循法度。汲黯责难他，他的模范事迹才被皇上知道。

"德行优厚就做，否则就不做，这与在背后奢侈而外表上假装节俭，来沽名钓誉的人不一样。公孙弘以身体有病为由，要求退休回家，汉武帝恩准他休假养病，赏赐他牛酒和布帛。几个月后，他的病好了，就上朝办公。到元狩二年，他终于在丞相的位置上寿终正寝。

"公孙弘的儿子公孙度继承了父亲的爵位，在山阳当太守，因犯法而失去爵位。所以，表彰道德大义，是为了引导世俗的人，勉励教化，这是

圣王的制度,是不能够改变的道理。恩赐公孙弘后代子孙中的嫡系以关内侯爵位,食邑三百户,用公车把他们送到京城,将他们的名字报到尚书那里,我要亲临现场授予爵位。"

班固在《汉书·公孙弘卜式儿宽传》中称赞说:"公孙弘、卜式、儿宽都是以大雁奋飞的超凡才能,在平凡的燕雀之中遭受厄运,远行于猪羊之间,如果没有遇到好的机会,怎么可能获得公卿的地位呢?"

班固说:"那个时代,汉朝兴建已经六十多年了,四海安定,府库的积蓄充盈,然而四方边缘的蛮夷还没有归顺,制度上还有许多缺漏,皇帝正好招纳有文才武略的贤士,追求这样的人好像追赶不上一样急迫。汉武帝开始用蒲轮安车迎接枚乘,看见主父偃而叹息相见恨晚。

"群臣羡慕向往这个时代,有奇异才能的人纷纷出现。卜式从割草放羊的人中被选出,桑弘羊被从商贾中选拔出来,卫青从奴仆之中崛起,金日䃅从投降的人群中被发现。他们都类似于过去筑墙的傅说、喂牛的宁戚。

"汉朝获得的人才,汉武帝时代是最多的。公孙弘、董仲舒、儿宽等人,才高八斗,儒雅大度;石建、石庆等忠诚守信,勤奋做事;汲黯,卜式等质朴而刚直;韩安国、郑当时等善于推荐贤才;赵禹、张汤等制定律令;司马迁、司马相如等善于文章;东方朔、枚皋等诙谐滑稽;严助、朱买臣等擅长应对;唐都、落下闳等知晓天文历法;李延年长于音律;张骞、苏武等奉命出使;卫青、霍去病等人的军事才能突出;霍光、金日䃅等人能接受遗训辅佐幼主;等等。其余的多得记述不过来。

"汉武帝时代创造的功业,遗留后世的制度和文献典籍,后世的人们是很难超越的。汉宣帝继承大统,继续汉朝的治国大业,讲述、弘扬儒家六艺,招选贤能优异的人才,因而萧望之、梁丘贺、夏侯胜、韦玄成、严彭祖、尹更始等人凭借精通儒学而被任用，刘向、王褒以擅长文章而显名，张安世、赵充国、魏相、邴吉、于定国、杜延年等成为有名的将相，而黄霸、王成、龚遂、郑弘、邵信臣、韩延寿、尹翁归、赵广汉等人在管理百姓方面卓有成效，都因为有功绩被后世记述。参考这些名臣的事迹，可以说他们仅仅落后于汉武帝时代。"

南越列传第五十三
人物像

赵佗

任嚣

吕嘉

南越列传第五十三

南越王尉佗是真定人，姓赵。秦朝兼并六国统一天下，攻取平定了杨越，设置了桂林、南海、象郡，把犯了罪而被迁徙的百姓安置在这些地方，与南越人杂居了十三年。

秦朝时任命尉佗做南海郡的龙川县令。秦二世时期，南海郡尉任嚣得病将死，就传唤来龙川县令赵佗，对他说："我听说陈胜等发动了暴乱，秦朝施行暴虐，天下人对秦朝充满愤怒，项羽、刘邦、陈胜、吴广等人在各自的州郡，同时聚集民众，组建军队，像猛虎一样争夺天下。中原地区扰掠动乱，也不知什么时候才能安定下来，豪杰们背叛秦国，形成对立之势。"

任嚣说："南海地处偏远，我担心强盗的军队侵略并打到这里，就想兴兵断绝通往中原的新修大道，自己早早作防范，静待诸侯的变化，不想却得了重病。"

"番禹背靠险要的山势，可以作为依托，向南有大海做屏障，东西之间几千里路，有一些中原人愿意辅佐我们，凭这些也可以做一州之主了，可以立国。南海郡的官吏中没有谁能值得我和他商量大事，所以就把你召集来，对你说这些事。"

任嚣当机给赵佗颁布任命文书，让他代行管理南海郡事务。

任嚣死后，赵佗就向横浦、阳山，湟谿谷发布檄文，说道："强盗的军队就要过来，要快速断绝交通！集合部队，保卫自己。"借此机会，赵佗借助法律杀了秦朝委派的官吏，把他的亲近留下来做代理长官。

秦朝灭亡后，赵佗就攻击并兼并了桂林郡和象郡。立自己做了南越王。

汉高帝平定天下后，因为中原地区的百姓困苦，所以汉高帝饶了赵佗，没有杀他。

南越列传第五十三

汉高帝十一年,朝廷派遣陆贾去南越,命令赵佗因袭他的南越王称号,同他剖符约定要互通使者,让他协调百姓,使南越和睦相处,不要成为汉朝在南方的祸患。南越边界与北方的长沙相连接。

高后时期,相关部门的官吏请求禁止南越在边境市场上购买铁器。赵佗说:"我是高帝册封的南越王,约定双方互通使者和物品。高后如今却听信谗言,视南越为蛮夷另类,断绝我们的物资所需。这是长沙王陷害的结果,长沙王想借助汉朝吞灭南越,并把南越掌控在他的手里,为自己树立功劳。"

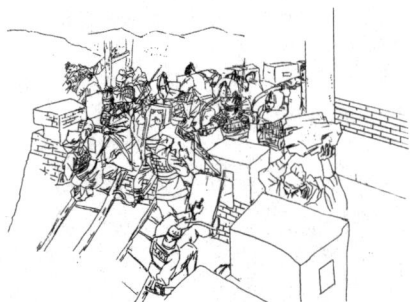

于是,赵佗擅自加立尊号,号称南越武王,发兵攻打长沙国的边境城邑,打败好几个县后方才离开。

高后派遣将军隆虑侯周灶前去攻打赵佗。正逢酷暑潮湿季节,大多数兵卒得了大病,致使部队无法穿越阳山岭。

一年后,高后离世,汉军才停止攻打赵佗。赵佗凭借他的部队在边境上扬名立威。他用财物贿赂闽越、西瓯、骆越,让他们都归属南越,使他的领地东西长达一万多里。

赵佗竟然乘坐黄屋左纛车辆,在南越用皇帝的身份发号施令,同汉朝天子平起平坐。

孝文帝元年，汉文帝刚刚执掌天下，便派使者告知诸侯和四方蛮夷的首领，他从代国来京城即位的想法，让他们感知天子圣明的恩德。于是给埋葬在真定的赵佗双亲设置守墓人，每年按时举行祭祀活动。

汉文帝又召来赵佗的堂兄弟，委以官职，厚赐钱财，使堂兄弟得到宠幸。

天子还让丞相陈平等推荐可以出使南越的人，陈平说先帝时期的好畴人陆贾经常出使南越。天子便召来陆贾，任命陆贾做太中大夫，出使南越，借机责备赵佗自立为帝，却不向天子请示报告。

陆贾到了南越，赵佗很惶恐，专门向天子写信道歉，信中说："蛮夷大长老夫臣赵佗，前段时间高后歧视隔离南越，臣私下里怀疑是长沙王从中作梗，我地处偏远，却听说高后杀了赵佗的所有宗族，挖掘焚烧了赵佗的先祖陵墓，因此才自暴自弃，犯兵于长沙国边境。"

赵佗说："南方地势低卑潮湿，在蛮夷中间，东边只有上千民众的闽越君长也称王；西面裸露的西瓯和裸越国也敢称王。老臣我狂妄地窃取皇上尊号，其实是在自我安慰，哪里敢把这件事禀告皇帝呢！"

赵佗深深地磕头谢罪，希望能长期做汉朝藩属国，遵奉对天子纳贡的承诺。他马上向全国发令说："两个英雄豪杰不能并存，两位贤能之士也不能共有一个天下。汉朝皇帝才是天下最贤明的天子。从现在开始，我自觉去掉帝制，不敢再坐黄屋左纛的车子。"

陆贾返回朝廷后向皇帝报告了这件事，孝文帝非常高兴。一直到汉景帝时期，赵佗都向景帝称臣纳贡，春秋两季派人到长安觐见天子。

但是在南越国内，赵佗却在一直偷偷使用皇帝的名号，只有派遣使者朝见天子时才称王。建元四年，赵佗死了。

赵佗的孙子赵胡做了南越王。这时，闽越王郢攻打南越的边境城镇，赵胡上书天子说："南越和闽越都是天子的属国，不得擅自兴兵相互攻击。现在闽越王进犯南越，臣子我不敢冒昧出兵，唯有求助天子，恳请天子处理这件事。"

天子赞美南越王讲道义、遵盟约、守职责，便派遣两个将军前往征讨闽越。汉军还没有翻过阳山岭，闽越王的弟弟徐善就杀了郢，投降了汉朝，于是汉军停下了讨伐的脚步。

汉天子派遣庄助前往南越国，向赵胡讲明朝廷的意思，赵胡叩头顿首说："天子是为了我们而出兵讨伐闽越的，即就是死了，我也报答不完天子的恩德！"赵胡就派太子婴齐到汉朝廷当了一名宫中的侍卫。赵胡对庄助说："南越刚刚经历一场浩劫，请使者先行一步，我正在准备行装，要到朝廷拜见天子。"

庄助离开后,赵胡的大臣劝谏说:"大汉天子兴兵讨伐闽越郢,也在警告南越。而且,先王曾经说侍奉汉天子,只要不失礼就行了,最要紧的是,不要被庄助的言语蒙骗而去朝见天子。朝见天子后要是被扣回不来了,这可是亡国的形势啊。"这样以来,赵胡就假托有病,终究没有去朝见皇上。

十多年以后,赵胡真的病重,太子婴齐请求归国。赵胡死后,天子追封他为文王。

婴齐代立为南越王,就把先祖的南越王官印藏了起来。婴齐在宫中做宿卫时,娶了邯郸人樛氏的女儿做妻,生了个儿子叫赵兴。等到他即位当了南越王后,就上书请求天子,立樛氏女做王后,立儿子赵兴做王位的继承人。

汉朝多次派遣使者,婉言让婴齐朝拜天子。婴齐喜欢擅自杀人放纵自己,害怕入朝去朝见天子,就会被按照汉朝的法律处理,坚称身体有病,终究不入朝拜见天子。只是派遣儿子次公到朝廷当了宿卫。婴齐死后,被加封为明王。

太子赵兴代立南越王,他的母亲做了太后。太后还没做婴齐的姬妾时,曾经与霸陵人安国少季私通。

婴齐死后的元鼎四年,汉朝派安国少季去规劝南越王和王后,让他们效仿内地的诸侯,进京朝见;命令辩士谏大夫终军等宣传这个意思,勇士魏臣等协助,命令卫尉路博德率领部队驻扎在贵阳,等待侍者。

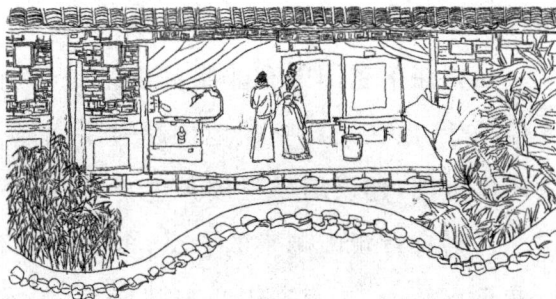

南越王年纪轻轻，王太后又是中原人，曾经与安国少季通奸，安国少季来到南越后，又与太后私混在一起。南越国的人几乎都知道这件事，大多不依附太后。

太后担心发生祸乱，也想仰仗汉天子的威势，多次规劝南越王和群臣，请求他们归顺汉朝。于是，就通过使者上书汉天子，请比照内地诸侯，三年赴京朝拜一次，撤销边境上的关塞。

天子允许了南越王的请求，赐给南越丞相吕嘉以银印，也赐给内史、中尉、大傅银印，其余的官职由南越自己安置。废除南越原有的黥刑和劓刑，用汉朝的法律，比照内地诸侯。使者都留下来镇抚南越。南越王和王太后整治行装和贵重财物，为入朝觐见天子做准备。

南越国国相吕嘉很老了，他辅佐过三位国王，他的宗主中做长吏的就有七十多人，他的家族中，男子全部娶了王的女子做妻子，女的尽数嫁给了王子兄弟宗室，同苍梧郡的秦王有婚姻关系。

吕嘉在南越国中有非常高的地位，人们很信任他，许多人都是他的亲信爪牙，他在民众中的地位超过了南越王。南越王要上书汉天子，吕嘉多次阻挡，建议南越王放弃这个，南越王没有采纳他的建议。

吕嘉有背叛南越王的心思，多次称病不接见汉朝来的使者。使者都留意吕嘉的一言一行，因为形势所迫，没有诛杀吕嘉。南越王及王太后也担心吕嘉抢先在事前发难，于是就置办酒宴，想借助汉使者的权势，谋杀吕嘉等人。

酒席上，使者都向东而坐，太后面南而坐，南越王面北而坐，丞相吕嘉、大臣等都面西而坐,陪坐饮酒。吕嘉的弟弟做将军,率领士卒守候在宫外。酒席当中,太后对吕嘉说:"南越是大汉朝的属国,这对国家是件好事,但国相却不满意这样做,是什么原因呢?"太后想以此激怒使者。但使者优柔寡断,终究不敢行动。

吕嘉发现周围没有一个自己的亲信,就立即起身离去。太后大怒,想用矛撞击吕嘉,被南越王挡住了。吕嘉出去后,把弟弟的部队分出一部分,安排在自己的住所旁,宣称有病,不肯见南越王及使者。

吕嘉在暗中准备与大臣发动叛乱。吕嘉知道南越王无意诛杀自己,因此,好几个月过去了,叛乱还没有发生。而太后又有淫乱行为,南越人都不喜欢她,想与吕嘉单打独斗,又没有这个实力。

天子听到吕嘉不服从南越王,南越王和王后势力又比较单薄,不能控制吕嘉,使者胆小,缺少临危决断的能力。天子又觉得南越王和王太后已经归附大汉天子,唯独吕嘉犯乱,不足以出兵镇压,就打算派遣庄参带领二千人前往出使。

庄参说:"为友好而前往的话,几个人就足够了;要是凭借武力,二千人的队伍根本不够用,不足以干出大事。"庄参推辞不去,天子就罢免了庄参。

郏地壮士，原先济北王的丞相韩千秋奋然说："凭借小小的南越，又有南越王和太后做策应，一个吕嘉没有什么可怕的，我愿意带领二百名猛士，一定把吕嘉的人头提回来，向天子请功！"

天子于是就派遣韩千秋和王太后的弟弟樛乐，率领两千人的队伍前往。进入南越境内，吕嘉等人终于反叛了，吕嘉动员南越国的人说："南越王太过年轻，王后是中原人，又与汉朝使者淫乱苟且，一心想要归附汉朝，把先王的宝器全部献给汉天子，谄媚汉天子；她带走的随从，都被她随意卖给长安的汉人做僮仆。她只顾及自己，却不管南越赵家的利益，没有为后世的长治久安做谋划。"

吕嘉与弟弟率领部队攻杀南越王、王后及汉使者。派遣人对苍梧秦王及其诸郡县官员通告，拥立明王的长子与南越籍妻子的儿子术阳侯赵建德做王。

韩千秋的兵马进入南越国,攻破几个小城镇。这以后,南越人径直让开道路,供给他们食物,部队前行到距离番禺四十里的地方,被南越军队攻打,最后韩千秋部被歼灭。

吕嘉派人把汉使者的符节用匣子装好,密封完整,放在边境上,说了些骗人的好听话向汉天子谢罪,部署兵力到险要位置。

天子说:"韩千秋即使没有成功,但也够得上军中的楷模了。"就封韩千秋的儿子韩延年做成安侯。樛乐的姐姐是王太后,首先愿意归顺汉天子,封他的儿子樛广德做龙亢侯。

天子下发大赦令,说:"天子衰微之世,诸侯相互征讨,人们讽刺大臣不知讨罚叛贼。现在,吕嘉、赵建德等人谋反,自立为王。我命令有罪之人和江淮以南的水兵十万人出师前往,征讨叛贼!"

元鼎五年秋,卫尉路博德做伏波将军,从贵阳出发,直下汇水;主爵都尉杨仆做楼船将军,从豫章出发,直下横浦;原来归顺汉朝被册封的两个南越人做戈船、下厉将军,从零陵出发,随后一支队伍直下离水,一支队伍抵达苍梧;让驰义侯凭借巴蜀的有罪之人,派出夜郎的部队,直下牂柯江,最后全部在番禺会师。

元鼎六年冬,楼船将军率领精锐部队抢先攻下寻陕,接着攻破石门,缴获南越战船和粮食,乘机向前推进,挫败南越的先头部队,率领几万人马等待伏波将军。

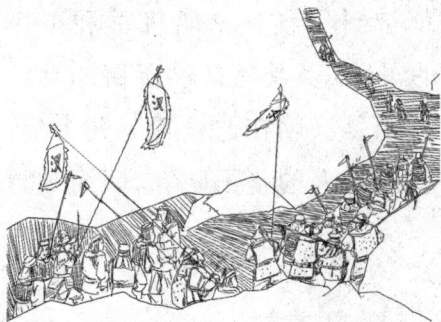

伏波将军率领有罪之人,路途较远,耽误了会合日期,所以与楼船将军会合的只有一千多人,然后就一起前进。楼船将军在前边,一直打到番禺。赵建德、吕嘉都在城内防守。楼船将军选择最有利的地方,在番禺的东南面驻兵；伏波将军驻军在番禺西北。

正值天黑，楼船将军攻击并打败了南越人，放一把大火烧着番禺城。南越人早就听说伏波将军的赫赫大名，如今又遇到天黑，也不晓得他到底有多少军队，一时间人心慌慌。

伏波将军安营扎寨后，派遣使者招来已经投降的南越人，赐给他们官印，又放他们回去招降别的南越人。楼船将军在这边奋力攻击南越，焚烧敌人，反而把乱军驱赶到伏波将军的营中，前来投降。黎明时分，城中的敌兵都纷纷投降了伏波将军。

吕嘉和赵建德连夜同几百个亲信部下逃入大海，乘船西去。伏波将军又询问已投降的南越贵人，才知道吕嘉的去向，就派人去追捕。

原先的校尉，现在是伏波将军的司马之官苏弘逮住了赵建德，被封为常海侯；南越人郎官都稽逮住了吕嘉，被封为临蔡侯。

苍梧王赵光，同南越王同姓，听说汉朝军队已经打到，同南越叫定的揭阳县令，自己决定归属汉朝；南越桂林郡监居翁，告知瓯骆归降汉朝。他们都被封了侯。戈船将军和下厉将军的军队，以及驰义侯所谓调动的夜郎军队还未到达，南越已经被平定了。于是汉朝在此设置了九个郡。伏波将军增加了封邑，楼船将军的军队攻破敌人的坚固防守，因而被封为将梁侯。

从赵佗最初称王以后，传国五世，共九十三年，南越国就被灭亡了。

太史公说："尉佗之所以能当南越王，原本是任嚣提拔和劝说的结果。当时正值汉朝社会刚刚安定，他才被封为诸侯。隆虑侯领兵教训南越，却碰上酷暑潮湿天气，士卒大多染上传染病，无法进军，无意中助长了赵佗的骄横。同瓯骆之间的互相攻击，导致南越国势动摇。汉朝的正义之师压境，才有了南越太子婴齐前往长安当宿卫这件事。后来南越亡国，征兆就在婴齐娶了樛氏女这件事上。吕嘉一个小小的忠诚，致使赵佗断绝了王位的继承人。楼船将军放纵欲望，怠惰傲慢，放荡惑乱。伏波将军大志不顺，智谋思虑却越来越丰富，因祸得福。可见成败的转换，就同纠缠在一起的绳索一样，难以预料。"

东越列传第五十四
人物像

无诸（闽越王）

摇（越东海王）

项藉

刘濞

东越列传第五十四

闽越王无诸和越东海王摇,他们的祖先都是越王勾践的后代,姓驺。

秦朝兼并天下后,他们的王号都被废除,他们所在的地方也被设置成闽中郡。

等到诸侯反叛秦朝时,无诸、摇就率领越人归附鄱阳县令吴芮。就是人们所说的鄱君,他跟随诸侯消灭了秦国。

那时,项藉把持着向诸侯发布命令的权力,没有封无诸和摇做王。所以,他们就没有归附楚国。

汉王刘邦攻打项藉时,无诸和摇又率领越人前去辅佐汉王。

汉高帝五年,朝廷重新立无诸做闽南王,在闽中原来的地方称王,把都城建立在东冶。

孝惠帝三年,朝廷列举越国辅佐汉高帝时的功劳,认为闽君摇的功劳大,他的百姓也愿意依附他,于是朝廷就把摇立为东海王,都城建在东瓯,民间世俗称他为东瓯王。

过了几代,到孝景帝三年,吴王刘濞反叛朝廷,打算让闽越跟随他反叛。闽越不愿意,只有东瓯跟随他造反。

吴国被攻破,东瓯被汉朝用重金收买,杀了吴王丹徒。凭借这个,他们都没有被杀害,回到自己的国里。

吴王的儿子驹逃亡到闽越,怨恨东瓯杀了他的父亲,就经常劝说闽越攻击东瓯。

建元三年,闽越发兵围困东瓯。东瓯的粮食告罄,遭受困难,不得已将要投降的时候,就派人急急忙忙地报告天子。

汉武帝向太尉田蚡询问这件事。田蚡回答说:"这是越人之间相互攻打,本来就是经常有的事,他们又反复无常,没必要麻烦我们去解救。况且,秦朝时就开始遗弃他们,并不把他们当作从属国。"

中大夫庄助持不同意见,他反诘田蚡说:"只是担心力量不足,没有能力救助,恩德浅薄,还波及不到他们那里吧;果真能的话,为什么要放弃他们呢?况且秦国竟然连咸阳都放弃了,何况是越人呢!"

庄助接着说:"现在,力量小的封国来向天子求助告急,天子不去救援,你让他们到哪里诉苦求助?又怎么养育和保护自己的万国子民?"

汉武帝听了两个人的意见后说:"太尉的主意不值得商讨。但我刚刚即位,还不想拿出虎符从郡国调动部队。"

于是,汉武帝就派遣庄助拿着符节到会稽调动军队。会籍太守打算拒绝,不派遣部队前往,庄助刀斩了一名司马官,向太守晓谕旨意,会籍太守这才从海上发兵解救东瓯。

解救的部队还没有到达,闽越就领兵撤离了。

东瓯请求朝廷把他们国家迁移到中原地区去定居,于是就带领全国民众来到中原,定居在江淮一带。

建元六年,闽越国攻打南越国。南越国遵守天子的约定,不敢擅自出兵回击,就把这件事报告了天子。

汉武帝就派遣大行王恢率兵从豫章出发,大农韩安国率兵从会稽出发,二人都是将军。

朝廷的部队还没有翻过阳山岭，闽越王郢就派部队据守险要位置，对抗汉军。

闽越王郢的弟弟馀善与东越丞相以及宗族众人商量谋划说："我们的国王不向天子请示，就擅自发兵攻打南越，所以天子才派部队来剿杀我们。"

馀善说："现在汉军人马众多，兵士强壮，即使我们很幸运能取得战争的胜利，天子以后还是会派出更多的部队，直到最终消灭我们闽越国为止。"

馀善说："如今，只要我们把国王杀了，向天子谢罪，天子要是接受了，那就有可能停兵罢战，我们还能保存一个完整的闽越国。要是天子不接受我们的谢罪主张，我们只能拼力战斗，失败了的话，大海就是我们的归宿。"

众人都说："好主意。"于是，就用带把的小矛杀死了郢，然后就派遣使者手捧郢的人头送到大行王恢那里。

王恢说："汉军来到这里，就是为了诛杀郢王。现在郢王的人头已经送来，东瓯国已经谢罪，不用战争就能消除祸患，没有比这样更好的事了。"随后就用较为灵活的方式停止了军事行动，并把这件事告诉了大农将军，又命令使者带上郢的人头飞马回报天子。

于是，汉武帝下诏召回两个将军，说："东越王郢等首先作恶，唯独无诸的孙子繇君丑没有参与其中。"于是就派遣郎中将立丑做越繇王，对闽越王奉行祭祀之礼。

馀善杀了郢以后，威望传遍全国，民众大多愿意依附于他，他就私下里自立为王。而繇王没有办法矫正民众的错误，让他们奉行正道。

汉武帝知道这些后，觉得为一个馀善不值得再一次兴兵讨伐，就说："馀善多次和郢阴谋叛乱，后来却首先杀了郢王，使汉军避免了战争。"借机立馀善做了东越王，与繇王并列。

元鼎五年（前112年），南越造反，东越王馀善向大汉天子上书，请求率兵八千人跟随楼船将军去攻打吕嘉等。

馀善的军队到达揭阳时，他就以海上出现大风巨浪为借口，不再向前进军，而采取骑墙看风向的态度，暗中又派使者与南越联系。

直到汉军攻陷番禺后，东越的军队还没有到来。这时楼船将军杨仆派使者向天子上书，愿意顺便领兵去攻打东越。

天子下令说士卒已经劳累疲倦，没有批准楼船将军的请求，停止了军事行动，下令诸位校官，让他们驻军在豫章的梅岭等候命令。

元鼎六年（前 111 年）秋，馀善听说楼船将军上奏请求天子派兵剿灭东越国，汉军已经进逼到边境，就要攻打过来了，于是他就造反了。

馀善发兵到汉军必经的道路上进行抵抗。馀善在给将军邹力等人的名号上添加了"吞汉将军"，他们进入白沙、武林、梅岭等地，杀死汉军三个校尉。

这时朝廷派遣大农张成、原山州侯刘齿率军驻扎在这里，却不敢攻击馀善的部队，他们退守到方便有利的地方，后来他们都因犯害怕敌人、胆怯软弱罪而被杀。

馀善偷偷雕刻了一枚写有"武帝"的印章，然后自立为王。他欺骗民众，说一些虚妄不实的话。

汉武帝派遣横海将军韩说率兵从句章出发，渡过大海向东方进发；楼船将军杨仆从武林出发；中尉王温舒从梅岭出发；投降汉朝并已经做了将军的两个越人做了戈船将军和下濑将军，从若邪、白沙出发。

元丰元年冬，汉军全部进入东越。东越一向派兵防守在险要的位置，派遣徇北将军防守武林，打败楼船将军几个校尉，杀死长吏。

楼船将军率领钱塘人猿终古斩杀徇北将军,被封做御儿侯,他自己的部队却没有前往武林。

过去的越衍侯吴阳,以前曾经在汉朝居留过,汉朝就派遣吴阳回到东越劝阻馀善投降,馀善不听。

等到横海将军韩说率军先到东越后,越衍侯吴阳就带领他邑中的七百人叛变了馀善,在汉阳攻打东越馀善的叛军。

越衍侯吴阳同建成侯敖及其部下跟繇王居股商量谋划说:"馀善是叛军的头子,首先犯上作乱,劫持我们的人。现在汉朝大军已经到了,人多势力强,我们想办法杀了馀善,然后再归顺汉朝将军,或许还能抵消和洗刷我们的罪行。"

商量完毕,大家就一起动手,杀死了馀善,带领他们的部队投降了横海将军。凭借这些,后来汉朝封繇王居股做东成侯,食邑一万户;封建成侯敖做开陵侯;封越衍侯吴阳做北石侯;封横海将军韩说做按道侯;封横海校尉做缭萦侯。

刘福是成阳共王刘喜的儿子,所以被封做海常侯,后来因犯法而失掉爵位。他以前从军并没有建立功业,却凭借宗室子弟的关系才获得了封侯。其余各位将领因没有功劳,就没有得到封赏。

东越将军多军,在汉军攻打过来时,扔下他的部队,撒丫子似的跑了,却因祸得福,被汉天子封为无锡侯。

有鉴于此,汉武帝认为东越这个地方,地势狭小却多险阻关隘,闽越一带民风强悍,屡次反复无常。就下令军官们将所有的东越民众迁徙到江淮一带定居。

从此以后,东越之地变成空虚之地。

太史公说:"越国即使是蛮夷,他们的先祖难道对民众有过大的公德? 不然的话,又为什么相传得那么久远呢? 经历好多代也常常做君王，甚至还一度出现过越王勾践称霸的壮举。然而，馀善竟然做出大逆不道的事，导致国家被灭亡、百姓遭迁徙的可悲下场。他们先祖的子孙后代繇王居股等还被封为万户侯，由此可知，东越国人中，世世代代都有做公侯的。这也许是大禹遗留下的功业吧。"

朝鲜列传第五十五
人物像

卫满

卢绾

孝惠帝

楼船

朝鲜列传第五十五

朝鲜王卫满原来是燕国人。

燕国强盛时期曾经攻打并夺取真番和朝鲜，让他们归属燕国，并在那里设置了政府官吏，在边塞修建了边塞防御工事。

秦朝后来剿灭了燕国，朝鲜就变成了辽东郡以外的边界属国。

汉朝兴建后，由于朝鲜距离汉朝较远，政府难以有效防守，就在那里重新修复当年辽东郡的边塞防御工事，一直到泪水为界，隶属燕国管辖。

后来，燕王卢绾造反，跑到了匈奴。卫满也流亡到外面，聚集了一千多人的同党，头上梳着上细下粗的锥形发髻，穿着蛮夷服饰，向东方走出塞外，渡过泪水，居住到秦国原来一个比较空旷的土地上，地名叫做上下鄣。

在这里，卢绾慢慢地奴役真番、朝鲜蛮夷以及原来燕国、齐国逃亡之人，在这些人中称王，役使他们，他把都城建在王险城。

当时正值孝惠帝、高后时代，天下刚刚平定，辽东郡的太守相约卫满做大汉朝的附属国，让他们保护并看管边塞以外的蛮夷，不要让这些人到边塞来骚扰盗掠抢劫边民。

辽东郡太守还让他们对各个蛮夷地区的首领，有打算来汉朝觐见天子的，则命令他们不得禁止阻挠。辽东太守把这个情况报告给了天子，惠帝应允了这件事。

从此，卫满就凭借兵威和财富开始侵略、招降所在地周围的小国，真番、临屯等都来投降归服卫满。卫满统辖方圆几千里的地方。

卫满把统治权传给儿子，又传到孙子右渠的手里。这时汉朝逃亡的人受朝鲜的引导和诱惑，越来越多地逃到这里，而右渠又不打算觐见大汉天子。

真番周围许多小国打算上书觐见天子，却被阻塞，无法使大汉天子知道这一情况。

元封二年，汉武帝派遣涉何前去谴责并明确告知右渠，但右渠就是不肯接受大汉朝的诏命。

涉何离开朝鲜，来到边界，在浿水旁边，指派驾车的车夫刺杀了护送涉何的朝鲜裨小王，完后立即渡河，驾车飞奔，返回边塞以内。

涉何回到朝廷给天子报告说："我杀了朝鲜一个小王！"汉武帝认为

他有杀死朝鲜小王的美名，就没有追究他的过失，却封涉何做辽东东部都尉。朝鲜怨恨涉何，发兵袭击并杀死了涉何。

朝廷招募有罪又被赦免的人前去攻打朝鲜。这一年的秋天（元封二年），汉武帝派遣楼船将军杨仆从齐地乘船出发，横渡渤海，率领五万人的部队前去攻打，左将军荀彘从辽东郡出发，去攻打右渠。

右渠把他的兵力都部署到险要的位置，对抗汉军。

左将军手下一个叫正多的将领带领辽东兵力首先冲锋，结果战败，被打散，大多数人逃了回来，后来他被按照逃跑罪判处死罪而问斩。

楼船将军率领齐地七千人马首先来到王险城。右渠守护在城里，他打听到楼船将军人数不多，就立即出城袭击楼船将军，楼船将军的部队因失败而四散逃走。

将军杨仆失去了自己的部队，在山中躲藏了十多天，慢慢寻找并重新聚拢起部队。

左将军荀彘带领部队在浿水以西攻打敌军，从正面没有取得突破。

汉武帝因为两个将领出击朝鲜都没有成功，就派卫山借助军威前去晓谕右渠。右渠接见了使者卫山，叩头谢罪，说："我愿意投降汉军，只是担心两位将军使诈而杀我；现在见到了诚信的符节，就请求允许我们投降吧。"

右渠就派遣太子去大汉朝请愿谢罪，献出五千匹马匹，又给在朝鲜的汉军赠送给养。

一万多名手里拿着兵器的朝鲜民众，正准备渡过浿水。使者和左将军看见这种情形，担心朝鲜人诈降，就说太子既已归顺大汉朝天子，就应当命令民众不要身带兵器。

太子也怀疑大汉朝使者和左将军在欺骗和斩杀自己，于是坚决不带队过河，又领上他的人马回去了。卫山回去后把这件事汇报给天子，天子杀了卫山。

左将军率兵攻破浿水上的朝鲜军队，继续前攻，来到王险城下，把王险城的西北包围起来。

楼船将军也带兵前往会合，把部队驻扎在王险城的南面。

右渠坚守城内不出，几个月过去了，汉军没有取得任何进展。

左将军一向在宫中侍奉皇帝，被皇帝宠幸，他所率领的是凶悍的燕国、代国士卒，他们借助打了胜仗的机会，部队里大多数士卒都很骄傲。

楼船将军率领齐地部队，渡海打仗，本来就有许多失败和伤亡，他们最早与右渠作战，被敌军围困受辱后，士卒蒙受伤亡，心里充满恐惧，将领们心中也充满惭愧，在他们包围右渠时，楼船将军常常手拿议和的符节。

左将军越发严厉地督促楼船将军攻打右渠。朝鲜的大臣暗中寻找机会和楼船将军联系，派人私下里商谈朝鲜投降的事，双方来往沟通，还没有作出最终决定。

这时左将军多次联系楼船将军一起攻打朝鲜的事，楼船将军很想尽快与朝鲜达成投降条约，就故意不和左将军会合。

左将军也派人寻找机会让朝鲜投降，但朝鲜不愿意投降左将军，一心想投降楼船将军。这样导致两位将军关系不和。

左将军心想楼船将军从前打仗失败的罪行，现在与朝鲜私人关系友善，而朝鲜又不肯投降，自然心里怀疑楼船将军与朝鲜之间有阴谋，只不过还没有采取行动罢了。

汉武帝说将帅无能，前段时间朝廷派遣卫山去晓谕右渠投降，右渠就派太子来大汉朝谢罪，卫山却不能临危决断，专一处理，同左将军的计谋都出现失误，最终导致朝鲜投降汉朝的约定失败。

汉武帝认为，现在两位将军率兵攻打王险城，却相互违背，不能一致行动，所以朝鲜的战争才长期得不到解决。于是天子就派遣济南太守公孙遂前去，纠正他们的错误，并可以在方便有利的时候，自行处理事务。

公孙遂到达后，左将军说："朝鲜早就可以攻夺下来了，攻不下来是有原因的。"左将军说自己多次与楼船将军商定两军会合日期，但楼船将军却不予配合，不让两军会合。

左将军把他一向怀疑楼船将军谋反的猜测告诉了公孙遂，说道："现在如果不收拾楼船将军，我担心会出现大的祸患。不但楼船将军会谋反，而且他还会和朝鲜人合在一起消灭我们！"

公孙遂也觉得是这么回事，就用符节招楼船将军到左将军军营开会商量战事，当场就命令左将军的部下逮捕了楼船将军，并把他的部队并入左将军手下，然后返回去报告天子。

汉武帝杀了公孙遂。

两支部队全部归置到左将军手下后，左将军就命令疾风暴雨般攻打朝鲜。朝鲜相国路人、相国韩阴、尼溪相国参、将军王唊等相互商议说："我们开始是想要投降楼船将军的，现在楼船将军被捕，唯独左将军统帅两军，战况越发紧急，担心没有能力与他们作战，右渠王又不肯投降。"

韩阴、王唊、路人都逃亡到汉军那里去了。路人死在逃亡的道路上了。

元封三年夏天，尼溪相国参于是派遣人杀死了朝鲜王右渠，向大汉朝投降。王险城还没有攻打下来，所以右渠的大臣成巳又反叛了，又攻打不随他一起造反的朝鲜官吏。

左将军就派遣右渠的儿子长降、相国路人的儿子路最晓谕朝鲜民众，杀了成巳。汉朝终于平定了朝鲜，设立了四个郡。

汉武帝封参做浞清侯，韩阴做狄苴侯，王唊做平州侯，长降做几侯。路最因为父亲的死，有功劳，被封为温阳侯。

左将军被召回来后，犯了争夺功劳、相互嫉妒、违背作战计划罪，在闹市被执行死刑。

楼船将军也犯了军队到达洌口，应当等待左将军，却冒险擅自抢先攻击敌人，致使部队伤亡很多的罪行，被判处死刑，掏钱赎买罪行后变为平民。

太史公说："朝鲜王右渠凭借地理位置的的坚固凶险，却导致国家灭绝。涉何骗取功劳，为中国和朝鲜的战争开了头。楼船将军心胸狭小，遇到危难就遭受祸患，后悔曾经在攻陷番禺时失利，却反而被人怀疑不忠诚、要谋反。荀彘争功劳，却与公孙遂一道被斩。征讨朝鲜的杨仆和荀彘的两支部队都遭受困境，受到侮辱，将帅没有被封侯受爵的。"

西南夷列传第五十六
人物像

唐蒙

吕兰君

汉武帝

滇王

西南夷列传第五十六

西南夷的君长有很多个，多得要用十做单位计算，但势力最强大的是夜郎国。

夜郎的西边，靡莫之邑多得也要用十作单位计算，但滇的势力最大。

从滇地向北，那里的君长多得也要用十做单位来计算，但邛崃的势力最大。

这些夷人都把自己的发型梳成上细下粗的锥形，耕种田地，有聚居在一起的城镇和村庄。

西南夷的西边，从同师往东，直到北部的楪榆，称为嶲、昆明，这里的人们都把自己的头发梳成辫子，随放牧的牲畜到处走动，没有固定的住处，也没有君长，活动的地方有几千里。

从嶲地往东北方向，君

长多得也要以十做单位来计算,其中徙、筰的势力最大。

从筰地向东北方向,君长也是以十做单位计算的,势力最大的要算是冉和駹了。他们的风俗要么是定居某地长期不移动,要么是迁徙,全都处在蜀国的西边。

从冉和駹往东北方向,君长也是用十做单位计算的,势力最大的要算是白马了,他们都是氐族的同类。这些都是巴蜀西南以外的蛮夷。

最初,楚威王时期,楚威王派遣将军庄蹻率领部队沿长江而上,攻占巴郡、蜀郡、黔中郡以西的地方。

庄蹻是从前楚庄王的后裔。他的部队到了滇池后,看到这里方圆三百里,旁边都是平地,肥沃富饶的地方就有几千里,于是庄蹻就依靠部队的军威平定了这个地方,让他们归属楚国。

庄蹻准备返回楚国向国君报告这里的情况,正好适逢秦国攻打并夺取楚国的巴郡、黔中郡,道路遇阻无法通行,没办法只得重新回到滇池。

庄蹻依靠他的部队做了滇王,让兵丁改换服装,顺从当地的民俗风俗,所以他当了滇人的领袖。

秦朝时期,常頞(àn)曾开通了五尺道,并在这里的很多国家设置了一些官吏。

过了十几年，秦朝灭亡了。汉朝兴建起来后，政府把这些国家全部放弃了，把蜀郡原来的国界当做边关。巴郡、蜀郡的百姓中有些人偷偷跑出边塞去经商，换取筰国的马匹、僰国的僮仆和牦牛。因此，巴郡和蜀郡都非常富有。

建元六年，大行王恢率军攻打东越，东越人杀死东越王郢来回报汉军。

王恢凭借军威让鄱阳令唐蒙把汉军的意旨委婉地传达给南越国。南越就拿蜀郡出产的枸酱给唐蒙吃，唐蒙询问东西是从哪里弄来的，回答说："是从西北牂柯江取道获得的，牂柯江有好几里的宽度，从番禺城下流经而过。"

唐蒙返回长安后，向蜀郡商人询问那里的情况，商人说："只有蜀郡出产枸酱，当地人大多是偷偷拿着枸酱到夜郎国去卖的。夜郎国靠近牂柯江，江面有一百来步宽，能行船。南越想用财物让夜郎国归属自己，然而他的势力能远达西边的同师，却丝毫没有办法让夜郎国臣服。"

在这种情况下,唐蒙上书汉武帝说:"南越王乘坐着黄屋车子,车上插着左纛的旗子,他的地方东西长达一万多里,名义上是汉朝的外臣,实则是一州之主。现在,从长沙和豫章前往,我打听说水路多半被断绝,很难通过。"

唐蒙在奏章中接着说:"我私下里听说夜郎国有十多万的精兵,乘船沿牂柯江而下,出其不意地攻打南越,这是制服南越的一条妙计。假如真能凭借汉朝的强大,巴郡蜀郡的富饶,打通前往夜郎国的通道,设置官吏,的确是非常简单的事。"

汉武帝采纳了唐蒙的建议,封唐蒙做郎中将,率领一千多人马,以及后勤保障方面的一万多人,从巴符关进入夜郎,会见了夜郎侯多同。

唐蒙赠送给多同很多礼物,再用大汉朝的威武和恩德加以开导,约定给夜郎设置官吏,让多同的儿子担当相当于县令的官长。

夜郎国旁边的小国都贪念汉朝的丝绸布帛,觉得汉朝到夜郎的道路遥远,充满艰险,终究不能占有自己。于是,就暂且同意了唐蒙的盟约主张。

唐蒙返回朝廷给汉武帝汇报，天子就把夜郎改为犍为郡。从此，开始征发巴郡蜀郡的兵士修筑道路，从僰人那里直接修造到牂柯江。

蜀地人司马相如也向汉武帝建议说可以在西夷的邛、筰设置郡。汉武帝派遣

司马相如以郎中将的身份前往西夷，明白地告诉他们，大汉朝将按照对待南夷的方式对待他们，给他们设置一个都尉，十多个县，归属蜀郡。

的道路，戍边的士卒、转运物资和军粮的人员非常多。

几年后，通往西南夷的道路还是没有开通，士卒饥饿、疲惫和遭受潮湿而导致的死亡很多，西南夷又多次造反，调遣部队去镇压打

这时候，巴郡、蜀郡、广汉郡、汉中郡这四个郡都在开通西南夷

击，耗费了大量的钱财和人力，却毫无效果。

汉武帝担心忧郁西南夷，就委派公孙弘前去那里调查询问。公孙弘返回来对汉武帝汇报，说了很多不利的话。等公孙弘做了御史

大夫后,那时的朝廷刚刚开始修筑朔方郡,来依据黄河对抗匈奴,公孙弘趁机对皇上说了许多开发西南夷的坏处,觉得完全可以临时停下来开发西南夷的工作,专门集中力量对付匈奴。

汉武帝终于停止了对西南夷的开发,唯独在南夷的夜郎设置了两县一都尉,命令犍为郡逐渐自保并完善自己的郡县建制。

元狩元年,博望侯张骞出使大夏国返回朝廷后,对汉武帝介绍说他在大夏国时看见过蜀郡出产的布帛、邛都出产的竹杖,便询问这些东西是从哪里获得的。

大夏国的人们回答张骞说:"是从东南面的身毒国获得的,从这里到那边有几千里路程,可以和蜀地的商人做买卖。"

有人还听说,邛都向西大约两千里的地方有一个身毒国。张骞乘机大谈大夏国在大汉朝的西南方,非常仰慕中国,只是担心匈奴阻隔他们与中国交往的通道,假如果真能沟通蜀地的道路,那么到身毒国的道路就既方便又距离近,有百利而无一害。

在这种情况下,汉武帝就命令王然于、柏始昌、吕越人等,让他们从西夷的西边出发,去寻找出使身毒国的捷径。

王然于等一行人到了滇国,滇王尝羌收留了他们,并为他们派出十多批到西边寻找道路的人马。

一年多以后，寻找道路的人全部被昆明国所阻挡，没能够通往身毒国。

滇王对大汉的使者说："大汉朝与我们滇国相比较，哪个大？"大汗的使者到夜郎，也遇到过同样的问题。这是因为道路不通达的缘故，各自觉得自己是一州之长，根本不知道大汉朝的地域有多么广阔、博大。

使者回来后，趁机夸奖滇国是个大国，值得让他亲近和归附大汉朝。于是，汉武帝开始留意起滇国了。

南越造反时，汉武帝派遣驰义侯用犍为郡的名义调集南夷的部队。

且兰君担心他的部队远行后，旁边的国家会趁机掳掠他的老弱之民，于是就同他的军队谋反，斩杀使者及犍为侯的太守。

大汉朝于是就征发巴蜀郡犯了罪又被大赦了的人从军，和曾经想攻打南越的八个校尉一起攻打并平定了南夷。

这时，南越刚刚被汉军攻破，大汉朝的八个校尉还没有来得及沿牂柯江南下，就领兵回撤。行军途中诛灭了经常阻隔大汉朝与滇国交通道路的国家头兰。

头兰被平定后，接着又平定了南夷，大汉朝在南夷设置了牂柯郡。

夜郎侯开始时依靠的是南越，南越被剿灭后，正好赶上大汉朝的军队返回诛杀反叛者，夜郎侯于是就到长安城觐见大汉朝天子汉武帝。汉武帝就封他做了夜郎王。

南越被攻破，以及大汉朝诛杀了且兰君、邛君，并且杀了筰侯以后，冉、駹都感到震惊恐怖，纷纷向大汉朝请求，在他们那里设置汉朝官吏，来管理他们。

汉朝就在邛都设置了越嶲郡，在筰都设置了沈犁郡，在冉駹设置了汶山郡，在广汉西边的白马设置了武都郡。

大汉天子派遣王然于凭借攻破南越和诛杀南夷君长的军威，委婉地劝告滇王，他应该到长安城入朝拜见天子。

滇王拥有一只几万人的部队武装，他旁边的东北方有劳浸和靡莫，都是与滇王同姓的，他们相互依存，不肯听从劝告。劳浸和靡莫多次侵犯大汉朝使者和官吏。

元封二年，汉武帝征发巴郡和蜀郡的部队攻打并剿灭了劳浸和靡莫，汉朝大军临近滇国。这时候滇王才开始对大汉朝怀有善意，所以没有被诛杀。

这样一来，滇王离开西南夷，带领全国向汉朝投降，请求大汉朝为他们设置官吏，并到长

安城拜见汉武帝。于是汉朝就把滇国设置成益州郡，给滇王颁发了一块由朝廷制作的王印，继续统治管理他的民众。

西南夷的军长多得要用百做单位计算，但只有夜郎王和滇王受到了来自朝廷授予的官印。滇国是个小城镇，却最受朝廷的宠爱。

太史公说："楚国的老祖先难道真的有上天赐给他们的禄位？周朝时，他们的先祖鬻熊做了周文王的老师，后来熊绎又被周成王策封到如今的楚国建立封国。周朝衰微的时候，楚国的疆域号称五千里。秦朝破灭诸侯时，唯独楚国的后代子孙中还有滇王存在于世。大汉朝诛杀西南夷，那里的国家大多数被剿灭一空，却只有滇王又受到了大汉朝天子的恩宠。"

太史公又说："平定南夷的开端，是在番禺见到了枸酱、大夏国见到了邛竹杖以后。西夷后来被分割，被分成西、南两方，最后被分设成七个郡。"

司马相如列传第五十七
人物像

司马相如

卓文君

卓王孙

司马相如列传第五十七

司马相如是蜀郡成都人，字长卿。司马相如小时候喜欢读书学习，曾经学习过用剑搏击的技术，所以他的父母给他取名叫犬子。完成学业的司马相如非常仰慕蔺相如的为人，就给自己改了个名字叫相如。

最初的时候，司马相如凭借家里的富有而当了郎官，侍卫孝景帝，做武骑常侍，但这并不是他喜爱的职业。加之孝景帝并不喜欢辞赋，而这时梁孝王正好来朝拜皇上，跟他来的还有一些擅长游说的人，其中有齐郡人邹阳、淮阳人枚乘、吴县人庄忌先生等。司马相如一见到这些人立马就喜欢上了，他就假借生病，辞掉了官职，客居梁国。

梁孝王让这些读书人生活在一起，于是，司马相如就有了机会，与这些读书和游

说之士相处了好几年，他还写了一篇《子虚之赋》。

梁孝王去世后，司马相如就回到老家成都，他的家很贫困，又没有什么职业可以维持生活。他向来与临邛县令王吉关系要好。王吉就请他到临邛县来。这样，司马相如就动身前往临邛，暂时居住在一个亭子里。

临邛县令对相如甚为尊敬，天天过来拜访和看望他。司马相如一开始还凑合着见上一见，后来假借有病，让随从拒绝王吉的拜访。然而，王吉却更加恭谨。

临邛这个地方，有钱有势的人很多，仅卓王孙家的奴仆就有八百多人，程郑家也有几百个家奴。他们两个人相互商量说："县令有尊敬的客人，我们置办些酒席，请一下他。"同时叫来了县令。

请客的那一天，县令到时，卓家的客人已经有上百人了。中午时分，派人前去请司马相如，他却推脱有病，不肯前来。临邛县令见司马相如没有来，不肯动筷子吃饭，就亲自到长卿那里邀请他。没办法，司马相如只好勉强来到卓家，满座的客人都羡慕他的奕奕风采。

酒席进行到高兴处，临邛县令怀抱一把琴放到司马相如面前，说："我早

就听说司马相如喜欢操琴，请赏光一曲，以助欢乐。"司马相如推辞一番后，就弹奏了一两首曲子。这时，卓王孙有一个女儿叫卓文君，刚刚守寡不久，很喜欢音乐。相如假装与县令相互敬重，却用琴声暗自诱导卓文君的情愫。

司马相如来临邛时，车马跟随其后，仪表堂堂，文静典雅，大方得体。等到在卓王孙家喝酒、操琴奏曲时，卓文君偷偷从门缝里观看他，心里一高兴，就喜欢上了相如，又担心司马相如不了解女儿家的心思。

酒席结束后，司马相如托人用重金赏赐卓文君的侍者，通过这个方法向卓文君表达爱慕之情。

卓文君激动得连夜从家中逃出，投奔司马相如去了。相如就与卓文君急忙驱车跑回成都老家。走进家门，看见家里空无一物，家徒四壁。

得知自己的女儿跟司马相如私奔后，卓王孙气得大骂，说："我这个女儿太不成器了，我也不忍心杀她，但我的家产一文钱也不会给她。"有人劝说卓王孙，他一概不听。

在成都老家过了好长时间，卓文君却闷闷不乐，她对司马相如说："长卿，不如你跟我一同去临邛，即使我们向兄弟们借钱，也完全可以维持生活，何至于困苦到这个份儿上！"于是，司马相如和卓文君一起来到临邛。

司马相如把自己的车马全部变卖掉，盘下一家酒店做酒水买卖。他让卓文君亲自在垆前酌酒应对顾客，自己则身穿犊鼻裤，与雇工们一起操作忙活，在闹市中洗涤酒具。

卓王孙听到这件事，觉得老脸惭愧，耻辱无光，因此闭门不出。有些兄弟朋友和长辈相继前来劝说卓王孙，说："你有一个儿子两个女儿，你家现在所缺的不是钱财。如今，文君已经是相如的妻子了，司马相如也已经

厌倦了离家奔波的生活，他虽然贫穷，但的确是个人才，靠得住。何况他

又是县令的贵客，怎么偏偏这样轻视他！"

卓王孙不得已，只好分给卓文君一百个家奴，一百万钱，还有文君出嫁时的衣服、被褥和各种财物等。卓文君就和司马相如回到成都，置买田地房产，过上了富裕人家的生活。

过了好长时间，蜀都人杨得意做狗监，侍奉汉武帝。有一天，皇帝读了《子虚赋》，非常喜欢，就自言自语地说："我怎么偏偏就不能与这个写书之人相遇呢！"杨得意对皇帝说："臣的老乡司马相如曾经对我说这个赋是他写的。"皇帝很惊奇。就召见并询问司马相如。

司马相如回答皇帝说："的确有这回事。但这是专门写诸侯之事的，不值得看。我请求为天子做一篇游猎赋，完成后就进献给皇帝。"汉武帝答应了，命令尚书送给他笔和木简。

司马相如用"子虚"这虚构的言辞来夸耀楚国之美；"乌有先生"则是说没有此事，以此为齐国驳难楚国；"无是公"是说没有这个人，以此阐明做天子的道理。所以，他假借这三个人写成文章，用以推演天子和诸侯的苑囿美盛情景。赋的最后一章把主题归结到节俭上，借以含蓄地规劝皇帝。把赋呈献给皇帝后，汉武帝很高兴。

　　赋的内容是这样的：楚王派子虚出使齐国，齐王把境内的部队全部征调过来，准备好众多的车马，与使者一同出去打猎。狩猎结束后，子虚前去拜访乌有先生，夸耀这件事，恰巧无是公也在。

　　乌有先生询问道："今天打猎快乐吗？"子虚回答说："很快乐啊。"乌有先生又问："打了多少猎物？"子虚回答说："非常少。""既然这样，那你有什么可高兴的？"子虚回答说："我高兴的是齐王想在我面前夸耀齐国的车马众多，我却用楚王在云梦泽打猎的盛况来回答他。"乌有先生问："可以说说你当时的回答吗？"

　　子虚说："可以啊。齐王指挥千余辆兵车，选拔上万名骑手，到东海边打猎。士兵站满草泽，罗网布满山岗，兽网捕到野兔，车轮轧死大鹿，麋鹿被射中，麟腿被抓牢。车骑狂奔在海滨的盐滩，猎物被宰杀后的鲜血染红车轮。禽兽被射中,收获了很多猎物,齐王骄傲地夸耀自己的功劳。他回头对我说:'楚国也有平原广泽做成的猎场,让人充满乐趣吗?楚王与我相比较,游猎时谁更壮观?'"

"我下车对齐王说:'我只是楚国一个见识浅陋的人,但有幸在皇宫中担任了十多年侍卫,经常跟随楚王外出打猎,猎场在王宫的后苑,顺便能观赏周围的美景,却不能遍览全部盛况,又怎么能夸耀远离王都的大泽盛况呢?'齐王说:'即使这样,就把你听到的情况大致介绍一下吧!'

"我对齐王说:'好吧。楚国有七个大泽,我只见过其中的一个,属于最小的一个,叫云梦泽。云梦泽纵横九百里,其中有盘旋而迂回曲折、峻拔而高耸险要、参差不齐的山峰。这些山,日月要么被完全遮挡,要么被遮挡了一大半;山势错落,直挂青云;山坡倾斜和缓,连接江河。

"'山间夹杂着朱砂、石青、赤土、白垩、雌黄、石灰、锡矿、碧玉、黄金、白银的土壤,发出各种夺目的光彩,如龙鳞般璀璨照耀。石料中那些赤色的玉石、玫瑰宝石、琳、珉、琨珸、瑊玏、磨刀的黑石、赤白相间和红底子白纹路的石头交相辉映。东面的蕙草之苑,杜衡、兰草、白芷、杜若、射干、芎䓖、菖蒲、茳蓠、蘪芜、甘蔗、芭蕉竞相生长。

"'南面的平原大泽,地势起伏,倾斜延续,宽广而平坦的低洼土地沿着江堤蔓延伸展,直到巫山边界。高峻而干燥的地方,马蓝和类似燕麦的草长势葳蕤,中间夹

杂着苞草、荔草、艾蒿、莎草及青薠；低湿的地方，狗尾巴草、芦苇、东蔷、菰米、莲花、荷藕、葫芦、菴𬞟、菸草等都顺势向上。众多的草木，说不清，数不完。

"'西面有奔涌的山泉、清澈的水池，水波荡漾，后浪裹挟着前浪，奔涌向前；水面上有怒放的荷花和菱花，水面下有隐伏的巨石和白沙。水中的神龟、蛟蛇、猪婆龙、玳瑁、鳖和鼋随处可见。

"'北面阴坡的森林中，黄梗树、楠木、樟木、桂树、花椒树、木兰、黄蘗树林林总总，巨大的山梨树、赤茎柳、山楂树、黑枣树、橘树、柚子树芳香远溢。赤猿、猕猴、鹓、孔雀、鸾鸟、善跳的猴子和射干在树上尽情地玩耍。白虎、黑豹、蟃蜒、貙、犴、雌犀牛、大象、野犀牛、穷奇、獌狿在树下专注地守候。

"'楚王派出类似于专诸一样的勇士，空手搏击野兽。楚王则驾御着被驯服的杂色马匹，乘坐玉饰车，挥动旄穗旌，摇动珍珠旗。高举起锋利无比的三刃戟，左手紧握花纹装饰的乌嗥弓，右手紧抓强劲的夏箙良箭。

"'伯乐在楚王身旁陪乘，纤阿在君主之侧驾驭。车马徐缓而前，并未尽情驰骋，强健的猛兽已被踏倒。车轮辗住了善跑的怪兽，踏住了像驴一样的距虚，冲击野马，轴头撞死騊駼，乘坐千里马，箭射游荡骐。

"'楚王那迅猛的车骑如惊雷翻滚，似狂飙突袭，像流星飞坠，如雷霆冲撞。弓不虚发，箭射禽兽眼眶，或穿透胸腔。猎获的野兽，如暴雨般纷纷坠落，原野上到处都是。于是，楚王收手徘徊，信马由缰般缓步而行，览山北之树林，赏壮士之暴怒，悦野兽之惊恐。倦兽被拦截，衰兽遭抓捕，尽看群兽之变态。

"'于是，漂亮的郑国美人，身披细缯布上衣，身着麻布白绢裙，装点着纤细的罗绮，垂挂着轻雾般的柔纱。裙幅褶绉重叠交错，纹理细密，线条婉约，如同溪谷般深幽。美人们穿着修长的衣服，飘荡的裙幅，美丽的裙边，飞舞的飘带，燕尾形的衣端。

"'美女们婀娜多姿的身形，挪动时衣裙发出细碎的摩擦声。飘动的饰带磨擦着脚下的兰花蕙草，拂拭着上面的羽饰车盖。翡翠的羽毛装点着头发，美玉装饰的帽缨缠绕颔下。虚无缥缈，隐约恍惚，好像神仙般似有似无。"

"'楚王带领美女蕙圃夜猎，走在坚固的水堤间，从容舒缓。网捕翡翠鸟，箭射锦鸡群。发射带有丝线的短箭和系着细绳的箭矢。白天鹅被射落，野鹅被击中；被射的鸧鸹从天而降，洞穿的黑鹤躺在草中。

"'打猎疲倦之后，划动游船，泛舟清池。涂有鹢鸟的龙船、桂木的船浆；画有翡翠鸟的帷幔、用彩锦羽毛装饰的伞盖。下网捞取玳瑁，张钩钓取紫贝。敲金鼓，吹排箫。船夫唱起悠扬的船歌，悲楚嘶哑，悦耳动听。鱼鳖被人惊骇，洪波沸腾翻滚。泉水奔涌而出，与浪涛汇聚。遇到岩石撞击发出震耳的声响，如同雷霆般轰鸣，声音传到几百里以外。

"'夜猎行将结束，敲响灵鼓，点燃火把。排列有序的战车，喁喁前行，昂首挺胸的骑兵，列队而归。队伍持续不断，整齐划一，缓慢推进。这时候，楚王登上阳云台，安然无虑，恬静自得，流露出宁静怡适的心情。等到芍药调和的食物齐备，就呈献给楚王品尝。

"'并不像大王这样整天奔驰，不离车身，甚至把亲手切割肉块、在轮间烤炙而吃也当做一种欢乐。我觉得齐国恐怕不如楚国吧。'于是，齐王默默无言，无法回答我。"

乌有先生听完后说："这话怎么这么过分呢？先生不远千里来到齐国赐惠，齐王调集境内士卒，准备众多车辆，想与你同心打猎，让你感到快乐，却怎么能说人家是在你面前夸耀呢？他向你询问楚国有没有狩猎的平原广泽，是想听听楚国的政治教化和大国辉煌的功业，以及先生的美言评论。

"现在先生你不称赞楚王的敦厚政绩，却大谈云梦泽的荒淫纵乐，夸耀奢侈的生活，我觉得你不应该这样做。假如真像你说的，那绝对算不上是楚国最美好的事物。楚国真的有这些事，又通过你的嘴说出来，那就是在彰显楚王的丑恶；如果没有这样的事你却说有，这就有损于你的声誉。这两件事没有一样是值得做的，可你却全做了，一定会被齐国所看轻，也一定会使楚国的声誉受到影响。

"何况齐国东临大海，南有琅琊；在成山观景赏月，到罘山围捕狩猎，渤海泛舟遨游，孟诸泽游猎助兴。东北有邻居肃慎，左侧与汤谷隔界；深秋打猎在青丘，漫步徜徉于海外。纵然吞纳八九个类似于云梦般的大泽，也感觉不到梗塞臃肿。

"况且那些超凡脱俗的奇异物产、各地的特产，珍奇怪异的鸟兽等万物都归类聚集，如同鱼鳞一样荟萃其中，不可胜记，就是大禹也难以分辨出它们的名字，契也无法考量出它们的数量。

"然而，处在诸侯位置的齐王，怎么会向先生夸耀游猎和嬉戏的愉悦，以及苑囿的广大无边呢。何况先生又是以尊贵的客人身份来这里的，齐王没有回答你的任何言辞，是出于礼貌，怎么能妄断说他是无言以对！"

无是公笑了，说："楚国错了，齐国也不一定正确啊。天子之所以让诸侯们年年纳贡，并不是为了钱财，只不过想让各诸侯向朝廷陈述职务履行的情况；之所以要给封国划界封疆，并不是为了防守边界，而是为了

禁止诸侯们违法犯戒行为。

"如今齐国被分封在东方，却与外国的肃慎私下交往过密，丢弃国家，越过国界，漂洋过海到青邱去围猎，就诸侯道义而言，这种做法是绝对不允许的。

"你们说的话，都没有阐明君臣之间的正确关系，也没有纠正诸侯的礼仪道德，只局限在围猎的欢快，范围的大小，想凭借奢侈荒淫争胜负，竞高下。这样做不但不能提高你们国君的声誉，彰显名望，相反，却能让国君身败名裂，自己也蒙受损失。

"况且齐国和楚国的事情哪里又值得称赞！你们没有见过盛大恢弘的场面，难道你们没有听过天子的上林苑吗？

"上林苑的左边是苍梧，右边是西极，丹水从它的南边蜿蜒而过，紫泉在它的北边流淌；霸河、浐河终究流不出它的范围，泾河、渭河也只能在它的中间流来流去；曲折婉转的酆水、鄗水、潦水、潏水，在上林苑如蛇一般盘旋回复；浩淼的八条河水在它的腹地任意径流，走向相异，东西南北，往来奔腾，从两山对峙的椒丘之地流出，流经沙石小洲，穿越桂树之林，经过无边无际的原野。

"上林苑水势迅猛，水流浩大，沿高丘而下，直逼狭隘关口。冲撞巨大的山石，冲击弯曲的沙石河岸，河水像烧开了的锅，沸腾奔涌，暴怒异常。迅疾的水流扬起浪花，波浪相互撞击，发出巨大

的声响；奔腾雀跃、回旋转折的激流，凛冽作响。

"急流冲击犬牙交错的河岸，暴发轰鸣，高耸的水势，激越的浪花，盘旋卷曲，蜿蜒徘徊。后浪推涌着前浪，向深渊奔腾而去，聚成湍急的水流，冲过沙石，拍击岩石、河堤，以不可阻挡之势奔腾飞扬。巨大的河水一路冲刷而下，流入山谷，水势渐渐变得舒缓和顺，水声也渐渐细腻起来，滑落到深沟谷壑中的深水潭。

"有的水潭深邃广大，水流奔涌而下，发出轰隆隆的巨响。那些翻涌激扬的水，如同锅鼎中滚烫的开水沸腾翻卷，水波急速地向前奔涌，泛起一层又一层的白沫，在河面上腾挪跳跃。有的地方水流急转直下，震怒奔腾，一路喧哗着流向远方。有时水面平静无声，静静地流向远方。此后，漫无边际的巨大水流，迂回婉转，曲折回环，银光闪闪的河水奔向东方，注入大湖，溢出的河水，流进附近的池塘、水泽。

"于是，蛟龙、赤螭、蝌蝻、䗇离、鲖、鳙、鳊、魠、禺禺、鱸、魶，都扬起背鳍，摇动后尾，振抖鱼鳞，奋起鱼翅，潜游在深渊的岩谷之中。鱼鳖欢跃喧哗，万物群聚群居。明月和珍珠在江边闪烁着多彩的光芒。绚丽夺目、光彩照人的蜀石、黄色的碝石、水晶石层层堆积，聚积于水中。

"天鹅、鸹鹅、鸨鸟、驾鹅、鹍、鸡鹊、鸀目、烦鹜、澥防、鸡鸬，成群结队，在水中浮游。任凭河水肆意浮动，鸟儿也乘着波涛，随风漂荡。有时，成群结对的鸟儿聚积在一起，停留在到处都是野草覆盖的沙洲上，嘴里衔着菁藻，含着菱、藕，唼喋作响，咀嚼不已。

"挺拔耸立的高山，巍峨险峻。高大深广的树木成长在广阔的山林。参差不齐的高山，险峻挺拔。九嵏（zōng）山、巀嶭（jié niè）山、终南山巍然耸立，或奇峻，或倾斜，有的中间小而上下大，有的三足鼎立仿佛锜，陡峭崎岖，充满险峻。有的收纳着流水的山溪，有的贯通着水流的山谷，溪水蜿蜒曲折，流进沟渎。溪谷宽阔空旷，水中的丘陵，孤立的山岛，高高挺立，层峦叠嶂，高低不平。

"山势不断起伏，连绵不绝，山坡倾斜，渐缓平坦。河水缓慢流动，溢出河面，在平坦的原野上四散流淌。水边的平地，一望无际，沃野千里，到处都是被修筑被开拓的平展土地。

"地上长满葳蕤的菉草、蕙草，覆盖着江蓠，中间夹杂着蘼芜和留夷，布满了类似于茅草的结缕，深绿色的莎草挤在一起。那些揭车、杜蘅、兰草、稿本、射干、茈姜、蘘荷、葴、橙、杜若、荪、鲜枝、黄、蒋、芧、青薠等遍布其间，蔓延在广阔无垠的平原上。

"绵延不绝的花草，迎着微风倒伏，吐露芬芳，散发着浓烈的香味，到处散发着清香，郁郁葱葱，沁人心田，令人感受到一阵阵浓烈的芳香。

"放眼四野，极目远观，再大的眼睛也无法辨识，眼前茫然一片，隐隐约约之间，只看到没有边际和广阔无涯的上林苑。

"早晨，太阳从苑东的池沼中升腾而起；傍晚，落日从苑西的陂池缓缓落下。即使是严冬，苑的南面也依然一片葱绿，草木茂盛，河水奔踊跳跃，鳞、旄、貘、犛、沈牛、麈、麋、赤首、圜题、穷奇、象、犀等野兽悠闲自在。

"盛夏季节的苑北，却是另一番情景，结冰的河水，冻裂的大地，提起衣裳就可以从河面上走过。麒麟、角䚡、騊駼、橐驼、蛩蛩、驒騱、駃騠、驴、骡这些野兽却乐在其中。

"这时候,散布在山坡、横跨在溪谷上的离宫别馆之间,高大的回廊把四周连结成一个整体,曲折的阁道把双重的楼房连接成个性的空间。绘花的屋椽,璧玉的瓦珰点缀其间。在连绵不绝的辇道上行驶,在长廊中逶巡周游,因为路程遥远,就在中途住宿休憩。削平高山构筑殿堂,建起层层亭台楼榭,把山岩底部幽深的房室连接贯通。

"俯视下面,山下显得遥远而无所企及,仰视上方,攀上屋椽仿佛可以触摸到高天。流星从宫门闪烁而过,弯弯的彩虹横亘在窗台和栏杆之间。东厢上蜿蜒着青虬,西厢旁大象拉着车子喝喝前行。众神在清闲的馆舍歇息,偓佺(wò quán)一类的仙人则在南檐下沐浴阳光。

"清室中奔涌出甘甜的泉水,庭院中徜徉着流动的河水,巨石修造的河岸,高峻险要,参差不齐。巍峨高耸的山岩,高峻独特,如同工匠雕刻一般。玫瑰、碧、琳、珊瑚丛聚而生。纹路好像鱼鳞一般庞大的瑉玉,纹采交错,交杂其间。垂绥、琬琰和氏璧一类名贵的美玉都在这里出现。

"卢橘在夏天成熟了,而黄柑、柚子、榛、枇杷、酸枣、柿子、山梨、奈、厚朴、羊枣、杨梅、樱桃、葡萄、常棣、榙㯋、荔枝等果树,都罗列生长在后宫的北园之内,绵延在丘陵和平原之间。翠绿的树叶微微摆动,紫色的干茎轻轻摇摆,红色的花朵在一旁盛开,朱红的小花则秀出俏丽的模样。流光溢彩,巍峨繁盛,照耀着广阔的原野。

"沙果、栎、楮、桦树、枫树、银杏树、黄栌树、石榴、椰子树、槟榔树、槟榈树、檀树、木兰、枕木、樟木、冬青树,有的挺拔千仞,粗得需要几个人合围才能抱住,舒畅的花朵和枝条熠熠生长,硕大的果实和叶子繁茂紧密。

"有的树木聚立在一处,有的则相偎相倚。蜷曲而相连的树枝交叉重叠,繁茂盘纡,相互纠结,高举横出,相倚相扶;下垂的枝条四散伸展,落英缤纷,飘逸飞扬;繁茂而高大的树木,阿娜多姿,随风摇荡;草木在轻风的吹拂下,发出凄清的响声,如钟磬、似管鸣。

"环绕在后宫的树木错落有致,高低不平;漫山遍野,层层叠叠的草儿,沿着溪谷,顺着山坡,一直延伸到低湿的地方。极目四望,花草无边无际。

"所有的动物，黑猿和白雌猴、仰鼻长尾猿、大母猴、小飞鼠、能飞的蛭、善爬树的蜩、猕猴、似猴的㺢胡、似狗的毅、如猴的蜼等，都栖息在树林之间，有的长啸嘶鸣，有的哀怨悲啼，轻捷灵巧地上下跳跃，交相往来，在树枝间嬉戏玩耍，屈曲宛转的样子，直上树梢。跳越宽阔的断桥，飞跃奇异的丛林，抓住下垂的枝条荡漾，或分散奔走，或杂乱相聚，或散乱远循。

"类似于这样的地方有成千上百处，完全可以当作往来嬉戏、休闲游乐之所。在这里，住宿有离宫，歇息有别馆，不需要远迁厨房，也无需让后宫妃嫔跟随，更不需文武百官筹措准备。

"于是从深秋到寒冬，天子开始校猎，乘坐着象牙雕饰的车子，驾驭着六条白色虬龙，挥动着五彩旌旗，舞动着飘逸云旗。前面是蒙着虎皮的车子开路，后面是导游之车护行。孙叔执辔驾车，卫公陪做骖乘，为天子护驾的侍卫不依据正道前行，在四色栅栏之间出没。

"森严的护卫队敲响战鼓，猎手们便纵情出击；江河变成校猎的围栅，大山变成围猎的望楼。车马恣意奔腾，憾天动地，如雷声乍响。猎手们四散分离，追逐着自己选定的目标。出猎者络绎不绝，沿着山陵，顺着沼泽，奋勇前行，像云雾一样密布，如雨露一般普施。

"活捉貔豹，搏击豺狼，徒手斩杀熊罴，双脚踏倒野羊。猎手头戴鹖尾帽、身穿画了白虎的裤子、披着斑纹衣服，雄赳赳地骑在野马上。攀登上三山并峙的山头，飞奔下崎岖不平的山坡，飞窜上高耸险峻的山峰，越谷沟，涉河溪。

"排击蜚廉，摆布解豸，击杀瑕蛤，长矛刺杀猛氏，绳索绊取骡褭，射杀大野猪。箭不随意发，只要射出，就一定会穿越野兽的颈项，破裂头脑。强弓不虚发，只要发射，野兽就应声而倒。

"这时候，天子乘着车子，徐缓徘徊，自由自在地往来巡游，观赏他的士卒有序进退，观察他的将帅临阵神态。然后驾车逐渐加快，疾速远走。

"轻捷飞翔的禽鸟被天网捕获，敏捷狡猾的野兽被士卒践踏。白鹿被车轴撞击，狡兔被迅猛抓获。如同赤色的闪电把电光留置身后。追逐怪兽，逸出宇宙。繁弱良弓被拉弯，白羽之箭已挂弦，游动的枭羊被射击，传说的蜚虡被击倒。挑选好

膘肥肉壮的野兽，然后发射箭镞，命中的地方正是想象的位置。弓箭分离，箭镞射出，被一箭中的的猎物应声倒在地上。

"然后，天子高举旌节上浮，乘疾风，经狂风，冉冉升上天空，与神灵一起遨游。践踏黑鹤，扰乱鹍鸡，迫近并抓捕孔雀和鸾鸟，捉取骏鸟，击落鹭鸟，用竹竿击打凤凰，疾取鸳雏，诱捕焦明。

"天子的车驾走到了道路的尽头，这才掉转车头向回返。逍遥自在，任意徜徉，徐徐降落在上林苑的极北之地。直道前行，忽然间返回帝乡。在甘泉宫外，脚踏石关，穿过封峦，经过鸪鹊，眺望露寒，抵达棠梨宫，休息宜春宫，再奔驰到昆明池西边的宣曲宫，划起装饰着鹢鸟的大船，在牛首池中尽情地荡漾。

"天子登上龙台观，来到细柳观休憩。观察士大夫们的辛勤与收获，平均分配狩猎者所捕获的各种猎物。那些被步卒和车驾所践踏辗轧而死的，被骑兵踩踏而死的，被大臣和随从人员踩踏而死的，以及因走投无路、疲惫不堪、惊惧伏地、没受刀刃的创伤就死去的野兽，尸横遍野，填满深谷，覆盖平原，弥漫大泽，不计其数。

"于是游乐嬉戏倦怠松懈，在上接云天的台榭摆下酒宴，在广阔无边

的寰宇演奏音乐。竖起万石的钟架，敲击千石的大钟；高举着翠羽装饰的旗帜，竖起灵鼍皮制成的大鼓；演奏尧时的舞曲，聆听葛天氏的乐曲；千万人同声，千万人和唱；歌声震动着山陵，河川之水被激起巨大的波浪。

"巴渝的狂劲舞蹈，宋、蔡的婉转歌曲，淮南的《于遮》，文成和云南的民歌，同时兴起，轮番演奏。钟鼓之声此起彼伏，铿锵有力，惊心动魄。荆、吴、郑、卫的美妙歌声，《韶》《濩》《武》《象》的欢快音乐，淫靡放纵的乐曲，鄢、郢地区的飘逸舞姿，《激楚》之音高亢激越，掀起一阵阵回风，俳优侏儒的表演，西戎的乐妓，让人的耳目得到欢愉，赏心悦目的事物应有尽有。美妙悦耳的音乐在君王面前回荡，皮肤细腻的美女站立在君王身后。

"像仙女青琴、宓妃那样的美女，超凡脱俗，美丽高雅。面施薄粉黛，熨贴美鬓发，阿娜多姿轻摇步，临风摆柳柔弱情，苗条抚媚春无限，多姿靓丽且顾盼。

"美女们身穿颜色纯正的罩衣，衣阙飘飘，修长的衣衫，整齐而轻柔，细腻而飘动，与世俗的衣服一点也不同，散发着浓郁的清香。靓丽洁白的牙齿恰到好处地露出来，光洁动人。修长弯曲的眉毛下，一对明目娇羞含情，流连顾盼。诱人的美色，让心魂荡漾，兴高采烈的女乐手侍立在君王的身旁。

"酒兴半酣，乐舞狂热，天子怅惘若失，说道：'唉，这种狩猎的做法太过奢侈了！我在处理国家大事的闲暇时间，不愿虚度时日，顺应天道，前来上林苑猎杀野兽，或者来此地休息。担心后代子孙依此而行，奢侈淫靡，无休无止，这并不是为后人创立功业、发扬传统的做法啊。'

"于是，天子就下令撤去酒宴，不再狩猎，而命令主管的官员说：'这里凡是可以开垦的土地，今后都变为农田，用来供养黎民百姓。推倒围墙，填平壕沟，让乡野之民都能够到这里谋生。即使陂池中都是捕捞的人，也不要加以制止，即使这里的馆舍再空闲不用，也不能前去进住。

　　"打开粮仓，赈济贫穷的百姓，补助他们的不足，抚恤独身老人和失去男人的寡妇，慰问孤儿和无子的老人。给天下黎民百姓发布施行恩德的政令，减轻刑罚律令，改变社会制度，变换宫室车马祭牲的服色，更改历法，同天下百姓一起从头再来。

　　"在这种情况下，天子选择吉祥的好日子进行斋戒，穿上朝会时的衣服，乘坐天子车驾，高举翠华之旗，敲响玉饰的鸾铃。游历于六艺的苑囿之中，奔驰在仁义的大道之上；观览《春秋》之林，演奏《貍首》之音，兼及《驺虞》的乐章，举行射礼；射中玄鹤，尽情而舞。

　　"车载着高悬云天的罗网，掩捕来众多的文雅治国之士；为《伐檀》作者的慨叹而悲伤，替《乐胥》能获得才智之士而欢乐，在《礼》园中修饰容仪，在《书》圃中徘徊观赏，阐释《周易》的道理，放走上林苑中各种珍禽怪兽。登明堂，坐祖庙，君王受命群臣，尽情谏言朝政的得失，为的是让天下黎民百姓获得越来越多的实惠。

　　"当此时，天下百姓安居乐业、皆大欢喜。他们顺应天子的风尚，听从政令，感应时代的潮流，接受教化。圣明之道勃然振兴，人民都归顺崇尚仁义，刑罚因此被废弃不用。君王的恩德高过三皇，功业超越五帝。如果政绩达到这个地步，游猎才是最可喜可贺的一件事情。

　　"至于整天在苑囿抛头露面，驰骋驱赶，使精神劳顿，使身体苦累，废弃车马的功用，损耗士卒的精力，浪费国库的钱财，对百姓却没有一丁点

厚德深恩，只专注于个人的欢乐，却不顾及天下百姓的死活，只贪图野鸡兔子的猎获，却忘记了国家的法律法规，这绝对不是仁爱之君应做的事情啊。

"这样看来，齐国和楚国的游猎之事，难道不令人悲哀吗？两个封国的疆域不过方圆千里，可苑囿却占据九百里。这样以来，草木之野不能被开垦成良田，百姓自然就没有粮食果饥腹。但他们的君主却凭借诸侯的些微地位，去享受天子般的奢侈之乐，我害怕他们的百姓将遭受祸患。"

这时候，子虚和乌有先生的脸上都变换了颜色，怅然若失，徘徊离席，嘴里说道："我们都是浅薄无知、不懂得忌讳的人，今天才听到了真正的教诲，我们一定认真体会。"

这篇赋写成后就进献给了天子，皇帝随即任命司马相如做郎官。无是公称说上林苑的山谷、水泉和万物广大无边，以及子虚所说的楚国云梦泽的物品丰盛，奢侈淫靡，都是言过其实，又不是礼仪所推崇的，所以删取其中的要点，归顺到正道方面，再加以评论。

司马相如做了几年郎官后，正遇到唐蒙受命夺取和开通夜郎以及西边的僰中，征发巴郡、蜀郡士卒二千多人，两个郡又多为他征调陆路及水上运输人员一万多人，又用战时法规处决了大帅，巴郡、蜀郡两地的民众非常震惊和恐惧。朝廷知道这件事后，派遣司马相如前去责备唐蒙，再趁机晓谕巴郡、蜀郡的百姓，说明这并不是皇帝的旨意。

檄文上说："敬告巴郡、蜀郡太守：蛮夷自作主张，不服从朝廷之命，拥兵自重，而朝廷长期以来并未讨伐。但他们时时侵犯边境，使士大夫蒙受劳苦。武帝即位以来,诚心抚慰天下百姓,和睦安定中原。

"后来兴师出征,北上征讨匈奴,致使单于恐惧震惊,拱手称臣,屈膝求和。康居和西域各国,也辗转翻译,进行言语沟通,请求朝见天子,虔诚地磕头称臣,进献贡品。

"等大汉朝部队移师东南,闽越君王被其弟杀戮。接着挥师番禺,南越王立即派太子婴齐入朝。南夷的君主,西僰的首领,年年都向大汉朝廷进献贡品,丝毫不敢怠慢,每个人都伸长脖子,抬高脚跟,敬仰朝廷,都争着要归附大汉朝,希望做汉朝的臣民,由于道路遥远,大山大河阻隔,无法亲自来朝廷向天子行膜拜之礼。

"现在,不顺从朝廷的人已经被诛杀,可做好事的人还没有得到奖赏,所以派遣中郎将来到这里,晓谕你们,使你们归顺,至于征发巴郡、蜀郡两地士卒百姓各五百人,目的是为了贡奉礼品,保卫使者不发生意外,并没有战争的威胁,和战事的祸患。

"现在皇帝听说中郎将竟然用战时的法规,使巴蜀的百姓担惊受怕,忧患战祸。巴蜀两郡又擅自为其转运粮食,这些都不是皇帝的旨意。至于被征发的人中有的人逃亡,自相残杀,也不是做臣子的节操啊。

"边疆郡县的士卒,听到烽烟被点燃的消息,都会操起弓箭,驰骋前往,扛起武器,狂奔趋前,扑向战场。人人汗流浃背,只担心落后于人;他们打起仗来,即使身被刀剑所伤,冒着流箭射中的危险,也义无反顾,从不后退。

"每个士卒都心怀怒火，好像要报复个人的仇恨一样。他们难道甘愿冒死而讨厌生存？或者是没有户籍的黑户？或者与巴蜀的百姓不侍奉一个君主吗？只因为他们有思想，深谋远虑，一心牵挂着国家的安危，又愿意尽心尽力地做好臣民的道义责任。

"有的人得到了重大的奖赏，分颁玉珪，赏赐爵位，位居列侯，居住在京城之东最好的地方。有的人为国捐躯，他们那显贵的谥号也能彰显后世，所奖赏的土地也能传给子孙后代。

"做事忠诚严谨，当官特别安逸平稳，美好的名声被久远传播，延及后人，功勋卓著，永不磨灭。所以，具有贤德的人都能为正义而肝脑涂地，洒热血而滋养野草。

"现在，仅仅是承担到南夷护送贡品的差事，就自相残杀，还有一些人因逃跑而被追杀，虽身死却没名号，要是能赠送谥号的话，那也只能叫'至愚'，他们的做法使父母感到羞耻，被天下人所耻笑。

"人的气度和才识竟然有这么大的差距，难道差距还不够大吗？但这并不是应征者的错误，父兄平时没有严格要求，没有给子孙做好表率，缺少清廉的美德，缺少羞耻的评判，导致世风日下，敦厚稀缺。他们遭受刑罚，不也是很应该的吗？

"皇帝担心使者和官吏堕落成他们那样，又悲哀不贤的子民愚蠢到他们的程度，所以派遣使者前来，给百姓把征发士卒的事情说清楚、讲透彻，也借机责备他们由于不忠于朝廷，而犯了严重的罪行，斥责三老和孝悌因不履行教化民众之职所导致的过失。

"现在正是农忙时节，却一再扰烦百姓。附近县城的基本情况已经亲眼看到了，担心偏远地方的百姓不能全部聆听皇上的教诲，等到檄文送来，立即下发到县城百姓跟前，让所有人晓谕天子的旨意，不要忘记这件事。"

司马相如出使回来后向天子报告情况。说唐蒙已经掠取并开通了夜郎，并趁机开通西南夷道，他征发巴郡、蜀郡、广汉郡的士卒几万人来修路，持续了两年，却没有修成，士卒大多死亡，耗费资金以万为单位计算。蜀地的民众和当官的大多持反对意见。

这时的邛、莋君长听到南夷已经和汉朝交往，获得了许多赏赐，他们大多数愿意做汉朝的臣民，请求汉朝在他们那里设立政府管理机构，比照汉朝对待南夷来对待他们。汉武帝向司马相如询问这件事。

相如回答说："邛、莋、冉、駹等都距离蜀郡很近，道路也容易沟通，秦朝时期曾在这里设立过郡县，到汉朝建立时方才废除。如今果真派使者前往那里，设置郡县，其价值绝对超过南夷。"

汉武帝认为司马相如说得对，于是就派遣司马相如做中郎将，命令他持节出使这些地方。随司马相如前往的还有副使者王然于、壶充国、吕越人等，乘坐四匹马拉的传车，凭借巴蜀的官吏和财物来馈赐西南夷。

他们到达蜀郡后，郡太守及其部属都远远地到郊界迎接他们，县令背负弓箭在前边开路，蜀人都觉得很荣耀。

这时候，卓王孙和临邛各位父老都凭借关系向司马相如敬献牛酒，与他相交畅谈。卓王孙喟然长叹，自以为把女儿卓文君嫁给司马相如有点晚，就赠送给他们夫妻一份与儿子均等平分的厚重财礼。司马相如便平定了西南夷。

邛、筰、冉、駹、斯榆等地的君主都来请求做汉朝的内臣。于是，撤除了原来的险关隘口，使大汉朝的边关疆域扩大，向西到沫水、若水，向南到达牂柯，以此为界，开通了灵关道，在孙水上架设桥梁，一直通达邛筰。司马相如从西南夷返回后，把事情汇报给汉武帝，天子听了非常高兴。

司马相如一开始出使西南时，蜀郡的长老大多认为开通西南夷没有什么用处，朝廷内部一些大臣也持这样的观点。司马相如准备给皇上进谏，但建议已经由自己提出过，所以就不敢再进谏言，于是就写文章，他假借蜀都父老的语气来写，自己来诘问对方，用来讽喻天子，并宣传自己出使西夷的目的，让百姓懂得皇上的心意。

文章说："大汉朝建立已经七十八年了，德行丰茂，存在于六代君王之间，国势威武盛大，恩德深远广大，使国内民众受惠，让外国也得到

余恩。

　　"在这样的前提下,皇上才下令出使西征,阻挠的人顺应形势而退让,仁德之风所到之处,万物无不随风倒伏。因而使冉地前来朝服,駹地归顺,平定筰地,保全邛地,占领斯榆,攻取苞满。然后让络绎不绝的车马调转车头,向东奔驰,将回京报告天子,到了蜀都成都。

　　"这时,耆老、大夫、高官、荐绅、先生总共二十七人,庄严恭谨地前来造访使者。行礼完毕,他们就趁机进言说:'我们听说天子在西夷问题上,只想采取牵制而不使关系断绝的方法。但现在却让三郡的士卒疲惫不堪,三年了,修建通往夜郎的道路还没有最后完成,却使士卒困苦疲惫,万民的生活无暇赡顾。

　　"'现在朝廷又打算开通西夷,老百姓已经耗尽了劳力,恐怕不能完成任务,这也是使者的负担啊,我们私下替使者前后思量,担忧此事。况且邛、筰、西僰这些地方很早以前就和中国并列,早到无法记忆的程度。仁德之君不能依靠德行招抚,强势国君不能凭借武力兼并,恐怕这种做法是行不通的!

　　"'如今,朝廷把良民百姓的财物割弃给夷狄,使依附朝廷的善良民众遭受困苦,却侍奉没有用处的蛮夷,我们觉得这是目光短小的鄙陋见识,不知道我们说的有无道理。'

　　"听了他们的问题,使者回答道:'为什么这样说呢?假如就像你们说的那样,那么巴蜀之地的民众就永远不要改变衣着习惯和风俗习性了。我很讨厌这种观点。'"

　　使者说:"这件事所蕴含的重大意义,本来也不是旁观者就能看清、看透的。加之我的事务多,行程紧,不可能给你们详细陈述这中间的利害,只能简简单单地给你们解释一下。

"天底下一般要有不寻常的人,才能促成不寻常的事;有了不寻常的事,才会产生不寻常的功业。所谓不寻常,本来就是常人所没有的秉性。因此,超常的事情开始出现时,百姓们通常都是惧怕的;等到事情完成后,天下的人们才能安然太平了。

"当初洪水汹涌而出,四处泛滥,百姓们上下迁徙,道路崎岖而心神不宁。夏禹担心忧郁,于是就堵塞河水,挖低河床,疏通河道,分散洪水,稳定灾情,使洪水猛兽向东流进大海,使天下百姓永远安宁,不再受洪水的祸患。

"难道只有百姓才承受这样的困苦?大禹天天忧郁,心神疲劳,还要不断亲身劳作,手脚磨出老茧,皮肤累得不长汗毛。因此,他伟大的功业显露在无穷无尽的后世,名望至今还在人间传送。

"况且,那些贤明的君王即位后,难道仅仅局限于细微琐碎、谨小慎微、被规章拘束、被制度束缚、因循旧习、取悦于当世这些小事上吗?他们一定有高远的见解,开创基业,传留法统,为后世做出榜样。所以,他们胸怀广大,气度非凡,勤于思考,要通过自己的不懈努力而开创功德无量的时代。

"况且《诗经》不是说了吗:'普天之下,莫非王土;率土之滨,莫非王臣。'所以,贤明的君主施行、浸润恩德于天地之间,天底下如果那个生命还没有受到君王恩德的滋养,圣明的君主就会觉得这是一件非常耻辱的事。

"现在,疆界以内,文武官员,都得到了欢乐幸福,并没有遗漏。然而,风俗不相类同的夷狄,却是与我们路途相隔遥远、不属同一民族,还不通车船,人迹罕至,政教未化,风气低下的国家。要是接纳他们,他们则会在边境违反道义侵犯规则。

"如果不接纳他们，他们则会行为不轨，不做好事，弑君犯上，颠倒君臣位置，改变尊卑顺序，使无辜父兄被杀，使幼儿和孤儿做奴，使被捆绑的人扯长声调号呼泣悲，心向大汉朝，却嘴里抱怨说：'听说国家有仁爱的国君，有胜美的德行，恩泽普及天下，万物都自得其乐，他的恩德为什么只遗留下我们这里？'

"人们翘首思慕恩德，就像大旱之时盼望甘露一样。即使再凶暴的人见了也会流下同情的眼泪，何况我们当今圣明的皇帝，他又怎么能停止普施恩德呢？所以，圣上命令他的军队出师北上，征讨强大的匈奴，派使者南下，指责强劲的南越。四方邻国都受到仁德的教化，西夷和南夷像游鱼一样集聚，向上迎向水流，希望获得大汉朝封号的国家和君主以亿来计算。

"所以大汉朝才以沫水和若水做关塞，以牂柯做界，开凿灵山道路，在孙水源头架设桥梁。开创通向道德的坦途，撒播热爱仁义的种子。向这些地方广施恩德，安抚和加强对边远地区民众的控制，使遥远的人不被蔽塞，让身居偏僻而不开化地区的民众感受光明，来达到消弭战争、消除杀伐的目的。

"仁义使远近一体，国家内外的民众安享幸福，不也是一件快乐的事吗？救民众于水深火热之中，尊奉皇帝的美德，挽救衰败的社会，继承周代已经断绝的事业，这就是当今天子的当务之急。百姓们即使再劳累，又怎么可以停下前行的脚步呢？

"何况帝王的事业本来就没有不从忧劳开始，却又在欢乐之中结束的。既然这样，那么承受天命的祥符，正表现在通向西南夷这件事上。"

使者最后说："现在，圣明的皇帝正要封禅泰山，祭祀梁父山，鸣响坐车的鸾铃，奏响颂扬的音乐，汉武帝的恩德上追三皇，下赶五帝，旁观的人看不到事情的主旨，就好像鷾明之鸟在广阔的苍穹展翅翱翔，而捕鸟的人却正紧紧盯住薮泽一样吗，太可悲了。"

这时候，所有的大夫一脸迷茫，忘记了来意，也忘记了他们原来想要劝谏的话，喟然长叹，一起说道："大汉朝的美德令人肃然起敬啊，这是鄙陋的人最愿意听从的。百姓即使怠惰，还是请允许我们为他们做个表率吧。"众人的脸上充满了惆怅和失意，慢慢地自动后退，拖延了一会儿，就辞别离去。

后来，有人上书皇上，状告司马相如在出使西南夷时有收受贿赂行为，因此他被罢了官职。过了一年多，司马相如又被召到朝廷当郎官。

司马相如有口吃缺陷，但他却擅长写文章。他患有糖尿病。与卓文君结婚后，非常富有。

司马相如做官后，不喜欢同公卿士大夫一起讨论国家大事，经常假借身体有病而闲居在家，并不愿意追慕官爵。他经常跟随汉武帝到长扬宫狩猎。这时的汉武帝很喜欢亲自击打熊和野猪，驰骋追赶野兽，司马相如就上奏章劝谏皇上。

他的奏章说："我听说天下万物当中，即使有同类物体，但能力高下却不相同。所以，人们称赞大力士时，都离不开乌获；称赞敏捷时，都离不开庆忌；称赞英勇时，都离不开孟贲、夏育。我很愚昧，但私下里却认为，人有高下之分，野兽当然也有。

"现在皇上喜欢登上险阻之地，追杀射击猛兽，如果突然之间遭遇到

轻捷超群的野兽，皇上又没有戒备，而猛兽狂暴进犯，向您的车驾和随从扑过来，这时车驾来不及掉头，部下也没有机会施展本领，即使有乌获、逢蒙的技巧，有才力也无法施展，这时的枯树朽木也能变成致命的祸害。就仿佛胡人和越人藏在车轮下，羌人和夷人紧跟车后，还不危险吗？即使没有任何危险，但也不是天子应该接近的地方啊。

"况且清除道路后前行，策马在道路中央驰骋，还会出现勒马口的铁具断裂、车轴钩心脱落等事故，更何况在蓬蒿中跋涉，在荒丘废墟上跃马奔驰，前面有猎获野兽的欢乐心情，内心里却一点也没有防范之心，出现不测的事就很容易了。以至于看轻君王的尊贵地位却喜欢出现在虽有多重防范但还是有一丝危险的地方，我私下里觉得皇上您不应该这样做。

"一般圣明的人在事物萌芽之前就能预见到它的出现，充满智慧的人在危险还没有到来之前就能规避开。祸患本来就存在于阴暗些微之处，萌发于人们疏忽之时。所以谚语说：'家中即使有千金之财，也不要坐在屋檐下。'这话即使是说小事的，但也可以说明大道理。恳请皇上留意明察。"

汉武帝认为司马相如说得好。返回来路过宜春宫时，司马相如又给皇帝进献赋文，是关于哀悼秦二世行为过失的赋文。

赋文说："登上斜缓的长坡，走进高峻巍峨的层层宫廷，俯视曲江池畔弯曲的河岸和小岛，远眺南山的起起伏伏。高耸而深幽的山岩，豁然开朗的溪谷，通畅辽阔。溪水湍急地向远处流去，注入到广阔的平原；观赏树木的繁茂，览尽竹林的茂盛。

"向东方的原野飞奔，手提衣摆穿过沙石上的急流。路经秦二世的坟墓，漫步徘徊，凭吊这位短命的君主。自身不谨慎，导致国家灭亡，权利失散。听信谗言，不能觉醒，导致宗庙被灭绝。呜呼哀哉！品行操守不周正，落得荒坟无人修，魂魄离散无归处，无人前来祭奠打扫，飘渺到无边无际的暗处，越是久远越暗淡。魍魉般精魂空飞扬，经历九天远飘逝。呜呼哀哉！"

司马相如被封做汉文帝的陵园令。汉武帝赞美子虚乌有一类的事情，司马相如也看出了汉武帝喜欢仙道，就趁机上奏说："上林之事并不是最美好的，还有比这个更好的。我曾经为陛下写了《大人赋》，还没有写完，请允许我写完，并进献给陛下。"

司马相如认为传说中的仙人都居住在山林沼泽之间，形象精瘦，这并不是帝王心目中的仙人形象，于是就写了一篇《大人赋》。

赋文说："天下有个伟大的人，居住在中国，千万里区域都有他的广厦，竟无法阻挡住他急匆匆的脚步。他忧伤世俗的胁迫困厄，就离开世俗轻飘飘飞去，向遥远的方向漫游。乘坐赤幡副虹，承载云气上浮。竖起烟火般的云气，拴结光炎闪耀的旌旗。旬始星是旌旗的飘带，彗星是旌旗的垂羽。旌旗随风舞，逶迤婉转；披靡摇摆，婀娜多姿。

"抓取来欃枪做旗杆，彩虹般的绸缎缠绕上面。天空深远赤红，一会儿又暗淡无光，狂风奔涌，云气飘浮。驾驭着应龙、大象驾驶的车辆，如尺蠖那样有尺度，赤螭、青虬做骖马，蜿蜒前行。

"龙身时而起伏，昂首腾飞，恣意奔驰，时而又屈折隆起，蜷曲盘绕。时而摇头，时而举首不前；时而放任散慢，自我放纵，时而龙头高举，昂首不齐。有时摇目吐舌，如趋走之鸟，左右相随；有时屈曲婉转，象惊兔奔跑，如屋梁相依。或缠绕喧嚣，踩踏道路；或飞扬跳跃，奔腾上进；或迅捷高飞相互追逐，疾速如闪电，突然明亮，雾气消弥，云气飞散。

"斜渡东极,登上北极,与仙人一同交游。走过错综曲折而又深远广大的地方,然后转向右边,渡过飞泉奔向正东方。召来所有仙人仔细挑选,在瑶光之上布署神灵。

"五帝做向导,让太乙返回,改派陵阳子明做侍从。左玄冥,右含雷,前陆离,后潏湟。役使王子侨,差遣羡门高;太医歧伯掌管药方,火神祝融担任护卫,清路障,除恶气,然后前行。集合我那一万多辆的车队,混合彩云做成的车盖,树起华丽的旗帜。让句芒率领随从,我要往南方去游戏。

"在崇山中觐见唐尧,在九嶷山拜访虞舜。纷繁的车骑纵横交错,杂乱无章地并驰前行。乱纷纷地相互碰撞,浩淼的大水无边无际。群山簇积,聚合茂盛;万物绵延,茂盛繁衍,随处散布,参差错乱。径直来到轰隆隆的雷室,穿越崎岖不平的鬼谷。遍览四面八方极远之地的美景,渡过长江又穿越过五河之水。

"在炎火之山往来,在弱水河畔浮游,方舟在流沙河中横渡,在沙与水共流的河道穿梭。忽然之间在葱岭山歇息,在泛滥的河水中游戏,女娲奏瑟,冯夷跳舞。天色渐渐昏暗不明,就叫过来雷师屏翳,诛责风神而刑罚雨师。西望昆仑恍惚不清,径直飞奔到三危山。

"推开天宫的大门,闯进帝宫,载着玉女与她一同归去。攀登上阆风山,兴高采烈地停下歇息,如同乌鸟高飞后的稍事休息。在阴山上徘徊,迂回曲折地飞翔,今天终于目睹了雪白头发的西王母。她头戴玉胜,身居洞穴,幸有三足鸟被她驱使。象这样的长生不老,纵然能活万世也不值得高兴。

"调转车头返回来，走到不周山时遭遇道路断绝，在幽都小吃。呼吸北方夜半之气，餐饮明媚的朝霞，咀嚼灵芝草，稍食玉树花。抬头仰望，身体渐渐升高，突然间腾跃而起，急速跃上长天。穿越闪电的倒影，涉渡云神兴发的大雨。

"游车和导车驰骋而来，从长空缓缓而降，抛开云雾，倏然远逝。迫于人间的狭隘，缓缓走出北极的边际。把屯骑遗留在北极之颠，在天北门超越先驱。下界深远，看不见大地，上方辽阔，望不到天边。模糊的视线和恍惚的听觉，让眼睛耳朵困顿。腾空而上到达极遥远的地方，超越无有而独自长存。"

司马相如把完成了的《大人赋》敬献给皇上，天子特别高兴，飘飘然有凌驾云天的气概，心情好似遨游天地之间那样惬意。

司马相如因病被罢免官职后，就把家安置在茂陵。汉武帝说："司马相如病得非常厉害，应该派人到他的家里把他的所有藏书都取过来；要不然，以后就可能散失了。"

汉武帝指派所忠前去取书，这时司马相如已经病死，家里并没有书籍。向卓文君询问，卓文君回答说："长卿本来就没有书籍。他不断写书，别人就不断的过来索要走，所以家里总是空的。长卿还在世的时候，专门写了一本书，说如果有使者前来要书，就交给他，再也没有别的书籍了。"

司马相如遗留的书籍，是专门说皇上封禅一事的，卓文君交给了所忠，所忠再进献给皇上，

皇上很惊异这本书籍。

书中说道："轩辕之前的事情，因为时间过于久远邈茫，详细的情况已经无法得知了。五帝三王的一些事迹，都被记载在六经典籍和传说当中，可以看到他们所在时代的大概情况。《尚书》上说：'有贤明的君王，就能产生贤良的大臣。'依据这个就可以发现，还没有超出唐尧的圣明君王，也没有比得上后稷的贤良大臣。

"后稷在唐尧时创建了业绩，公刘在西戎发迹，文王改革朝政，使周朝兴隆，于是，太平之道形成了。虽然以后的子孙们政绩衰微，但千百年以来并没有怨恶之声，这难道不是善始善终吗？周王朝之所以能这样，其实并没有别的原因，只是因为前代的先王能认真谨慎地做他们所考虑和规划的事情，又能严格地教育后世子孙。

"前人拓展了道路，后人就容易行走；深恩广大了，就容易丰足；法度显明了，则容易效法；合乎情理了，帝王法统的传续就较容易继承。所以周公辅佐幼小的成王，建造盛世，使其功德超越了文王和武王。探究他们一开始的行为，考察他们后来的结果，并没有特别超凡的业绩，能与当今的汉朝相比。然而，周人尚且还上梁父山，登泰山，创立显贵的封号，施加尊崇的美名。

"大汉朝的隆恩圣德，如同源泉一样奔涌，广布四方边塞；如云雾一样散布，上达九天，下至八荒的遥远之地。万物生灵都感受到浩瀚的恩德，和畅之气广泛散布，威武之节飘然远去。距离近的，就好像游历在隆恩的源头，距离远的，则好似游历在圣德的末流一样。带头作恶的人被纷纷湮没，昏庸不聪明的人获得光明的照耀。连各种动物也都和畅欢快，把头掉转过来，面向大汉朝廷。

"把类似于驺虞的珍奇野兽聚集在苑囿之中,让白麟一类的怪兽进入栅栏之内,从庖厨中挑选出一茎六穗的嘉禾,用来祭祀,使用角分枝叉的白麟,做祭祀物品,在歧山获得周朝遗留的宝鼎和蓄养的神龟,从沼泽招来神马乘黄,让鬼神迎接神仙灵圉,在闲馆中待以宾客之礼。奇异超凡的珍奇物品,变化无穷。令人钦敬啊,祥瑞的征兆都在这里显现,天子却还认为自己功德低微,不敢封禅。

"从前周武王渡河时,一条白鱼跳到船中,武王认为这是美好的祥瑞,就用白鱼祭祀苍天。其实这种符兆是十分微小的,但他却因此登上泰山,这不是也过于惭愧吗?不该封禅的周朝却封禅了,应该封禅的大汉朝却不封禅,进和让之间的原则,怎么相差如此遥远呢?"

于是大司马进谏说:"陛下用仁德抚育天下苍生,凭借道义征伐不肯顺服的人,诸侯们都乐意前来进贡臣服,蛮夷皆手持礼物到朝廷朝拜天子,皇上的美德与以往那些圣明的君主等同,功业也无二致,美好的恩德普遍融洽,符瑞的征兆变化众多,应验之期纷纷而至,不仅仅是初次呈现。我觉得在泰山和梁父山上设立祭坛,是盼望皇帝能够到来,加封尊号,与前代圣君的荣耀相比较,上帝垂降下隆恩和福祉,是准备用成功进献上天,如果陛下谦让而不前去封禅,那一定会阻断上帝、泰山、梁父山的欢心,使王道礼仪残缺不周全,群臣就会感到羞愧。"

大司马说:"有人可能会说天道质朴暗昧,因此对于珍奇的符兆来说,本来是不应该推辞的。如果推辞,就会让泰山失去作表记石刻的机会,让梁父山也失去被祭祀的希望。假如古代的帝王们都是显一时之荣耀,却毕世而绝灭,那叙述的人还会用什么向后代的人们陈述呢,又怎么去记叙古代七十二位君主封禅的故事呢？如果修行仁德就会让上天恩降祥符，那么顺应祥符前去封禅，就不是越礼行事。

"圣明的君主并不废除封禅礼仪，而是修行礼仪，尊奉土地神，虔诚地拜谒天神，在嵩山刻石记功，以彰显尊贵，宣扬盛德，显示尊号和荣耀，授与厚福，为的是让黎民百姓获得福祉。神圣的封禅活动，是天地间很隆重的壮观，是君主辉煌的大业啊，千万不能草率贬低。我恳请陛下保全它。

"然后再综合荐绅先生们的道术，来获得日月光辉的照耀，以施展才华，潜心政事。还要兼正天时、叙列人事，阐述大义，校订润色其文，作成象《春秋》一样的经书，把旧有的六经增补为七经，并传布无穷，即使千秋万代以后仍然能激发忠义之举，弘扬余辉，褒扬英明之声，传递茂盛的果实。前代的圣贤之所以能永保盛名，不断被后世称赞，原因就在于顺行封禅之礼。应该让太史属官把封禅的全部意义奏报陛下，以备观览。"

天子听了，有所感悟，容颜异动，说："好吧，我还是试试看吧！"皇帝经过反复思考，归纳了公卿大夫们的观点，就封禅的具体事情做了咨询，用诗颂扬恩泽的博大，探究符瑞的富饶。于是作出颂歌。

颂歌说："我头顶上的苍天啊，白云悠然飘行。普降甘露的及时雨啊，遨游在那广袤的大地上。滋润万物的水滴渗进土壤，所有的物种怎么能不成长！上好的谷物一茎生出六穗，我收获的谷物何不蓄积？

"苍天不但降下雨露，又润泽了大地；不但霑濡我一个，而且广泛散布。万物安乐，怀恋思慕。尊享显赫地位的名胜高山，企盼着圣明君王的到来。君王啊君王，为什么不施行封禅！

"文彩斑烂的驺虞，喜欢君王的苑囿；它白底子黑花纹，美丽的仪表令人喜爱；和睦恭敬，就像那君子之态。曾经只听说过它的名声，今日却目睹了它的降临。道路上并没有留下它的足迹，这征兆显示了天降祥瑞。它曾在虞舜时期出现，虞舜因此兴旺繁荣。

"肥壮的白麟，曾在五畤之地戏游。正是孟冬十月，皇上前往郊外祭祀。白麟奔驰到君王车前，君王用它燎祭苍天。纵然夏商周三代以前，也不曾这样。

"不断伸屈的黄龙，遇圣德而腾天。色彩夺目，光辉灿烂。龙体显现，必能使众民觉悟。《易经·象传》中有过记载，说这正是授命天子的所乘之车。天的符瑞已经明白显示，不必再谆谆告诫。应当依类寄托，告诉君王举行封禅大典。

"翻开经典就能看到，人类和自然已经发生关系，两者之间相互启发、和谐。圣明君王的美德，是做事兢兢业业，小心谨慎。所以说'兴盛时期要担忧衰微，太平之时要预防危难'。因此，商汤、周武王虽然位居至尊，却仍然秉持严肃恭敬的美德；虞舜在举行大典之时，也要不断观察和反省自己的不足和失误，说的就是这个道理。"

司马相如去世五年后，汉武帝才开始祭祀土地神。他死后八年，天子才首先到中岳嵩山祭祀，然后又在泰山封禅，再到梁父山、肃然山祭地。

司马相如的其他著作，如《遗平陵侯书》《与五公子相难》《草木书》等没有被收录，收录了他在公卿中最著名的作品。

太史公说:"《春秋》能推知到事物最细微之处,《易经》把原本隐微的道理阐释得浅显易懂,《大雅》是关于王公大人的诗,却能德及百姓,《小雅》是讥刺诗人自己的得失,流言却能影响到朝廷和君王。所以,即使言辞的外在表达不同,但温柔敦厚的教化作用却是一致的。司马相如的文章虽然有过多的假托言词和夸张说法,但他的内容却归于节俭,这和《诗经》中那些讽谏之诗有什么不同呢?扬雄觉得司马相如的华丽辞赋和鼓励奢侈的描述与提倡节俭的言词之间,是一百比一的关系,就如同尽情演奏郑国、卫国的淫靡音乐,却在曲终的时候夹杂进一点点高雅乐曲的结果一样。难道这不是减损了司马相如辞赋的价值吗?我抄录了它的一部分论述文字,写在这篇文章中。"

淮南衡山列传第五十八

人物像

厉王

刘不害

淮南衡山列传第五十八

淮南厉王刘长是汉高祖最小的儿子，他的母亲是过去赵王张敖的嫔妃。高祖八年，高帝从东桓县到赵国，赵王就把他的嫔妃献给了高帝。厉王的母亲得到高祖的宠幸，不久有了身孕。

赵王张敖再也不敢让厉王的母亲住在宫内了，专门为她建造了一座外宫，供她居住。第二年，赵相贯高等人在柏人县谋弑高帝的事情被发现，赵王也受到牵连，被逮捕获罪，赵王的母亲、兄弟以及妻妾嫔妃等全部被抓，关押在河内郡都府。

厉王的母亲也在被抓之列，她对看押的狱吏说："我受到过皇帝的宠幸，已有了身孕。"狱吏对皇帝说了，没想到这时的皇帝正在生赵王的气，就没有理睬厉王的母亲。厉王母亲的弟弟赵兼拜托辟阳侯审食其对吕后说了这件事，吕后嫉妒，不愿意对皇帝说，辟阳侯也不再尽力劝说。

厉王的母亲生下厉王后，心中充满怨恨，便自杀身亡。狱吏抱上厉王报告高帝，皇帝很后悔，命令吕后收养厉王，把厉王的母亲埋葬在真定县。真定县是厉王母亲的故乡，她的祖辈都居住在那里。

高帝十一年七月，淮南王鲸布谋反，皇帝就封小儿子刘长做了淮南王，让他掌管过去淮南王管辖的四郡封地。皇帝亲自率兵镇压了鲸布，厉王接着就即位淮南王。

厉王早年丧母，依附吕后长大，孝惠、吕后执政期间，因为这个缘故厉王才免遭政治迫害，但他的心里常常愤慨辟阳侯，却不敢发作。

孝文帝即位后，淮南王自恃与皇帝关系最为要好，桀骜不驯，经常违反法典。而皇帝又念及手足亲情，常常宽恕他。汉文帝三年，淮南王从封国来朝廷，态度非常蛮横。他跟随皇上到御苑打猎，和皇上乘坐在同一辆车上，不停地把皇上叫“大哥”。

厉王有才智，有勇力，能举起一只大鼎，于是他去辟阳侯府上求见。辟阳侯出门迎接时，厉王就抽出藏在袖子里的铁锥，用铁锥击打辟阳侯的头，又命令随从魏敬杀了辟阳侯。

杀了辟阳侯以后，厉王就驱

车来到宫中，袒露着胸脯向皇帝谢罪，说："我母亲本来就不应该为赵国谋反的事获罪，那时只要辟阳侯能竭力相救，就会得到吕后的帮助，但他不努力做，这是第一宗罪。"

厉王又说："赵王如意母子并没有罪，吕后却蓄意加害他们，但辟阳侯却不竭力劝阻，这是第二宗罪。吕后专权，封吕家亲戚为王，想篡夺刘家的天下，辟阳侯却不挺身抗争，这是第三宗罪。现在，我替天下人杀了危害社稷安危的奸臣辟阳侯审食其，也替我母亲报了仇，所以特地过来向皇上拜谢请罪。"

汉文帝怜悯厉王报仇心意，出于手足亲情，就没有治他的罪，把厉王赦免了。

这时候，薄太后和太子以及朝中大臣都害怕厉王，所以厉王返回封国后就越发骄纵霸道，不依据朝廷的法令做事，出入宫中都要号令警戒清道，称自己发布的命令为"制"，他还另立法令，一切都要模仿天子的作派。

孝文帝六年，厉王把无官爵的七十个男子组织起来，和棘蒲侯柴武的儿子柴奇谋划，商量在谷口县用四十辆大货车谋反起事，他们偷偷派使者前往闽越、匈奴等地联络沟通。但这件事后来还是被朝廷察觉了，为了惩治谋反的人，派使者召唤淮南王刘长入京，于是，厉王就来到长安。

"臣丞相张仓、臣典客冯敬、臣行御史大夫事宗正逸、臣廷尉贺、臣备盗贼中尉福甘冒死罪启奏陛下：淮南王刘长废除先帝王法，不听从天子诏告,生活起居不遵守汉朝法度,自行制作天子乘坐的黄色绸缎伞盖车驾,出入模仿天子声威,私自设置法令,不应用汉家朝廷王法。"

"淮南王还擅自委任官员,让自己手下的郎中春担任丞相,网罗和收养郡县和诸侯国的人,以及负罪的在逃者,把他们藏匿起来,并给这些人提供住所,为他们安顿家人,提供钱财、物资、爵位、俸禄和田宅,有些人的爵位竟然被他封为关内侯,食奉二千石。之所以给他们这些好处,是因为淮南王心图不轨。"

"大夫但和有罪失官的开章等七十多人,伙同棘蒲侯柴武的儿子柴奇谋划造反,打算危害社稷宗庙安全。派遣开章暗地里传话给刘长,密谋派人联络闽越和匈奴出兵响应。开章去淮南见到刘长,刘长多次与开章商议、吃饭,还给他成家娶妻,供给他二千石薪金。"

"开章派人对大夫但说,已经做通了淮南王的工作,国相春也派使者过来向但通报。朝中官吏发现这个阴谋后,派长安县尉奇前去逮捕开章。淮南王却把开章深藏起来,不愿交给朝廷,还和原中尉忌密谋,杀了开章灭口。"

"又置办棺椁、丧衣、包被等,把开章悄悄埋葬在肥陵邑,却欺骗朝廷命官,说'不知道开章在哪里'。后来又做假坟,在坟头树立标记,说'开章尸首就埋在这里'。"

"另外还有,刘长曾亲手杀死一个没有罪行的人;让官吏论罪杀死六名无辜者;藏匿在外逃亡的死刑犯,抓捕没有逃走的犯人为这些人顶罪;他任意给人加上罪名,使受害者有冤无处申诉,被判四年劳役以上的男女人犯共十四人;又擅自赦免罪人,免除死罪共十八人。免除服四年以下劳役的五十八人;还赐爵关内侯以下者九十四人。"

"前不久刘长患重病,陛下为他身体担忧,派使者赐赠信函、枣脯给刘长。但刘长却不愿意接受赐赠,不肯接见使者。住在庐江郡内的南海民造反,淮南郡的官兵奉旨征讨。陛下体恤淮南百姓的疾苦,派使者赐赠刘长布帛五千匹,让他转发给出征官兵中的劳苦之人。刘长不愿意接受,却谎称'军中无劳苦者'。"

"南海人王织给皇上上书,并向皇帝敬献玉璧,原中尉忌烧了信,没有上奏。朝中官员请求传唤忌论罪,刘长拒不下令,却谎称'忌有病'。国相春又请求刘长,允许自己做这件事,刘长大怒,说'你想背叛我去投靠汉廷吗'。刘长按律罪当弃市。臣等请求陛下将刘长依法治罪。"

文帝命令说:"我不忍心法办淮南王,就交给官吏和二千石级别官吏商议吧。"

"臣仓、臣敬、臣逸、臣福、臣贺甘冒死罪启奏陛下:臣等已与列侯和二千石官吏臣婴等四十三人讨论商议,大家都说'刘长不遵从法度,不听从天子诏告,竟然暗中网罗党徒和谋反者,厚遇负罪逃亡之人,是想图谋不轨'。臣等商议应当依法制裁刘长。"

文帝批示说:"我不忍心依法惩治淮南王,赦免他的死罪,废掉他的王位吧。"

"臣沧等甘冒死罪启奏陛下:刘长犯有死罪,陛下不忍心对他施行王法,施恩赦免,废除刘长的王位。我等臣民请求把刘长发配到蜀郡严道县邛崃山的邮亭之地,命令他的妾媵中生有子女者一同随其居住,派遣县衙为他们兴建房屋住处,其他的粮食、柴草、蔬菜、食盐、豆豉、炊具食具和席蓐一应供给。臣等冒死罪请求陛下,将这个决定昭告天下。"

文帝批示说："准予供给刘长每天五斤肉，二斗酒。命令过去受到过宠幸的嫔妃十人跟随前往蜀都，与刘长一起生活。其他的都准奏。"

刘长的同谋全部被朝廷处决后，朝廷就让刘长上路到蜀郡去，一路上用辎车囚载刘长，命令沿途各县依次传送到目的地。

这时袁盎上谏说："皇上素来娇惯淮南王，不为他安排严正的太傅和国相劝导他，才导致了淮南王今天的境地。况且淮南王为人任性刚烈，如今用粗暴的方式对待他，我担心淮南王在路上突然患上风寒而死，皇上您却落下了杀死亲弟弟的恶名，到那时该怎么办？"皇上就说："我只是想让他尝尝苦头罢了，随后就会让他回来的。"

一路上，各县替传淮南王的人都不敢打开囚车的门封。淮南王对他的仆从说："谁说老子我是个勇猛的人？我哪里还能有一点点勇猛之气！我因为娇纵，听不到自己的过失，才落到了这般田地。人生一世，怎么能忍受如此郁闷。"于是，淮南王就绝食而死。

囚车到了雍县，雍县县令打开车封，把刘长的死讯报告给了文帝。文帝哭得稀里哗啦，一边哭一边对袁盎说："我没有听你的话，终于导致了淮南王身死。"袁盎说："这也是无可奈何的事，恳请陛下保重自己的身体。"文帝说："现在该怎么办？"元盎回答说："只要杀了丞相、御史，向天下人谢罪就行了。"

于是文帝下令，让丞相、御史逮捕审问一路上各县不给刘长开门封送吃的那些人，把他们全部弃市问斩。再按照列侯的礼仪在雍县厚葬了淮南王，又安置了三十户人家看护和祭祀坟茔。

孝文帝八年，文帝哀怜淮南王。淮南王有四个儿子，都是七八岁年龄。于是封其子刘安为阜陵侯，其子刘勃为安阳侯，其子刘赐为阳周侯，其子刘良为东城侯。

孝文帝十二年，民间有编写歌曲的人写了一首歌唱淮南厉王遭遇的歌曲。其中唱到："一尺布，还能缝合，一斗谷，还能舂米，兄弟二人却水火不相容。"文帝听到了，叹息着说："尧舜放逐自己的家人，周公杀了管叔蔡叔，天下人都称他们是圣明之人，什么原因呢？不以私情损害国家利益啊。天下人难道认为我是贪图淮南王的封地吗？"

于是，文帝就徙封成阳王刘喜去统领淮南王的故地，而追封已故淮南王刘长谥号为厉王，按照诸侯的礼仪为淮南王修建陵园。

孝文帝十六年，文帝迁徙淮南王刘喜又返回城阳故地。文帝哀怜淮南厉王废王法，图谋不轨，招惹祸患而导致封国破灭，使自己过早死去，于是就封立他的三个儿子：阜陵侯刘安做淮南王，安阳侯刘勃做衡山王，阳周

侯刘赐做庐江王,他们又获得了厉王时的封地,兄弟三人各得一份。东城侯刘良此前已经夭折,没有后代。

孝景帝三年,吴楚七国联合叛乱,吴国使者到淮南王那里,淮南王准备举兵响应。

淮南王的国相说:"大王您一定要发兵响应吴王的话,臣我愿意带兵前往。"淮南王于是就把部队交给国相。淮南国相掌握了部队的军权后,就指挥军队趁机据城防守叛军,不听从淮南王的调遣;朝廷也派遣曲成侯带兵救助淮南,淮南国因为这个缘故才得以保全完整。

吴国使者来到庐江,庐江王不愿意响应他们,又派人与越国联络。吴国使者来到衡山,衡山王坚守城池,对朝廷并无反叛之心。

孝景帝四年,吴楚七国叛乱被平定后,衡山王入朝拜见景帝,天子觉得他忠贞可信,便安慰他说:"南方过于潮湿。"随后就升迁衡山王掌管济北之地,以此作为奖赏。等衡山王去世后,景帝就赐予衡山王谥号为贞王。庐江王的封地与越国相连接,他多次派人与越国相交往。被升迁做了衡山王,管理长江以北地区。淮南王依然如故。

淮南王刘安为人喜好读书操琴,不喜欢射猎、放狗和纵马驰骋一类的事,他也打算悄悄做好事安抚百姓,让天下人传颂他的美德。但他时时怨恨厉王的死,也常常打算反叛朝廷,却没有机会做反叛的事。

建元二年,淮南王入朝觐见景帝。平素与淮南王交好的武安侯田蚡那时候还是个太尉,就到灞上迎接淮南王刘安。田蚡对淮南王说:"如今皇帝没有儿子,大王您是高皇帝的亲孙子,施行仁义,天下人没有不知道的。如果有一天皇帝宴驾了,除了大王您,天下还有谁能继承天子之位呢?"

听了田蚡的话，淮南王很高兴，赠送给武安侯田蚡许多金银钱财。于是，淮南王暗中结交宾客，安抚百姓，谋划叛逆之事。

孝武帝建元六年，天空出现彗星，淮南王心中觉得奇异。有人劝说淮南王说："先前吴王起兵叛乱时，彗星的尾巴仅仅有几尺长，战乱尚且血流千里。现在彗星的尾巴长到满天都是，天下应当大兴兵乱之事了。"

淮南王觉得景帝没有儿子，天下一旦起了变故，诸侯们就会相互争夺皇帝的位置，就越发抓紧时间准备兵器和攻占器械，积蓄钱财贿赂、赠送郡守、诸侯王、说客和有奇异才能的人。所有能言巧辩的人为他出谋划策，编造荒诞不经的邪说，谄媚迎合淮南王。刘安心里高兴，给这些人赏赐了厚重的金银钱财，谋反的心思越来越强烈。

淮南王刘安有个女儿叫刘陵，很聪明，口才很出众。刘安很喜欢这个女儿，经常给她很多的钱财，让她呆在长安，借机刺探朝中的情况，结交景帝比较亲近的人，以及景帝身边的人。

汉武帝元朔三年，汉武帝赐给淮南王几案和手杖，准许淮南王不用入京上朝觐见武帝。淮南王王后叫荼，淮南王非常喜欢宠幸王后。王后荼生了太子刘迁，刘迁娶了王皇太后外孙女修成君的女儿做妃子。

淮南王害怕太子的妃子知道他策划制造反叛兵器一事后，向朝廷泄露机密，于是就和太子刘迁密谋商量，让刘迁假装不爱妃子，三个月不同床共枕。淮南王又假

装恼怒,强行把太子和妃子关在一起,让小两口三个月同居一室,太子却始终不亲近妃子。妃子只好请求离去,淮南王于是就上书朝廷致歉,把妃子送回娘家。

王后荼、太子刘迁以及刘陵受到淮南王的宠爱,专擅国权,侵夺民间百姓的田宅,任意加罪拘捕无辜的人。

元朔五年,太子刘迁学习剑术,自认为学得好,天下没有人能超过他,他听说郎中雷被剑术高超,于是就招雷被前来较量。雷被一而再再而三地退让太子后,不小心失手击中了太子。太子大怒。

雷被担心害怕太子。这时凡是准备从军的人都跑到京城,雷被当机决定也去参军,奋击匈奴。太子刘迁多次在淮南王面前说雷被的坏话,淮南王就指使郎中令斥退并罢免了雷被的官职,以此打算杀鸡儆猴。

雷被被迫流落到长安,向朝廷上书申诉自己的冤情。汉武帝下令让廷尉和河南郡审理此事。河南郡判决,逮捕淮南王太子。

淮南王、王后不准备遣送太子,就想趁机兴兵造反。反复筹划犹豫,却十多天拿不定主意。这时正适逢朝廷下达诏书,命令就地传讯太子。

这时候,淮南国相恼怒寿春县丞将扣押太子的命令私自扣押,不予通报,告发他犯有"不敬"之罪。淮南王请求国相不要追究此事,国相不听。淮南王派人上书朝廷状告国相,汉武帝把这件事交给廷尉来审理。办案中有线索牵扯到淮

南王，淮南王就暗中派人侦察朝廷中公卿大臣对此事的意见，公卿大臣向汉武帝建议逮捕淮南王，审判他的罪行。

淮南王担心事发，太子刘迁就献给父亲一个主意，说："朝廷的使者要是逮捕父王的话，父王就派人穿上卫士的衣服，拿着戟站在庭院当中。父王身边一旦发生不测，就刺杀使者，我也派人刺杀淮南国中尉，趁机举兵反叛，这样的话，还不算晚。"

这时，汉武帝不允诺公卿的建议，而是派遣朝中中尉殷宏亲赴淮南国，就地向淮南王询问并查证案情。淮南王听到朝廷使者来了，准备按照太子的计策行事。

朝中中尉殷宏到淮南国后，淮南王观察使者的脸色很温和，只向自己询问罢免雷被的原因，他心里估计不会有事，就隐忍着没有发作。朝中中尉殷宏返回朝廷后，对汉武帝汇报了查询的情况。

但公卿大臣中负责办案的人说："淮南王刘安阻挠雷被参军，奋击匈奴等，破坏了明确执行天子命令的法令，应当判处死罪，弃市问斩。"天子没有答应。公卿大夫又建议废除淮南王位，汉武帝还是没有答应。公卿大夫请求削去淮南王五个县的封地，汉武帝下令削去两个县。

朝廷派中尉殷宏前往淮南国，宣布赦免淮南王的罪行，用削地来表示惩罚。中尉殷宏进入淮南境内，宣布淮南王被赦免。

一开始，淮南王听说公卿奏请皇帝，要来诛杀自己，并不知道获得削地的宽恕，又听说朝廷使者过来了，担心自己被逮捕，就和太子刘迁按照以前的谋划，准备刺杀朝廷中尉。等中尉殷宏到来后，马上向淮南王祝贺被赦免的命令，淮南王借故没有起兵。

事情过去后，淮南王伤感地说："我施行仁义的结果却是被削地，太耻辱了。"所以，淮南王被削地以后，他谋反朝廷的心思就更加强烈了。

诸位使者从长安过来，对他说些编造好的荒诞不经言邪，只要谁说了皇帝没有儿子，汉家天下不会太平，他就高兴；谁如果说了汉家天下太平，皇帝有儿子，淮南王就愤怒，认为是胡说八道，不可信。

淮南王刘安没日没夜地与伍被、左吴等人查看地图，部署他的部队将来反叛时的进军路线。淮南王说："皇帝没有儿子，一旦遇到驾崩，宫中大臣一定会召见胶东王，或常山王，而天下的诸侯王则一起争夺皇位，我不准备行吗?! 何况我是高皇帝的亲孙子，奉行仁义道德，皇帝对我有厚恩，我能忍受他的统治。皇帝万世以后，我怎么能面北称臣，侍奉小儿?"

淮南王坐在东宫，召来伍被一起商量谋划事情，他对伍被说："将军上殿!"伍被怅然，说："皇帝刚刚宽赦了大王，大王又怎么能说这些让封国灭亡的话呢？我听说伍子胥劝谏吴王，吴王不采纳他的建议，于是伍子胥就说'我现在已经望见了麋鹿在姑苏台奔走游玩的样子了'。如今，我也好像望见了淮南王的宫中荆棘遍地，露水沾湿衣襟的情景了。"

淮南王很愤怒，把伍被的父母抓起来，关押了三个月。然后又召来伍被询问："将军答应我了吗?"伍被回答说："不，我不会答应你的。我只是为大王策划而已。"

伍被说："我听说耳朵好的人能预见到无声时的动静，眼睛好的人能看出没成形前的端倪，那些道德高尚、

才能出众的君子总是能想出万全之策。当初，周文王为了消灭殷纣，率领周族东进，这个行动功显千秋，使周朝成为继夏、商之后，被后世列为三代的朝代。他顺从天意，所以四海之内，人们不约而同地追随他，响应他。这是千年前就能够看到的事实。

"百年以内的秦国，还有距离最近的吴国楚国，都能说明国家存亡的道理啊。我不敢逃避类似于伍子胥直言劝谏而被杀的命运，也恳求大王不要重蹈吴王不听忠谏之言而导致国家灭亡的复辙。

"过去，秦朝抛弃圣人的治国治民之道，坑埋儒士，焚烧《诗》《书》，丢弃礼仪，崇尚伪诈暴力，任意使用刑罚，强迫百姓把产自海滨的谷子转运到西河。那时候，男子奋力耕作却吃不饱糟糠，女子努力织布却衣不蔽体。

"秦始皇派遣蒙恬修筑长城，东西长达几千里，几十万人的部队风餐露宿，常年戍边，死去的人不计其数，僵尸千里，血流百亩，百姓财力气力被耗费一空，想造反的人十家就有五家。

"始皇帝又派徐福到东海寻访神仙、寻求奇珍异物。徐福回来后，欺骗秦始皇说：'我见到了海中的大神仙，说明来意后，神仙说，你们秦王带来的礼品太少了，长生不老之药只能看却不能带走。'

"徐福接着欺骗秦始皇说：'神仙随即就带领臣从东南方向来到蓬莱，看到用灵芝草筑成的宫墙，有的神仙肤色似铜身形似龙，身上散发的光辉照耀天空。于是我再一次拜见，询问神仙应该带什么礼物，神仙回

答道，献上良家男童和女童以及百工技艺，就可以得到长生不老之药了。'

"秦始皇很高兴，就派遣良家童男童女共三千人，并供给神仙五谷种籽和各种工匠，前往蓬莱去寻长生不老之药。途中徐福找到了一块广阔的平原和湖泽，便留下来自立为王，不再返回。在这种情况下，百姓思念亲人，心切而悲苦痛恨，打算造反的人家十家就有六家。

"不仅如此，秦始皇还派遣南海郡尉赵佗翻越五岭攻打百越。赵佗晓得中原早已疲惫不堪，就留在南越自立为王，不再返回，派人对秦始皇上书，要求朝廷征集三万名没有婆家的妇女，来为将士们缝补衣裳。秦始皇批准给赵佗一万五千名妇女。于是，百姓人心离散，如土崩瓦解一般，准备造反的人十家就有七家。

"有宾客对高皇帝说：'时机成熟了。'高皇帝说：'再等等，有圣人当从东南民间兴起。'不到一年，陈胜、吴广揭竿而起。高皇帝从沛县开始起事，倡议天下，百姓不用约定就纷纷跟随响应，多得无法计数。百姓盼望他，就好像久旱盼甘露一样，所以他能够从军伍起事最终被拥立为天子，功业高过夏禹、商汤和周文王，恩德被后世千秋万代传送。

"如今，大王您只看到了高皇帝获得天下的容易之处，偏偏看不到近世吴楚之国被灭亡的命运吗？吴王被封赐为"刘氏祭酒"，尊显名位，还被降恩不用上朝拜见天子，统管四郡民众，辖区几千里，在封国内部可以私自冶铜铸造钱币，在东方可以煮海水贩卖海盐，溯江而上可以采伐江陵木材制造大船，一只船装载的物品比中原地区几十辆车拉的还要多，国家富有而百姓众多。

"吴王用珠玉金帛贿赂诸侯王、宗室贵族、朝廷官员等,唯独不给皇亲窦氏。反叛计划完成后,吴王便向西发兵。但叛军在大梁就被攻破,在孤父被打败。然后,吴王向东仓皇逃窜,在丹徒被越人抓获,只落得身首分离,国家破灭的下场,被天下人耻笑。

"为什么凭借吴楚七国的强大武装却不能成就功业?其实真的是悖逆天道、不识时务的缘故。现在,大王的部队没有当初吴楚等国的十分之一,但天下安宁的程度却比秦朝时多出一万倍,希望大王采纳我的意见。如果大王不采纳我的建议,那一定会导致大事不成功却言语上先自泄露天机。

"我听说微子路过殷朝古都时心中伤悲,于是做了《麦秀之歌》,它伤感纣王不听从王子比干的建议而导致国家破灭的。所以《孟子》说'纣王贵为天子,死时却不如平民百姓。'这是因为纣王早就把国家社稷和天下民众割裂开来,而不是他临死之时才被天下百姓抛弃的。

"如今我也偷偷替大王哀叹,大王如果抛弃了诸侯国君的显赫地位,朝廷一定会颁发绝命文告,命大王身先群臣,死于东宫。"说完,伍被神色凝重,悲苦之气郁结胸中,泣泪四流,慢慢站起,沿着台阶缓慢而去。

淮南王有个庶出的儿子叫刘不害,年纪最大,但淮南王却不喜欢他。淮南王、王后、太子都不愿意把刘不害看作是自己的儿子或兄长。刘不

害的儿子叫刘建,才气高超,不肯屈居人下,经常埋怨太子刘迁不看望问候自己的父亲;又怨恨那时的诸侯王都可以给子弟封任诸侯,而淮南王只有两个儿子,一个做了太子,另一个就是刘建的父亲刘不害,他却没有被封侯。

刘建暗中结交人,想要告发并打败太子,然后用父亲代替太子的位置。这件事被太子知道了,多次抓捕并严刑拷打刘建。

刘建知道太子意欲杀害朝廷中尉的所有阴谋,随即就派与自己关系较好的寿春县人庄芷,在元朔六年上书汉武帝,说:"苦口良药利于病,忠言逆耳利于行。如今淮南王的孙子刘建,才能高,淮南王王后荼、荼的儿子即太子刘迁经常嫉妒迫害刘建。刘建的父亲刘不害没有犯罪,他们却多次拘囚并想杀害他。现在刘建人在,可以招他前来询问,他知晓淮南王的一切隐秘。"

汉武帝看了庄芷的上书后,就下令交给廷尉处理,廷尉又交给河南郡府审理此事。这时,原辟阳侯的孙子审卿与丞相公孙弘交好,他仇恨淮南厉王残杀自己的祖父之事,于是就极力向公孙弘构陷淮南王的罪状,公孙弘于是就怀疑淮南王有叛逆谋略之事,打算深入细致地查办此事。

河南郡府审理刘建,刘建供出淮南王太子及其党羽。淮南王担心事态严重,打算发兵反叛,就询问伍被说:"汉朝天下是否太平?"伍被回答

说："非常太平！"淮南王不高兴，向伍被询问原因。

伍被回答说："我私下里观察过，君臣礼仪，父子亲疏，夫妇有别，长幼秩序等，都合乎应有的道义和原则；皇帝的治理能遵循古代治国之道，没有缺漏风俗和法纪。满载货物的富商周流天下，道路畅通无阻，所以贸易之风盛行。"

"南越向朝廷称臣归顺，羌僰进献物产，东瓯内迁归降，朝廷拓广长榆要塞，开辟筑建朔方郡，使匈奴折翅受伤，失去援助而萎靡不振。即使还没有达到古代的太平盛景，但也算是天下安定了。"

淮南王听了伍被的话，很生气，伍被连忙告谢大王饶恕死罪。淮南王又对伍被说："崤山以东如果起了兵乱，朝廷一定会派遣大将军卫青率兵来控制镇压，你觉得大将军为人怎么样？"

伍被说："我的好朋友黄义曾经跟随大将军攻打匈奴，回来后对我说：'大将军对士大夫有礼貌，对士卒有恩情，大家都乐意为他效劳。大将军骑马上下山岗快得就像飞一样，才能过人。'我觉得他才能高强，多次率兵征战通晓兵法，是不容易抵挡的。"

"后来谒者曹梁出使长安回来后，说大将军号令严明，遇到敌人时英勇果敢，经常身先士卒。部队休息时，井还没有打好。所有士卒没有喝完水，他绝对不喝，出征归来，所有士卒没有渡完河，他绝对不渡。皇太后赐给他的金帛，他全部拿出来送给部属。即使是古代的名将也没人能超过他。"淮南王听了以后，默不作声。

淮南王眼看着刘建被征召受审，担心他在封国谋反之事败露，打算起兵反叛，但伍被认为他难于成功，于是淮南王再一次询问伍被，说："你觉得当初吴王兴兵造反是对还是错？"

伍被回答说："我觉得是错误的。吴王富贵到了极点，却做错了事，导致自己身死丹徒，身首异处，子孙后代无一幸免，全部遭遇祸患。我听说吴王后悔得肠子都绿了。恳请大王深思熟这事，千万不要做吴王那样的后悔事。"

淮南王说："男子汉言必信，甘愿为自己的一句话献身赴死。况且吴王哪里懂得造反啊，竟然让汉将一天之内近四十个人闯过成皋关隘。现在，我命令楼缓首先扼守住成皋关隘，命令周被攻下颍川郡，然后率兵镇守辕辕关、伊阙关的道路，命令陈定率领南阳郡的部队霸守武关。河南郡太守只有洛阳罢了，有什么可担忧的？

"不过，北面还有临晋关、河东郡、上党郡和河内郡、赵国。人们说'扼守住成皋关隘，天下的交通就会被阻断'。我们凭借成皋关隘所在的三川有利位置，召集崤山以东各郡国的部队响应，就这样发兵起事，你觉得怎么样？"伍被说："我已经看到了灾难，并没有看到福气。"

"左吴、赵贤、朱骄如都觉得有福运，有九成把握，怎么唯独你觉得只有灾难而没有福运，什么原因呢？"伍被说："被大王宠幸的群臣中，平素能号令众人的，都在上一次皇上诏办的案件中被抓走了，剩余的都是些没有用处的人。

"陈胜、吴广并无立锥之地，聚集一千来号人，从大泽起事，振臂高呼，而天下人都跟着响应，队伍向西行进到戏水时，兵力已经有一百二十万。现在，我的封国即使再小，但会使用兵器作战的人就有十多万，他们

并不是被迫戍边的普通人，拿的也不是木制的武器，你凭什么说我们只有灾难而没有福运？

"当初秦朝残暴无道，祸害天下百姓。征发民间万辆车驾，修造阿房宫；征收百姓大半收入做赋税，征发闾左穷苦百姓戍守边关，导致父亲不能保护儿子，哥哥不能让弟弟过上安适的日子，政令严苛，刑罚酷峻，天下百姓被煎熬得像烧焦了一样。百姓都伸长了脖子盼望，侧耳倾听，仰天号悲，低头捶胸，怨恨皇上，所以，陈胜振臂一呼，天下百姓纷纷响应。"

伍被说："当今陛下临朝治理天下，四海一统，爱怜波及所有百姓，广布德政，广施恩惠。即使他没有开口，但声音却传播迅疾；即使没有命令，但教化飞速传递，他心有所想，便能感动万里，下民响应圣上犹如影子和声音，如影随形。而大将军的才能胜过章邯、杨熊。而大王您用陈胜、吴广反秦作比喻，我觉得不应当。"

淮南王说："难到就没有好计策？"伍被说："我倒有一条愚蠢的计策。如今，诸侯们没有反抗朝廷的二心，百姓们没有怨恨朝廷的怒气。但朔方郡田地广布，水草丰美，被迁徙过去的民众远远不够开发的需要。"

伍被继续筹划说："臣的蠢计策是，伪造丞相、御史写给皇帝的奏章，请求再迁徙各郡国的豪杰、侠士和被处髡（nài）刑以上的囚徒充边，下诏赦免人犯罪行，凡家产在五十万以上的人员，都迁徙全家到朔方郡，再多调部队监视，催逼他们按期到达。伪造宗正府左右都司空、上林苑和京师各官府由皇帝签发的办案文书，去逮捕诸侯的太子和宠幸之臣。这样一来，民众就会有怨怼，诸侯就感觉害怕，紧接着再让能言善辩的说客去鼓动他们起来造反，或许还有机会得到十分之一的胜券把握。"

淮南王说："这个计策的确不错。即使这样，但我还是觉得要成就此事,还不至于像你说的那样难办吧。"于是淮南王就命令官奴入宫,伪造皇上印玺,丞相、御史、大将军、军史、中二千石、京师各官府令和县丞的官印,邻近郡国的太守和都尉的官印,以及朝廷使臣和法官所戴的官帽,打算一切按伍被的计策行事。

淮南王还派人假装从淮南国犯罪后逃出来向西到长安去的人犯,前去投靠大将军和丞相,打算一旦发兵起事,就让这些人立即刺杀大将军卫青,然后再说服丞相屈从臣服,剩下的事情,便如同揭开盖布那样的轻而易举了。

淮南王准备发动封国的军队,又担心他的丞相、二千石级别的官员不听从命令。于是就与伍被谋划,先杀丞相,二千石级别的官员;他们约定,先伪造宫中失火,丞相、二千石级别的官员都会跑来救火,趁机杀死他们。计划还没有落实,又打算让人穿上逮捕盗贼的士卒衣着,手持羽檄,从南方跑过来,高呼"南越的部队打过来了",就趁机起兵。

于是,他派人到庐江郡、会稽郡实施冒充抓捕盗贼的计划,没有立即发兵。淮南王询问伍被说:"我举兵向西攻打,要是没有响应我的诸侯,该怎么办?"伍被说:"那就向南夺取衡山国来攻打庐江郡,占有寻阳的战船,坚守下雉城池,扼住九江江口,阻绝豫章河水北入长江的彭蠡湖口,用强弓劲弩防守临江,阻止南军部队沿江而下,向东攻占江都、会稽,向南与强大的越国结交。这样一来,就能够在长江和淮河之间进退自如,还能够拖延一段时间。"

淮南王说:"好主意,没有比这个更好的计策了,万不得已,就投奔越国去。"

廷尉把淮南王孙子刘建在供词中牵连到太子刘迁的事报告给汉武帝。汉武帝就派遣廷尉监趁着拜见淮南王的机会,逮捕太子。廷尉监到了淮南国,淮南王听说了,于是就与太子谋划,召见丞相、二千石级别的官员,打算杀了这些人后起兵犯事。

淮南王召丞相入朝,丞相来了;而内史借外出为由得以脱身。中尉说:"我在迎接皇上派来的使者,不能够拜见大王。"淮南王考虑单独杀掉一个丞相，而内史中尉都没有来，没有多大价值，于是就放过了丞相。

太子刘迁想自己犯下的是阴谋刺杀朝廷中尉之罪，所参与谋划的人都已经死去，觉得活口已经断绝了，于是就对父王说："群臣中可以依靠的都在以前被逮走了，现在再也没有可以依靠的人了。父王在时机不成熟的时候起兵，恐怕没有好处，我愿意前去受捕。"淮南王也想作罢，就应允了太子刘迁。太子即刻刎颈自杀，却没有丧命。

伍被一个人亲自到执法官吏那里，趁机告发自己参与了淮南王谋反之事，把他所知道的内情全部和盘托出。官吏趁机逮捕了太子、王后，包围了王宫，将淮南王封国中参与谋反的宾客全部搜查缉拿起来，还搜出了淮南王谋反的器具，然后报告汉武帝。汉武帝下旨交给公卿大夫审理，案中牵连出与淮南王谋反的列侯、二千石级别官员、地方豪杰等几千人，都受到相应的罪罚。

衡山王刘赐，是淮南王的弟弟，被判同罪，应被抓捕，负责审理的官员请求皇帝，要逮捕衡山王。皇帝说："诸侯各自以自己的封国为根本，不应该被牵连，你们与诸侯王、列侯一起和丞相聚集起来协商吧。"赵王彭祖、列侯曹襄等四十三人商议后，都说："淮南王刘安大逆不道之极，阴谋发动叛乱的事实清楚，应当伏法受斩。"

胶西王刘端议论说："淮南王刘安废除王法，大行邪恶之事，心怀伪诈，扰乱天下，迷惑百姓，背叛祖宗，妄言邪说。《春秋》说：'臣子不应该率众作乱，率众作乱就应该被诛杀。'刘安大逆不道，应被处死。另外，淮南国中官至二百担上下官吏、宗室被宠幸却没有犯法的，应被免官、削去爵位，贬为兵士，永远不许当官。那些没有官职的，交出二斤八两黄金，就可赎买死罪。朝廷应把刘安的罪行公告天下，让天下不敢再有背叛之心。"

丞相公孙弘、廷尉张汤等把大家的议论报告给汉武帝，汉武帝派宗正手持符节审理淮南王。宗正还没有走到淮南国，淮南王刘安就引颈自杀。王后荼、太子刘迁及参与谋反的都被灭了族。汉武帝因为伍被在劝阻淮南王谋反时，能字正腔圆，说了许多赞美朝廷的话，就不想杀他。但廷尉张汤说："伍被是最先为淮南王谋划反叛的人，伍被罪不可赦。"于是伍被被诛杀。淮南国被废为九江郡。

衡山王名叫刘赐，王后乘舒生了三个孩子，长男刘爽，做太子，次男刘孝，次女刘无采。又有姬妾徐来生了四个儿女，嫔妃厥姬生了两个儿子。衡山王和淮南王兄弟二人在礼节上相互责怪抱怨，两人关系生疏，少有来往。衡山王听说淮南王制作谋反叛逆的器具，也热心结交宾客来防范他，担心被淮南王所吞并。

元光六年，衡山王进京入朝拜见皇帝，他的谒者卫庆懂方术，想上书用方术侍奉天子，衡山王很愤怒，借故告发卫庆犯下死罪，严刑拷打，强迫卫庆服罪。衡山国内史认为不是这样，不愿意审理此案。衡山王就派人上书控告内史，内史不得不审理该案，但说衡山王理屈。

衡山王多次侵夺他人田地，毁坏他人坟墓做田地。有关部门请求逮捕衡山王，并审理他的罪行。皇帝不答应，只收回原来衡山王可以委派二百担级别以上官吏的权力。衡山王为此心中

愤恨,与奚慈、张广昌谋划,寻求招募有熟练掌握兵法和观测星相占卜吉凶的人,这些人没日没夜地跟随衡山王密谋反叛朝廷之事。

王后乘舒死后,徐来被立为王后。厥姬也得到宠幸。她们两个人相互嫉妒,厥姬对太子状告王后徐来的坏话,她说:"徐来让婢女用蛊惑邪术杀了太子的母亲。"从此太子心中愤恨徐来。徐来的哥哥到衡山国,与太子一起喝酒,太子用刀刺伤王后的兄长。

王后愤怒,多次在衡山王面前诋毁太子。太子的妹妹刘无采,出家后被夫家所休,返回娘家,与奴仆通奸,又与宾客通奸,太子多次劝说刘无采,无采恼怒,不再与太子交往。王后知道这件事后,就立即善待刘无采。无采和二哥刘孝因年少失母,就依附王后徐来,王后施行计策假装爱护刘无采兄妹,让他们一起对付太子,衡山王因此多次毒打太子。

元朔四年中,有人偷偷杀伤了王后的继母,衡山王怀疑是太子派人干的,鞭打太子。后来衡山王病了,太子经常声称有病,不去服侍。刘孝、王后、无采都在衡山王面前说太子没病,诋毁太子。衡山王大怒,打算废除太子改立刘孝。

王后身边有个擅长舞蹈的奴仆,衡山王很宠幸她,王后打算让奴仆与刘孝乱伦,来玷污陷害刘孝,准备一同废除他们兄弟二人,而让自己的儿子刘广代替太子之位。

太子刘爽知道了王后的诡计,心想王后多次算计诽谤自己不肯罢休,就打算与王后发生奸情,以此来堵塞王后的嘴。一次王后喝酒,太子上前为她敬酒,趁机坐在王后的大腿上,请求与王后同床共枕,王后恼怒,把这件事告诉了衡山王。衡山王就召见太子,准备绑起来痛打。

太子知道父王早就想废掉自己而立弟弟刘孝做太子了,于是就对父王说:"刘孝与父王的女侍有奸情,无采和奴仆有奸情,父王就加餐多食吧,我准备上书,把这些事全说出来。"随机就背转身离衡山王而去。衡山王派人前去阻挡，没有挡住，于是衡山王亲自追捕太子。太子胡乱说话，衡山王就把太子用镣铐囚禁在宫中。

衡山王越发宠幸和亲近刘孝。衡山王惊奇刘孝的才干，于是就给刘孝佩戴上王印，号称"将军"，命令刘孝在宫外居住，给他很多钱财，让他招募宾客。投靠的宾客略微知道淮南王、衡山王都有谋反朝廷的野心，就没日没夜地跟随衡山王，鼓励他谋反。

衡山王派刘孝的宾客江都人救赫、陈喜制造战车和箭支，刻天子印玺和将相军吏的官印。衡山王日夜访求像周丘一样的壮士，多次称赞和列举吴楚反叛时的谋略，来对照自己的谋反计划。衡山王不敢像淮南王那样篡夺天子之位，他害怕淮南王起事吞并自己的封国，他觉得等淮南王向西进攻后，自己就可以趁机发兵攻占长江和淮水之间的领地，他盼望愿望能够实现。

元朔五年秋，衡山王入京觐见皇帝。经过淮南国时，淮南王说了些兄弟情谊的话，消除了两个人以前的嫌隙，相互约定共同制造谋反器具。衡山王便上书推说身体有病，皇上赐书恩准他可以不入朝。

元朔六年中，衡山王派人上书请求废除太子刘爽，立刘孝做太子。刘爽知道后，就派关系要好的朋友白嬴去长安上书，报告刘孝私造战车箭支，还和淮南王的女侍通奸，打算以此击败刘孝。白嬴到了长安后,还没来得及上书,就被官吏逮捕了,因他与淮南王谋反一事有牵连,被下了狱。

衡山王听到刘爽派白嬴上书,担心他讲出衡山国不能让人知道的秘密,就立马上书反过来诬告刘爽干了大逆不道的事,应被处死,朝廷将此事交给沛郡受理。

元狩元年冬,负责办案的公卿来到沛郡,抓捕淮南王谋反的参与者,没有抓到,却在刘孝家抓住了陈喜。官吏控告刘孝带头藏匿陈喜。刘孝以为陈喜平素屡次和衡山王协商谋反之事,担心会供出此事。他听说律令规定事先自首者可免除罪行,又怀疑太子派白嬴上书告发谋反之事,于是抢先自首,控告参与谋反的人救赫、陈喜等。

廷尉审讯验证属实,公卿大臣们请求逮捕审讯衡山王。汉武帝说:"不要逮捕。"派中尉司马安、大行令李息赴衡山国就地查问衡山王,衡山王全都据实召出。官吏把王宫包围起来,严加看守。中尉、大行返回朝廷,将情况汇报给汉武帝,公卿大臣请求派宗正、大行和沛郡府联合审判衡山王。

衡山王闻讯便刎颈自杀。刘孝因主动自首谋反之事,被免罪;但他与衡山王女侍通奸仍然有罪,被弃市处死。王后徐来犯用诬蛊谋杀先前王后乘舒之罪,太子被衡山王控告,刘爽犯有不孝之罪,都被弃市处死。所有参与衡山王谋反的人全部被灭族。衡山国被废除后变为衡山郡。

太史公说:"《诗经》中说:'抗击戎狄,征伐楚人',这话的确让人信

服。淮南王、衡山王本是骨肉至亲，疆域纵横千里，被封为诸侯，但他们不遵守蕃臣职责，去辅佐天子，却一心做邪恶不轨、图谋叛乱之事，最终导致父子两代人两次亡国，人人不得善终的结果，被天下人耻笑。当然，这不仅仅是他们的过错，还与当地不厚道的世风和他们身边做臣子的逐渐影响有很大关系。楚国人骁勇凶悍，喜好犯上作乱，这是早在古代就已经被记载到书中的事啊。"

循吏列传第五十九
人物像

公仪休　　李离

孙叔敖　　　子产　　　石奢

循吏列传第五十九

太史公说:"法令让人行善,刑罚让人弃恶。法令与刑律不完备时,善良的百姓在自我约束和修身养性时,也会心存戒备。这是因为当官的行为端庄、没有违法乱纪之事。假如官吏都能奉公守法,克己尽责,坚持原则,就能给天下树立榜样,同样能治理国家,何须要凭借严酷的刑罚?"

孙叔敖是楚国的处士。他是被国相虞丘举荐给楚庄王的,目的是想让孙叔敖接替自己的职务。

孙叔敖做了三个月就被提拔为楚国的国相。

他能施教于民,引导于民,使得上上下下同心和睦,风气十分良好;他执政宽泛却有令必行,有禁必止;他不准官吏做奸邪伪诈之事,民间也没有盗贼

出现。

秋冬两季，孙叔敖劝导民众进山采伐树木，等到春季河水上涨时再把砍伐好的木材用水流运输出去。

楚国的百姓都有各自便利的谋生手段，民众都能快乐地生活。

楚庄王觉得楚国的钱币过于轻便，就下令更换成重的钱币。

但百姓在使用新钱币时觉得很不方便，就纷纷放弃了自己的本业。

管理市场的官员发现由更换钱币引出的问题后，就过来对孙叔敖反映情况，说："市场现在乱套了，百姓们都不安心在市场上经营本业了，秩序越来越混乱不堪了。"孙叔敖问道："这种现象持续多长时间了?"官员回答说："有三个多月了。"孙叔敖就说道："不要多说了，我现在就想法让市场恢复到原来的样子吧。"

过了五天，上朝时，孙叔敖就上奏，他对楚庄王劝谏道："前段时间更换钱币，是觉得钱币太轻了。现在管理部门反映说：'市场越来越混乱，老百姓都不安心在市场上搞经营，秩序即将失控啊。'所以臣请求庄王下令恢复到以前使用的钱币上来。"

楚庄王答应了孙叔敖的奏请,颁布恢复旧币令的第三天,市场又恢复到原来的样子了。

楚国人们在习惯上喜欢使用底座低的车辆,楚庄王觉得车矮不便于驾马,就想下令把车座改成高的。

孙叔敖知道了,劝谏道:"政令发出的太频繁了,就会让老百姓无所适从,不应当这么做啊。若果大王您一定要改高车辆,那么臣请求还是让乡里人加高自己的门槛吧。"

孙叔敖说道:"因为乘坐车辆的都是些有身份有地位的君子,君子是不能够频繁下车过门槛的,自然就会把车的底座抬高!"楚王认为他的办法好,行得通。

半年后,全国人都效仿这个做法,百姓们自然加高了自己的车辆。

这就是不需要用命令管束,而百姓自觉跟随、顺从孙叔敖教化的原因。身边的人看到他的一言一行就仿效他,离得远的人通过周围人的一

举一动来仿效。

孙叔敖三次做国相而不感意外,因为他清楚这是自己用才干换来的,三次离开相位也不后悔,因为他清楚自己并没有半点过错。

子产是郑国的大夫。郑昭君在位时,很喜欢任用自己宠信的徐挚,就让徐挚做了国相。

结果郑国出现了混乱局面,官民不和,父子不睦。

大宫子期把这个情况对大王反映了,郑昭君就任命子产做国相。

子产执政了一年,浪荡子不再轻浮,老人不再干活,少童不再种田。

子产执政两年后,市场上买卖公平,人们购买东西时不须用提前预定价钱,以防止物价过高了。

子产执政三年后,百姓夜晚不用关门,路不拾遗。

子产执政四年后，农民收工回家不需要把工具带回来。

子产执政五年以后，男子不需用服兵役，遇到丧葬之事，人们都能自觉地前去行丧葬之礼。

子产在郑国治理了二十六年，去世了，青壮年人都痛哭失声，老年人也都像孩子一样泣不成声。人们说："子产怎么忍心离开我们啊，我们老百姓以后还能依靠谁呀？"

公仪休是鲁国的博士。因为才学优秀而做了鲁国的国相。他能奉法守度，公正廉明、坚持按原则办事，丝毫不改变规则，所以，鲁国的百官都品行端庄。公仪休他不允许当官的与民争利，不允许职位高的人贪占小便宜。

一个客人前来给公仪休送了一条鱼,公仪休坚决不收。客人说:"我听说您非常喜欢吃鱼,现在我给您送来了,为什么不接受呢?"

国相公仪休说道:"正因为我爱吃鱼,所以才不能接受你的馈赠。现在我做的是国相,还能自己买得起鱼吃;假如我接收了你的馈赠,就会被免去官职,以后连鱼也买不起了,到那时谁还会送给我鱼吃呢?因此,我不能接受你送来的鱼。"

公仪休吃了蔬菜觉得味道很好,就来到自家菜园子,把园子里的冬葵菜全部拔掉。

公仪休看见家里人织的布匹很好,就立刻把妻子赶出家门,并且烧了织布机。他嘴里骂道:"你是想饿死农民和纺织工,你让他们的产品到哪里去出售啊?"

石奢是楚昭王时期的国相。他为人正直果敢,廉洁奉公,坚持原则,从来不做阿谀奉迎的事,也不胆小怕事。

有一次石奢外出巡游考察属县,在路上遇到一个杀人的凶手,他立即上前追赶,竟发现凶手是自己的父亲。

石奢放掉了父亲,回来后就把自己捆绑起来。

石奢派人对楚昭王说："凶手是我的父亲。用惩治父亲来树立政绩,是不孝!但废弃法度不惩治罪犯,是不忠!就此而言,臣下我犯了不忠不孝的死罪。"楚昭王说："你追赶凶犯却没有抓到,不应该认罪伏法,你还是回去好好治理国家政事吧。"

石奢说："不偏袒自己的父亲,这不是孝子的做法;不奉公守法,又不是忠臣的做法。大王您虽然赦免了臣的罪行,这是大王您对臣下的恩惠啊;犯了死罪而去伏法,这也是臣子的职责啊。"

石奢最后还是没有接受楚昭王的命令,自杀身亡。

李离是晋文公时期的法官。一次,他审察案情时出现闪失,错杀了人,发现后他就把自己关进牢狱,给自己判了死罪。

晋文公知道后,劝说李离道:"官职有贵有贱,处罚有轻有重。这是你属下的小吏有过失,并不是你的罪过啊。"

李离说:"臣下我担任的是长官,不曾把官位让给下属;我获得俸禄最多,也没有与下属分享。现在我因审察案情出现了过失,错杀了人,却

要把罪行推诿给下属,我从来没有听到过这样的道理。"他坚决不接受晋文公的命令。晋文公说:"你认为自己是有罪的,这不正好说明我也是有罪的国君吗?"

李离回答说:"法官判断案子是有法可依的,判错了就要亲自受刑,冤死人了就要以命相抵。现在,臣下我因审察案情出现过失,应该判我死刑。"然后他就下达了命令,自刎而死。

太史公说:"孙叔敖用一句话就可以使市场恢复到原来的样子。子产得病死了,郑国的民众失声痛哭。公仪休看到妻子织的布好就把她赶出了家门。石奢放走了犯罪的父亲,再自杀顶罪,使楚昭王树立了好名声。李离因错判杀人而服罪自杀,帮助晋文公整顿了国法。"

汲郑列传第六十
人物像

汲黯

汉武帝

张汤

公孙弘

汲郑列传第六十

汲黯的字叫长孺，濮阳人。他的祖先曾经受到过古卫国国君的宠幸。到了汲黯已经是第七代了，世世代代享受着卿大夫的殊荣。汲黯凭借父亲的保举，在孝景帝时做了太子洗马，因为庄重严正而被人敬畏害怕。孝景帝去世后，太子即位，就任命汲黯做了谒者。

东越的东瓯人和闽越人之间相互攻占，汉武帝便派遣汲黯前往视察。但汲黯还没有到达东越，走到半道上的吴县就返回来了，他对皇上报告说："东越人相互攻打，原本是他们好斗的习俗导致的，是不应该劳烦天子的使者前往过问的。"

河内失火，蔓延烧毁了一千多户人家，汉武帝便派汲黯前去考察。返回后他报告说："那是普通人的家里失火了，房屋挨着房屋，引燃造成的大火，并不足以忧患啊。"

接着他又说道："但臣下我路过河南时，看到河南有一万多家的民众饱受水旱祸患的困扰，有的人家父子相食，臣下我就小心谨慎地见机行

事,拿上符节,在河南粮仓赈灾放粮。现在臣下我请求归还符节,并乞求陛下惩治我假借君主的名义,而自行处事的罪责。"汉武帝认为汲黯贤良,不仅没有治他的罪,反而升任他做了荥阳县令。

但汲黯觉得做县令是不光彩的,就假借生病而回到家里。汉武帝知道了,就招汲黯做中大夫。他多次向汉武帝直言进谏,自然无法长时间呆在朝廷,他被外放到东海做太守。

汲黯推崇黄老之言的道家学说,治理政务时,喜欢清静无为,他把事务都交给自己挑选出来的得力郡丞和书史去办理。他的治理,只不过是督促下级按照大原则办事罢了,从不苛求细节。他身体不怎么好,多病,常常躺在卧室里不出来。

过了一年多,东海郡政通人和、清明大治,人们都交口称赞汲黯。汉武帝知道了,就把他招回朝廷当主爵都尉,等同九卿。

汲黯为政注重无为而治,弘扬大体,不拘泥法令条文。

汲黯为人性情傲慢,不讲究礼数,敢当面顶撞他人,容不得别人身上有过错。对切合自己心意的人,他定当友善对方;如果不切合自己的心意,他就不能耐下性子见面,士人也因此不愿意依附他。

但汲黯非常好学,喜好行侠仗义,重节气秉操守;他平日居家,具有美好纯洁的美德;在外处事,则喜好直言进谏,多次冒犯皇帝,让圣主脸面无光。

他经常仰慕傅柏、袁盎的为人。他与灌夫、郑当时及宗正刘弃关系要好，这几个人都是敢于多次直言进谏，却不能长时间保住官位的人。

那时候，窦太后的弟弟武安侯田蚡当了丞相，年薪在中二千石级别的官员都前去跪拜祝贺，但田蚡却不用相同的礼数回敬。

汲黯求见田蚡时从来不跪拜，只是用手做个揖就算完事。

这个时期的汉武帝正在招募文学学士和崇尚儒学的儒生，汉武帝说我打算怎么样怎么样，汲黯说："陛下您心里有很多欲望，只是在表面上施行仁义，又怎么能够效仿唐尧虞舜的政绩呢？"汉武帝沉默不语，但内心非常生气，被汲黯气得脸上都变了颜色，草草罢朝而去。

公卿们都为汲黯捏了一把汗。退朝后，汉武帝对他的左右大臣说："太过分了，汲黯这个憨厚耿直的蠢家伙！"群臣中有人数落指责汲黯对汉武帝不恭敬。

汲黯说："天子设置公卿百官等这些辅佐之臣，难道是为了让他们一直屈从，阿谀奉承，陷君主于违背正道的地步吗？况且我已经身在九卿之列，纵然是爱惜性命，又怎么能够损害朝廷的大事呢？"

汲黯的身体不怎么好，常常有病，经常超过三个月却不得痊愈，汉武帝好几次都恩赐他在家休假养病，但到底还是养不好，最后病得很厉害的时候，庄助代他向汉武帝告假。汉武帝说："汲黯这人怎么样啊？"

庄助说："让汲黯任职当官，他并没有过人的地方。但是他可以辅佐年轻的少主，坚守已成的事业，富贵不能淫，威武不能屈。即使有自称像孟贲、夏育这样的壮士，也不能让他转移志向！"

汉武帝说："的确这样啊，古代有安邦保国的忠臣，就和汲黯一模一样啊。"

大将军卫青入侍宫中，汉武帝曾经在厕所里召见过他。丞相公孙弘有时有事求见汉武帝，汉武帝连帽子也没有戴。

但汲黯求见汉武帝时，如果汉武帝没有戴帽子，就一定不会接见汲黯的。汉武帝曾经坐在威严的武帐中，适逢汲黯有事上奏，汉武帝没有戴帽子，一看见汲黯，就急急忙忙地躲避进帐子里去了，而让身边的侍者代为自己批准汲黯的奏议。他被汉武帝尊重到这种地步啊。

张汤刚刚凭借更改律令法规而做了廷尉，汲黯就在汉武帝面前多次质问指责张汤，说："你身为正卿，对上不能弘扬先帝的功业，对下不能平抑天下人的奸邪之心。富国安民，使监狱不再有罪犯，这两个你没有一个能做到！"

汲黯接着又说："相反，你却尽力去做坏事，肆意破坏律令，目的就在于你是为自己谋名利、争成就。更有甚者，竟然敢把高皇帝制定的规章

制度随意删改？你这是在做断子绝孙的事啊。"

汲黯时常和张汤争辩，张汤辩论时，总是深究法律，细抠条文，汲黯则刚直严谨，斗志昂扬，不屈不饶。他很愤怒地骂道："天下人都说不能让文书一类的人身处公卿要职，这话一点没错！要是依据张汤的办法去行事，天下人只能因为害怕张汤，就把两只脚并在一起，不敢向前迈动；把眼睛斜在一边，不敢正视！"

这时，汉朝正在征讨匈奴和招抚四方边境的少数民族，汲黯却希望国家少事，他经常借助向皇帝进言的机会，建议与匈奴和亲，不要兴兵打仗。但皇帝正在重用公孙弘，潜心儒学，对他的建议不予理睬。

等到国内事端迭起，底层官吏与不法之民玩弄智巧逃避法网时，皇帝这才要把法律分门归类，严明法纪。张汤等人多次不停地奏请审判定案，来博得皇帝的宠幸。

但汲黯常常诋毁儒学，当面攻击公孙弘等人心怀叵测，而又表面智巧，来迎合圣主的欢心；然而专事刀笔的官吏深抠文法，巧言诋毁，陷害他人有罪，让事实真相永远无法浮出水面，并把胜诉的狱案当作邀功的证据。皇帝越发倚重公孙弘和张汤。

公孙弘和张汤的心里无比痛恨汲黯，慢慢的连皇帝也不喜欢汲黯了，想借故杀了汲黯。公孙弘做的是丞相，他趁机上书皇帝说："右内史管界里有很多达官贵人、皇亲国戚，难以治理，若不是平素有声望的大臣是

绝对不能胜任的,臣下奏请让汲黯前去当右内史。"汲黯当了好几年右内史,却从来没有荒废过政事。

大将军卫青的姐姐是卫皇后,卫青的地位已经显得十分尊显了,可是汲黯总是与卫青行平等之礼。有人劝汲黯说:"陛下本来就打算让群臣身居卫将军之下,大将军如今的身份更加尊贵显耀,你不能不行跪拜之礼啊。"汲黯就问:"因为大将军的身边有行拱手礼的客人,他的尊贵荣耀的身份和地位难道就显示不出来了吗?"大将军听说了这件事,越发的器重汲黯,多次在汲黯面前请教国家和朝廷中的疑难事情。他们两人的关系超过了以往。

淮南王谋反朝廷,特别害怕汲黯,他对人说:"好直言进谏,坚守节操,轻生死重大义,用不正义的事是绝难撼动汲黯的。至于丞相公孙弘,则是很容易搞定的。"

天子已经征讨过好几回匈奴了,并全部获得大胜。汲黯所说的不要打仗要与匈奴和亲的话,汉武帝越发听不进去了。

最初,汲黯位列九卿待遇,而公孙弘、张汤都是小官吏。等到公孙弘和张汤稍稍贵显,并与汲黯地位相当时,汲黯又开始诋毁他们了。

不久,公孙弘升任丞相,封为平津侯,张汤官至御史大夫。原来汲黯手下的郡丞、书史等慢慢地都与汲黯

平起平坐了,有的人还被重用,甚至都超过了他。汲黯的心胸狭小,不可能没有一点怨恨,朝见汉武帝时,他就对汉武帝说:"陛下任用群臣就像堆积柴火罢了,后来的堆积在上面。"皇帝默然不说话。一会儿汲黯就退下去了,皇帝望着他的身影说:"一个人的确不能够没有学识,从汲黯说

的话来看，他的死心眼越发得严重了。"

不久，匈奴人浑邪王率众来投降，朝廷想要征发二万辆车马来接送。县官没钱，就从民间借马。有的人不愿意，事先把马藏匿起来，马在数量上难于凑齐。皇帝大怒，准备斩杀长安县令。汲黯说："长安县令没有罪，只要斩杀我一个人，民众就会把马匹献出来。"

汲黯接着说："况且浑邪王是背叛了他的主子来投降汉朝的，汉朝可以慢慢地以县为单位，依次转运传递，哪里还会让全国都骚动不安，何至于让国人疲劳不堪来事奉匈奴的降兵、降将呢？"皇帝默不作声。等浑邪王来

了，商人曾经因为与匈奴人做买卖，被抓后判处死刑的就有五百多人。

汲黯请求到被皇帝接见的机会，在未央宫的高门见到了皇帝，说："匈奴人攻打我们的驿站，拒绝和亲，我国兴兵讨伐他们，战死负伤者不计其数，而耗费的资财数以百亿计。臣愚蠢地认为，现在陛下抓获胡人，会把他们当作奴婢赏赐给出征死难者的家属，所获得的资财也趁机送给百姓，以感谢天下人付出的辛劳。朝廷现在即使还不能做到这些，那么浑邪王率领数万之众来投降，也不该倾官府库藏来奖赏，征集民众来伺养他们，就好像捧着娇儿一般。"

汲黯又说："老实的民众哪里懂得让匈奴人购买长安城的物品，就会被死板的执法官看做是走私财物出关呢？陛下即使不能获得匈奴的资财来谢天下，又要用严苛的法律斩杀五百多无知的老百姓，正是所说的

'保护了叶子却伤害了树干'啊,臣私下认为陛下这个做法是不可取的。"
皇帝听了,沉默不吭声。过了一会,表示不赞同汲黯的主张,说:"我好久
没有听到汲黯的话了,现在汲黯又说起胡话来了。"几个月以后,汲黯犯
了小罪,正好遇到大赦,就被免去原来的官职。于是,汲黯便隐居民间。

　　过了几年,适逢政府改换五铢钱,民间好多私人都在偷偷铸造五铢
钱,楚地最为严重。皇帝认为淮阳郡是通往楚地的交通要道,就招汲黯
当淮阳郡太守。汲黯跪伏地上,长谢却不接受任命书,皇帝几次下诏强
迫他接受官印,他才勉强接受。

　　汉武帝召见行将赴任的汲黯,他痛哭流涕地对皇帝说道:"臣下我自
己觉得死后是绝无葬身之地的,是不会再有机会拜见陛下了,不想圣上
又录用了我。臣下我常年有狗马一
类的疾病,体力上难以胜任太守之
职,臣做中郎时,出入宫廷门户,替您
纠正过失,补漏阙遗,这是臣子我一
辈子的愿望啊。"汉武帝说:"难道你
看不上淮阳太守的职务吗?我随后
就诏你回来。只是淮阳郡官民关系
紧张,我只能借助你的威望,请你躺在家里治理淮阳吧。"

　　汲黯向汉武帝辞行后,又去看望大行令李息,说:"汲黯要到外地去,
再也不能参与朝廷的议政之事了。然而御史大夫张汤用他的聪明足以
阻止别人的批评,他的狡诈足以粉饰自己的过错,他用机巧谄媚的语言,
强辩之词,绝不肯为天下人说话,他专门阿谀奉迎,皇帝不想做的事,他
就诋毁,皇帝想做的事,他就赞誉。他好搬弄是非、玩弄律条;在朝心怀
奸诈,为博得人主的欢心;在外挟持恶吏,为的是强化势力。您位列九
卿,不早早向皇帝说明这些,你和他都会被诛杀的!"李息害怕张汤,最终
不敢向汉武帝进言。

　　汲黯仍然保持清静无为的风格来治理淮阳郡,使淮阳郡政通人和。
后张汤果真身败名裂,汉武帝获悉了汲黯与李息的对话,判李息有罪。

汉武帝诏令汲黯享受诸侯国相待遇，继续为官淮阳郡。七年后汲黯去世了。

汲黯死后，汉武帝因为汲黯的原因，诏令其弟汲仁官至九卿，儿子汲偃官至诸侯相。汲黯姑母的儿子司马安年轻时也与汲黯同做太子洗马一职。司马安擅长法令，为官精巧，四次官居九卿之列，在河南太守的位置上去世。他的兄弟因为他的缘故，官至二千石级别的共有十人。

濮阳人段宏开始侍奉盖侯王信，王信保举段宏，段宏也两次官职九卿。可是濮阳同乡人都很敬重、害怕汲黯，甘居其下。

郑当时是陈县人，字叫庄。他的祖先郑君曾经做过项藉的将领；项藉死后，郑君归顺了汉朝。汉高帝命令项藉的部下每次在提到项藉时都要直呼其名，唯独郑君不服从诏令。高帝下令对直呼项藉名字的部下官至大夫，而赶走了郑君。郑君在孝文帝时期去世。

郑庄喜好仗义行侠，解救张羽在危难之中这件事，传遍了梁楚一带。孝景帝时，他做太子舍人，每五天一次的休假时间，都常常用在去长安四郊置买马匹上面，他骑马看望老友，拜谢宾朋，夜以继日，通宵达旦，总担心有所疏漏。

郑庄爱好黄老的道家学说，仰慕年长者，热情殷勤地对待年长者，好像总担心再也见不到他们似的。他年轻官低，但交往的人都是祖父一辈的有名之士。汉武帝继位后，郑庄做过鲁国中尉、济南郡太守、江都国相，最后升任九卿位列的右内史。由于在评议武安侯田蚡和魏其侯窦婴的纷争时意见不当，被贬为詹事，又调任大农令。

郑庄做太史时，对门下人训诫道："有客人来，不论高下与贫贱，都不得让人滞留在门口。"他执宾主之礼，以其高贵身份屈居客人之下。郑庄廉洁，又不添置私产，只依靠俸禄和皇帝的赏赐来供奉年长者，然而他赠送的东西不外乎装在竹器中的食物。

郑庄每次上朝，遇到向皇帝进言的机会，一定要说天下年事已高的长者，他都兴味十足地推举人才和属下的丞、史等，称这些人比自己贤能。他从不呼叫下属的名字，与下属谈话，谦和得仿佛怕伤害了他们一样。听到别人有意见，立马就报告皇帝，唯恐延误。因此，崤山以东的士人和长者都称赞他的美德。

郑庄被派去视察黄河决堤口，他请求给他五天准备行装的时间，皇帝说："我听说'郑庄出行千里，不用携带粮食'，为什么还要请假准备行装呢？"郑庄在朝堂上，常常迎合顺从皇帝，不敢过多表达自己的主张。到了晚年，汉朝征讨匈奴，安抚四方少数民族，天下耗费太多，财物越发匮乏。

郑庄保举的人及门客帮大农令运输粮食，亏欠费用较多。淮阳太守司马安举报此事，郑庄以此遭罪，赎罪后被贬为庶民。不久，暂行长史一职，皇帝认为郑庄年老，让他做汝南郡太守。几年后，他在这个位置上去世。

郑庄、汲黯开始都位列九卿，能廉洁奉公，平日在家也品行纯正。两个人中途都遭到罢免，家庭贫困，宾客慢慢没落了。等到做郡守，死后家里竟贫穷到没有余财。郑庄兄弟子孙都因为郑庄的原因，官至二千担级别的有六七人。

太史公说："凭借汲黯和郑庄的贤能，有权势时宾客多达十倍，无权势时正好相反。他们都尚且如此，何况那些普通人呢。下邽县的翟公说，他开始在朝做廷尉，宾客满门，等到他丢官后，门前可以捕雀。翟公又当了廷尉后，宾客打算前往祝贺，翟公就在大门上写道：'一死一生，乃知交情。一贫一富，乃知交态。一贵一贱，交情乃见。汲黯和郑庄也有此不幸，悲哀啊！'"

儒林列传第六十一

人物像

孔子

孙叔通

公孙弘

汉武帝

儒林列传第六十一

太史公说："我在阅读古代朝廷考核选用学官法规的书籍，看到勉励学官广开兴办教育之路的时候，常常感慨地放下书本，叹息一声说：唉！讽喻时政的《关雎》是在周王室衰微后才出现的，周幽王和周厉王的统治衰败后，礼乐制度便遭到分崩瓦解，各诸侯肆意妄为，横行天下，强大的封国凭借势力敢于向天下发号施令。"

孔子担心王道荒废，邪道勃兴，就整理编订了《诗》《书》，修造整理了古代的礼仪音乐。他曾经在齐国听了精妙的《韶》乐，竟然三个月品尝不出肉的美好滋味。

从卫国返回鲁国后，孔子就开始考证修订音乐，这才使得《雅》《颂》音乐归其位，得其所。世道混乱，没有哪个封国愿意启用他，他只好周游列国，向七十几位国君推销自己，都没有成功。孔子悲哀地说："要是有人愿意接纳我，只需借给我一年时间，我就可以治理好国政了。"

那时候，鲁国西郊有人抓到了一

只麒麟,孔子知道后,就悲哀地叹息说:"我的理想无法实现了。"在这种情况下,他开始编撰鲁国的历史,作《春秋》。用它来彰显王道王法,书的文辞精妙,内容博大,寓意精深,后代的学者大多都学习传录它。

孔子死后,他那七十多个学生都分散游历列国,成就大的做了封国国君的老师和卿相,成就小的也能结交和教导士大夫,有的学生则隐居不出。

孔子的学生中,子路在卫国做官,子张在陈国做官,澹台子羽居住在楚国,子夏在西河教授,子贡终老在齐国。像田子方、段干木、吴起、禽滑厘这些人,都跟随子夏学习过,然后当了诸侯国君的老师。那时,只有魏文侯潜心儒学,后来儒学逐渐衰颓,直到秦始皇时期才遭到了灭顶之灾。

战国时期,天下诸侯争雄,儒家学说遭受排挤,唯独在齐国和鲁国之间,还有人努力学习,认真研究,并没有让儒学荒废。

齐威王、齐宣王时代,孟子、荀卿等人都能继承并发扬光大孔子的事业,他们凭借自己的学术名扬显贵于当世。

到了秦国末年,秦始皇焚烧《诗》《书》,坑埋儒家学士,儒家的六艺从此残缺不全。

等到陈涉起兵反秦,自立为王,鲁地的儒家学者就拿着孔子家传的礼器投奔陈涉。于是,孔甲当了陈涉的博士,最终与陈涉一同死去。陈涉来自于平民百姓,带领一群临时凑合起来的戍边兵士,一个月里就在楚国称王,不到半年竟遭灭绝。

陈涉的事业浅小微薄,却能使儒学之士拿着孔子家传的礼器去追

随、归顺、并称臣于他，什么原因呢？因为秦始皇焚烧了儒家的书馆和书籍，让他们积下仇怨，他们是为了发泄心中的愤恨而投奔陈涉的。

等到汉高祖诛杀了项藉，带兵包围了鲁国，鲁地的儒生还在讲解经书、诵习礼乐，他们演奏的音乐之声绕梁不绝。这是古代圣贤之人遗留下的风范，是一个经过了礼乐熏陶的地方啊。所以，孔子在陈国时，说："回去吧，回去吧，我们这里的年轻人志向远大、文采飞扬，我不知道该怎么才能教导他们了。"齐国鲁国一带历来重视文化熏陶，这是他们的天性使然。

汉朝兴建后，儒家学说得到人们重新学习和研究的机会，他们又讲习和演奏起大射和乡饮之乐。孙叔通制定汉廷礼仪，由于这个而做了太常，和他一起制定礼乐的儒生学者们，也都做了朝官。于是人们感叹，对儒学学说产生了浓厚的兴趣。

然而，天下还不太平，天子还忙于平定天下，还没有功夫兴建馆舍，大兴儒学。孝惠帝、吕后时期，在朝廷掌权的都是一些武力高强、战功卓著的人。孝文帝时期还稍微能启用儒生，但他本是个喜好刑名学说的君主。孝景帝时不任用儒生，而窦太后又喜好道家与黄老学说。所以儒生只是一些被备了虚职却得不到信任重用的人。

等到当今圣上（汉武帝）即位，赵绾、王臧等人精研儒学，深得要旨，而皇帝也对儒学喜爱有加，于是朝廷下令在天下举荐品德贤良、饱识经学的文士学者。

从汉武帝即位以来，申培公在鲁地、辕固生在齐地、韩太傅在燕地讲解研习《诗》。高堂生在鲁地讲解《礼》。田生在菑川讲解《易》。胡毋生在齐地鲁地、董仲舒在赵地教授《春秋》。

窦太后死后，武安侯田蚡做丞相，他罢黜道家、刑名等百家之言，延请经学士几百人到朝廷做官，公孙弘由于精通《春秋》，从平民到位居三公九卿，被封为平津侯。天下儒家学士没有不心驰神往，潜心儒学的。

公孙弘曾经被汉武帝任命为博士，他担心儒学受阻而得不到传扬，就上奏汉武帝说："陛下曾经下令道：'听闻为政者以礼导民，以乐感民。婚姻是男女间最重要的伦理关系。现在，礼乐被废弃，我内心忧郁，所以延请天下方正博文之士来朝做官。就令礼乐官勤奋努力，用渊博的知识讲授儒学，复兴礼乐，以此作为表率。又让太常商议，给博士配备弟子生员，使人崇尚教化，以便广开学习之路。'

"依据圣上的旨意，我和太常臧、博士平等人商议说：听说夏商周三个朝代的治国之道，是在乡里设置教化场所，它在夏朝被叫做校，殷朝叫做序，周朝叫做庠。为了勉励从善向学的人，就在朝廷上让其扬名显达；为惩治不善者，则用刑罚劝戒。所以要实施教化，就先要在京师树立榜样，再推广传扬下去。

"如今陛下已经向天下彰显明德，怒射光华，德配天地，本固人伦，鼓励经学，宣讲礼仪，崇尚教化，激励贤良，用这些就能够使四海之内从善

向化，这是实现太平盛世的根本啊。古代的政治和教化相互脱节，礼仪还不完备，现在请求沿用原有的官职来兴盛它。

"臣请求陛下替博士馆配备弟子五十人，免除他们的徭役赋税。让太常从百姓中挑选十八岁以上仪表周正的人，补充到博士弟子中。郡国、县、道、邑中有好学上进，尊敬长上，严守政教，睦邻乡野，言行不悖伦理的人，县令、侯国相、县长、县丞等必须向上级郡守及诸侯国推荐，经考核合格的，要他们同上计吏一起到京师太常处，接受和博士弟子一样的教育。一年后进行汇考，能精通一种以上经书的，补任文学掌故缺官；其中优秀的，由太常造册上奏，可任用为郎中；最佼佼者，直接向朝廷呈报姓名。

"对那些不努力学习又才能低下者，和不能通晓一种经学的，则被罢斥，并惩罚举荐的官吏。

"臣认真执行皇上的诏书律令，觉得它们阐明了天道与人道之间的关系，贯通了古代和当今的治国要义，文章雅正，教诲深厚，恩德将造福天下百姓。

"可是，小官吏见识浅薄，对律令和诏书讲解不透、理解不深，无法把皇帝的旨意晓谕天下。而大凡礼治、掌故这些职位由经学之士担当，他们升迁缓慢，导致了人才的积压浪费。所以请求皇帝从中挑选优秀者，类同二百石级别以上的人和通晓一种经学的一百石级别以上的小官吏,补升左右内史、大行卒史;挑选类同一百石级别以下的人补升郡太守卒史:各郡定员二人,边郡定员一人。优先选用饱学经士,如人数不够,就拟选掌故补充中二千石级别的属吏,选用文字掌故补充郡国属吏,将人员配齐。把这些记入考选学官的法则当中。别的仍然按照律令做。"

皇上同意了他的奏章。从此,公卿大夫和一般官吏中有了很多文质彬彬的儒生。

申公是鲁国人。高帝过鲁国时,申公以弟子的身份跟随老师到鲁国南宫去拜见高帝。吕太后时期,申公游学长安,和刘郢师出浮丘伯门下。

毕业后刘郢做了楚王,就让申公教授太子刘戊,刘戊对学习没有兴趣,心里很忌恨申公。等到刘郢去世后,刘戊立为楚王,他就禁锢了申公。

申公感到耻辱,逃回鲁国,退隐家中开馆授学,终身不再出门,又谢绝宾客的来访。唯独鲁恭王召见他才前去。

因仰慕他的名声,申公的学生前来向他学习的就有一百多人。申公讲解《诗经》,只解读词义,不引申和著述。凡是出现疑惑的地方,他绝对不做勉强的解释,不按照自己的思想断章取义。

兰陵人王臧向申公学习了《诗》后,凭借对儒学的掌握,做了太子少傅来侍奉孝景帝,后被免官离开朝廷。当今皇帝刚刚即位,王臧就上书请求给汉武帝当值宿警卫,多次被升迁,一年中做到郎中令。代国人赵绾

也曾经跟随申公学习研究《诗》，做了御史大夫。

赵绾、王臧请求天子，想建造一座用来召集诸侯朝会的明堂，却没有说服汉武帝，他们还向皇帝推荐了老师申公。这样，汉武帝便派使者携带束帛和玉璧等贵重的礼物，驾上四匹马拉的安车去迎接申公，赵绾、王臧二弟子则乘坐普通车子随行。

申公来了后，拜见汉武帝，汉武帝向他询问治乱之事。申公那时已经八十多岁了，老了，回答说："执政的人并不在于说得有多好，主要在于怎么才能尽力把事情做好。"这时候的皇帝很喜欢听好话和夸奖的话，见申公这么说，心里自然老不大高兴。

但是已经把申公召请过来了，就只好让他做了太中大夫，居住在鲁邸，商议建明堂的事。

太皇窦太后喜好道家学说，对儒家学说不感兴趣，她查找出赵绾、王臧的过失来责备汉武帝。皇帝就趁机停止了明堂的建造工作，把赵绾和王臧交给法官去查办，后来他们两个人都被判处死罪，后皆自杀。申公也因病被免官，返回鲁国，几年后去世。

申公的学生中，当了博士的有十多个人：孔安国做官临淮太守，周霸做官胶西内史，夏宽做官城阳内史，砀鲁赐做官东海太守，兰陵人缪生做官长沙内史，徐偃做官胶西中尉，邹人阙门庆忌做官胶东内史。他们管理官吏和百姓都有节操，廉洁，被称为"好学"。其他弟子中，品行虽然并不是完美无暇，但他们之中仅是大夫、郎中、掌故等就有一百多人。他们讲解《诗经》虽然见解不一，但多半都依照申公的见解。

清河王刘承的太傅辕固生是齐国人。因为研究《诗经》，孝景帝时做了博士。在孝景帝面前,他曾经和黄生进行过一场辩论。

黄生说:"汤武并不是秉承天命的君主,而是弑君篡位的暴君。"辕固生反驳说:"你说的不对!桀王纣王暴乱,天下的人心都归顺到汤王武王这边,汤王武王顺应天下人心,杀了桀纣,桀纣的臣民不愿意为自己的君主效力,却愿意追随汤王武王,汤王武王是没有办法了才做的天子,难道这不是受天命又会是什么?"

黄生反驳说:"帽子即使很陈旧很破败,但也是戴在头上的;鞋子即使再新颖再别致,也是穿在脚上的。什么原因啊?上下有别,君臣有序!桀纣即使失去道义,但还是君在上位;汤武即使再贤明,也只是臣子,只能居下位。君主有了过错,臣子不能直言劝谏,纠正君主的过失,以保全天子的尊威。却反过来趁机诛杀,取代君主而面南自立为王,这不是弑君又是什么?"

辕固生说:"如果按照你说的,高祖取代秦皇帝坐天子之位,是不是也有错了呢?"这时候,孝景帝说:"吃肉不吃马肝,并不算是不知道肉的美味;做学问的人不说汤武是否秉承天命,桀纣是否明尊,也不算是愚昧无知。"这场辩论才告结束。以后再无人胆敢争辩汤武和桀纣之间的是是非非了。

窦太后喜欢《老子》一书,她召来辕固生询问《老子》。辕固生说:"这只不过是一般人的言论罢了。"太后听了大怒,指责说:"它如何能比得上像管制犯人那样的儒家书籍?!"于是就让辕固生到兽圈刺杀野猪。

孝景帝知道太后很愤怒,而直肠子辕固生并没有罪。他就借给辕固生一件极其锋利的兵器。辕固生走进兽圈刺杀野猪,只一下就正中野猪的心脏,把野猪戳死了。太后知道了,无话可说,再也找不到治他的罪

名了，就放了他。不久，景帝认为辕固生廉洁正直，封他为清河王刘承的太傅。做了很长时间，再后来因病被免。

当今皇上刚刚即位，又因辕固生的品德贤良而召见他。但阿谀奉迎的儒生因为嫉妒，就在皇上面前诋毁辕固生，说"辕固生老了"，因此他被罢官回了家。

这时的辕固生已经九十多岁了。被圣上征召时，薛邑人公孙弘也在被征召的行列中，但他却不敢正视辕固生。辕固生就对他说道："公孙先生，一定要用正直的心去做学问，不要用歪斜之心去迎合世俗，谄媚他人。"从这以后，齐人论《诗》都依据辕固生的见解。那些因为《诗》而显贵的人，都是辕固生的弟子。

韩生是燕郡人，是孝文帝时的博士。他在汉景帝时做常山王太傅。他推究《诗》的目的而创作了《内传》《外传》，有几万字。书的语言与齐鲁一带的用语截然不同，但目的却是一致的。淮南贲生跟随他学习过儒学。从那以后，燕赵之地的人论《诗》时，都依据韩生的见解，韩生的孙子商做了当今天子的博士。

伏生是济南郡人。他早先做过秦朝的博士。孝文帝时想寻找能研究《尚书》的人，没有找到，听说伏生能讲解，就准备召见他。这时伏生已经九十多岁了，年老，无法行走。文帝就让太常派掌故晁错前往伏生处学习。

秦朝时焚烧儒术，伏生偷偷把《尚书》藏在墙壁里。以后天下又发生战乱，伏生只得逃亡。到汉室兴建后，伏生便寻找所藏的《尚书》，只找到二十九篇，其余的几十篇不幸都丢失了。他就用这二十九篇在齐地鲁地一带教授讲解《尚书》。学者因为这个都会讲《尚书》，崤山以东许多学者没有不涉猎《尚书》来教授学生的。

伏生教授济南郡的张生和欧阳生，欧阳生教千乘人兒宽。兒宽精通《尚书》后，凭借优秀的经学底子参加郡中的考试选举，被录选后前往博士官门下学习，教授他的是孔安国老师。

兒宽家境贫寒，经常给同学做厨工，还时不时偷偷外出赚钱，来供自己的衣食所需。他外出干活时都带着经书，有空就研究学习。依照考试成绩，他做了廷尉史。

这时张汤正潜心儒学，让兒宽做自己上报案情的下属掾吏，兒宽凭借先秦的儒学经典判断疑难大案，张汤很喜欢他。兒宽为人温和，聪慧，廉洁，能把握自己，擅长著书，起草奏章，才思敏捷，不善言谈。

张汤认为兒宽忠厚，多次表扬他。等张汤做了御史大夫，就让兒宽做了掾吏，并把兒宽推荐给皇上。皇上考问后，对兒宽很满意。

张汤死后六年，兒宽位至御史大夫。在职九年后去世。兒宽身在三公位列，性情谦和温顺，能顺从天子心意。久居官场的他善于调解矛盾纠纷，但是他没有匡正诤谏过天子的过失；当官时，下属轻视他，不愿意为他卖力分担。

伏生的另一学生张生也是个博士，伏生的孙子也因研究《尚书》而被皇上征召，但却不能阐明它的经义。

从这以后，鲁地的周霸、孔安国，洛阳的贾嘉等都能讲授《尚书》的内容。孔家有一本用先秦的文字写的《尚书》，孔安国则用现在的字体重新誊写，并创建了自己的学术流派。他得到了《尚书》中失传的十几篇，大概从这以后，《尚书》的篇目就多了起来。

许多学者都讲授《礼》，只有鲁郡的高堂生讲得最贴近本义主旨。从孔子时代起，《礼》书就不完备了，秦始皇焚烧儒学典籍后，遗失的就更多了。现在只有《士礼》留存。高堂生能讲解它。

鲁国的徐生懂得很多古代的礼节仪式。孝文帝时期，徐生因为懂得礼节仪式而被封为礼官大夫。他把这个传授给自己的儿子和孙子徐延、徐襄。徐襄在礼仪方面有天赋，尽管还不能够通略《礼经》，而徐延虽然能通晓《礼经》，却不善于应用。

徐襄凭借礼仪做汉代礼官大夫，一直做到广陵内史。徐延及徐家弟子公户满意、桓生、单次等人，都做过汉朝的礼官大夫。而瑕丘的萧奋凭借它做了淮阳太守。这以后能讲解也能做礼节仪式的，都出自徐氏家族。

鲁国的商瞿跟随孔子学习《易经》，孔子去世后，商瞿就开馆传授《易经》，历经六代便转给了齐人田何，田何的字叫子庄，那时汉朝已经建立。田何把《易经》又传给东武人王同、子仲。子仲传给菑川人杨何。

杨何因通晓《易经》，于元光元年被任用，做了中大夫。齐人即墨因通晓《易经》，做了城阳国相。广川人孟但因通晓《易经》做了太子门大夫。鲁人周霸、莒人衡胡、临菑人主父偃等，都因通晓《易经》做官到二千石级别。但是对《易经》讲授得最精当最贴近要义的，还是源自于杨何一家的学说。

董仲舒是广川人。因为研究《春秋》,在孝景帝时做了博士。他在家里教书,前来学习的人很多,学生多,不能亲自授课,就挑选学生中最优秀的学长代替他传授,有的学生甚至没有见过他的面。他专心治学,三年时间都没有到过居室旁的菜园,专心潜学竟然到了这种地步。他的一举一动都合乎礼仪标准,学生都敬重他。

当今皇帝即位后,董仲舒做了江都相,他凭借《春秋》中的自然灾害和特异现象,推算阴阳交替和运行的规律。所以,他祈求下雨时,遮蔽阳气释放阴气;阻止下雨时又阻挡阴气释放阳气,在江都做过试验,没有不获得心愿的。后来被贬为中大夫,返回家中,写了《灾异之记》。

这时辽东帝高庙发生火灾,主父偃心理嫉恨董仲舒,就拿了他的书上奏皇帝。皇帝于是叫来很多读书人出示他的书,都认为中间有讥讽责备之意。董仲舒的弟子吕步舒不知道这是老师写的,认为作者很愚蠢。这样,董仲舒犯了罪,罪判该死,遇到大赦天下,他被免罪。这样,董仲舒再也不敢谈论灾异之说了。

董仲舒为人廉洁正直。这时候朝廷正在用兵排除边境周围的各种侵扰威胁。公孙弘在研究《春秋》方面不如董仲舒深透,但他善于迎合、察言观色,因此把官做到了公卿位置。董仲舒认为公孙弘阿谀奉承。公孙弘就怀恨在心,对皇帝进言道:"只有董仲舒才可以做胶西王的国相。"

狠毒暴戾的胶西王平素就听说董仲舒有美德,他善待董仲舒。但董仲舒担心时间长了获罪,就借故身体不好回到家里,直到老死。

董仲舒没有置办过家产,把精力都投放在治学写书上面。所以,从汉朝开国延续五朝,只有董仲舒在研究《春秋》上最为精妙,他传授的是公羊学派。

胡毋生是齐郡人。孝景帝时做博士,退隐故里后讲授《春秋》。齐郡大多研究讲解《春秋》的都出自胡毋生门下,公孙弘也接受过他的教诲。

瑕丘人江生研究《春秋》谷梁学。自从公孙弘受到重用后,他就研究、比较谷梁学和公羊学,最后他接纳了董仲舒讲解的公羊学。

董仲舒弟子中成就较大的有：兰陵的褚大，广川的殷忠，温人吕步舒。褚大在梁王做国相。吕步舒做长史，曾持符节去审判淮南王刘安谋反一案，并有不加请示就能自行处决犯了罪的诸侯王的权力。

吕步舒根据《春秋》，公正断案，连天子都佩服不已。他的弟子中，官运好的做到了大夫之职；做郎官、谒者、掌故的有一百多人。董仲舒的儿子和孙子也都因精通儒学而做了高官。

酷吏列传第六十二
人物像

孔子

郅都

孝景帝

宁成

酷吏列传第六十二

孔子说："用法令引导民众，用刑罚约束民众，就能避免民众犯罪，但民众的心里却不会有羞耻感。如果用道德来引导，用礼仪来管束，民众就会有羞耻感，并且能够改正错误，走上正道。"老子说道："道德高尚的人，并不在形式上做文章，因此才具有真正的道德；而道德低下的人，却注重在形式上表现，因此并没有实际上的道德。""法令越发严酷，盗贼反而越多。"

太史公说："这些话的确是可信的。法令是统治的工具，却并不是政治是否清明污浊的根源。从前，天下有很慎密的法网，但是奸邪伪诈的事情却不断发生，甚至发展到上上下下、官吏民众互相欺骗，以至于使国家萎靡不振的地步。这个时候，官吏的治理就好比扬汤止沸，如果不启用强健有力的人和严酷的法令，哪里还能让官吏胜任，让百姓愉悦呢？假如让那些倡导道德的人来做这些事，一定会失职啊。所以孔子说：'审理案件，我同别人一样，如果一定要有所不同，那就是，不要再出现诉讼的事。'老子也说：'愚蠢浅陋的人听人们议论道德，就会发笑。'这些话并不是虚妄之言啊。"

汉朝刚刚建立的时候，把方的变成圆的，政府对秦朝的法律条令做

了较大的变动,就像砍削掉外部的花纹雕饰,裸露出质朴的本质一样;宽简的法治,导致了醇厚美盛的政绩,使官吏们不至于做出奸邪之事,使民众平安顺和。由此可知:国家治理的好与坏,在于皇上是否宽厚仁爱,而不在于法律是否严酷威武。

吕后时期,酷吏只有侯封一个人,他苛刻欺压皇族,侵犯侮辱有功之臣。吕后家族弄权之人被铲除并彻底失败后,朝廷就杀了侯封的全家。孝景帝时期,晁错苛刻严峻,过多地运用法术来施展他的才能,因而吴、楚等七国叛乱,朝廷最后把愤怒全部发泄到晁错身上,晁错被杀。这以后的酷吏还有郅都和宁成。

郅都是杨县人,他以郎官的身份侍奉孝文帝。孝景帝时期,郅都做中郎将,他敢于向君主直言进谏,能在朝庭让同僚既服又怕。他曾跟随孝景帝到上林苑,遇到贾姬去上厕所,一头野猪突然也跑进厕所。景帝就用眼睛示意郅都去营救,但郅都却没有动身。

景帝急了,准备拿上兵器亲自营救,郅都一见,立即扑腾一声跪在皇上面前,拦住景帝说:"今天失去一个穿红的,明天就会过来一个穿绿的,天下难道还会缺少像贾姬一样的人吗? 陛下您纵然可以轻视自己的龙体,可是朝廷和太后又怎么办呢?"景帝停下了,野猪也离开了。太后知道这件事后,赐给郅都一百斤黄金,从此郅都受到重用。

济南姓瞷的宗族共有三百多家,强横奸滑,济南太守根本无法制服他们,这时候,汉景帝就任命郅都当了济南太守。郅都来到济南府,把瞷姓家族中首恶之徒的全家全部杀死,其他姓瞷的人家都吓得两腿颤抖不止。过了一年多,济南城里路不拾遗。周围十多个郡的郡守对郅都的畏惧,就像畏惧上级官府一样。

郅都为人果敢、力气大,公正廉洁,不会私下里查看别人求情的信件，他既不接受送礼，又不听从托请。他常常对自己说："我已经背离父母出来做官了，那我就要在这个位置上恪尽职守，终生保持节操，也就不能念及妻子儿女私情。"

郅都调升中尉后，职务最高的丞相周亚夫为人特别傲慢，郅都见到丞相只是作揖，却不跪拜。那时的百姓淳厚质朴，羞于犯罪，自尊自重，但郅都却首先动用严酷的刑罚，以至于执法不避皇亲权贵，竟然连列侯和皇族的人见到他都要侧目而视，在背后称呼他为"苍鹰"。

临江王被召到中尉府接受审问时，临江王想要书写工具给皇帝写信，向皇帝谢罪，郅都命令官吏不能送给他书写工具。但魏其侯私下里派人偷偷送给临江王书写工具。临江王就给皇帝写了一封谢罪的书信，然后自杀了。

窦太后知道了这件事后，非常震怒，用最严厉的刑律中伤郅都，郅都被罢免回家。孝景帝却派使者拿着节符，任命郅都做雁门太守，要求他趁机取道赴任，不必回朝廷谢恩，直接去雁门上任，并根据实际情况可以独自处理政事。

匈奴人素来听说郅都是个有节操的官吏，现在由他来镇守边关，匈奴人只好领兵离开了汉朝的边境，一直到郅都病死也不敢靠近雁门关一步。匈奴人甚至做了一个像郅都的木头人，让他们的骑兵瞄准木人骑马射杀，竟然不能够射中，他们害怕郅都竟然到了如此地步。匈奴人早就把郅都当成了心腹大患。

窦太后最终用汉朝法律中伤郅都，孝景帝说："郅都其实是个忠臣。"

想把郅都释放了，但窦太后回击说："难道临江王就不是忠臣了吗?"于是，郅都被处死。

宁成是穰县人，他凭借郎官的身份侍奉孝景帝。宁成是个争强好胜的人，做小官时，欺凌自己的长官;做大官时，就像捆绑湿柴一样管理控制下属。他狡猾凶狠，任意使威，慢慢地升迁到济南都尉。

这时郅都做的是济南太守，在宁成到来之前，别的几任都尉都是步行进入太守府，再通过下级官员转达，然后才能进去面见太守，就像县令拜见太守一样。他们惧怕郅都竟到了这个程度。

等到宁成上任后，他却一直越过郅都，走到他的上位。郅都平素就听说宁成的名声，就很友好地对待他，同他结成好友关系。过了好长时间，郅都死了。

后来长安城附近的皇族中有好多凶顽暴虐之徒，凶暴成性，犯罪成瘾，皇帝就任命宁成做中尉，他效仿郅都的方法治理长安，虽然没有郅都廉洁，然而皇族豪强的人都惧怕宁成。

汉武帝即位后，宁成被升做内史。外戚们常常在皇帝面前诽谤宁成的缺点，他被判处剃发和铁链缚颈的刑罚。那时，九卿犯了死罪的会被处死，却很少遭受到一般的刑罚惩处，但宁成却遭受到了极重的处罚。

宁成他自己觉得朝廷再也不会启用他做官了，于是就自己解开刑具，私刻公章、制做假文件，利用这些出了函谷关，直接回到家中。

宁成扬言说："如果当官做不到二千石级别的高官，经商赚不到一千万贯钱，还怎么好意思同别人比较呢?"于是他就贷款置买了一千顷能浇灌的田地，出租给贫苦的百姓，役使几千家贫民给他种地。

几年后，遇到天子大赦天下，这时的他已经有了几千斤黄金的家产，专门好打抱不平，极力搜寻官吏们的短处和把柄；出门时身后跟着几十名骑马的随从。他驱使和奴役百姓的权威比郡守还要大。

周阳由的父亲赵兼，是凭借淮南王刘长舅父的身份被封为周阳侯的，所以就称姓周阳。周阳由凭借外戚的身份当了郎官，侍奉孝文帝和孝景帝。孝景帝时期，周阳由做了郡守。汉武帝即位后，官员在处理政务时还能崇尚遵循法度，谨小慎微的行事。然而周阳由在二千石级别的官员中是最残暴、最骄纵恣意的酷吏。

周阳由对自己所喜爱的人和事，即就是某人犯了死罪，他也能曲解法典让那个人活下来；只要是他所厌恶的，他也可以歪曲法令设法把人处死。他在哪个郡县做官，就一定要灭掉那里的富豪。他做太守，就把都尉当做县令一样对待；他当都尉，一定要把自己凌驾在太守之上，侵吞太守的权力。

周阳由与汲黯都属于狠强的角色，另外还有善于用法令条文害人的司马安，他们都是身居二千石级别的官员，可是汲黯和司马安一起与周阳由同车时，两个人都不敢和周阳由一同分享坐垫，不敢一同扶持车帮子。

周阳由后来做了河东郡都尉，他经常同郡太守申屠功争权夺利，相互之间反反复复状告对方。结果申屠公被判有罪，但他坚持道义，始终不肯接受刑罚而自杀，周阳由被处以弃市之刑。

从宁成和周阳由以后，政府的政务更加繁杂，百姓用巧诈的方法来对付法律，多数官吏在处理政务时都像宁成和周阳由一样残暴骄纵。

赵禹是邰县人,他凭借佐史的身份补任中都官,由于廉洁自律被升任令史,在太尉周亚夫手下当差。周亚夫做了丞相,赵禹则做了丞相史,丞相府中都称赞赵禹廉洁公正。可是周亚夫不重用他。

周亚夫解释说:"我当然知道赵禹有无比特殊的才能,但他执法严酷苛责,所以,他无法在大的官府任职行事。"当今皇帝执政时,赵禹因为从事文书工作而积攒功劳,慢慢地升为御史。

汉武帝觉得赵禹很能干,又把他升迁到太史大夫的职务上。他和张汤共同制定各种各样的法规法令,制作了"见知法",让官吏相互监视、检举揭发。汉朝的法律越来越严酷,大概就是从这时开始的。

张汤是杜县人,张汤的父亲做过长安县令,一次父亲有事出门,儿子张汤在家看门。父亲回来后发现老鼠把家里的肉偷吃了,就很生气,用鞭子打张汤。

张汤就挖了老鼠窝,把偷肉吃的老鼠和被偷走的肉都挖了出来,在家里拷打审判老鼠的罪行,记录审问经过,反复审问,把判决的罪罚报告给家长,并把老鼠和剩肉一同拿来,当堂定罪,最后把老鼠分尸处死。他的父亲看到这一切,又看到他的判决辞,就好像老练的法官写的一样,非常惊讶,于是就让他学习断案的文法。父亲死后,张汤做了很长时间的长安官吏。

周阳侯田胜开始做九卿之官时,曾经被拘禁在长安,张汤尽其全力加以保护。等到田胜被封了侯以后,两个人便密切交往起来。田胜把当朝的权贵一个一个介绍给张汤,让张汤同他们相认识。张汤在内史任职,做宁成的下属,因为张汤才华无限,宁成就向上级官府引荐,被提升为茂陵太尉。主持陵墓的建造工作。

武安侯田蚡做丞相时,征召张汤做了内史,他时不时向皇上推荐张汤,使张汤做了御史,专门负责查验办理狱案事由。他负责主持了陈皇后蛊毒案件的审理工作,深入追究其同党。于是,汉武帝认为他的办事能力强,随后就提拔他当了太中大夫。张汤和赵禹一起制定各种法规律令,务求苛刻严峻,约束在职的官吏。不久,赵禹被提升为中尉,又改任少府,而张汤当了廷尉,两个人交往又好,张汤用对待兄长的礼节对待赵禹。

赵禹为人廉洁而又傲慢,做官以来,家中没有食客。公卿相互前来拜访赵禹,他却始终不回访答谢,目的是要断绝与好朋友和宾客的往来,一心一意处理自己的公务。他只要看到法律条文就一定取过来,却不去复查,以探求追究下属官员还没有被发现的罪行。

张汤为人狡诈多疑,善于施展谋略来控制别人。开始当小官时,张汤就喜欢以权谋利,曾经和长安的富商田甲、渔翁叔之流勾结在一起。等做了九卿之官后,便结交天下名人大夫,内心里虽然不和那些人同流合污,但表面上却要装出仰慕他们的样子。

这时候,汉武帝正潜心儒家学说,张汤判断大的案件,也想把儒家学说附会到经书里面,他就让博士弟子们认真研读《尚书》《春秋》。后来他当了廷尉史,就让他们评判法律条文中的可疑之处。每次审理定案,一定要预先向皇帝细细分析案件评判的原委,皇帝认为正确的,就接受皇帝的主张并把圣上的话一一记述下来,作为评判的法典,并以廷尉的名义加以公布,颂扬皇帝的英明。

如果不合圣主的心意,遇到皇帝的谴责,张汤就认错谢罪,依据皇帝的意思便宜行事,他一定要对皇帝列举出正、监和贤能的同僚,说道:"这

些人本来就向我提及过，正如圣上所说的那样，可是臣下我却没有采纳他们，竟然愚蠢到这种地步。"因此，他的错误常常被皇帝宽恕。

张汤向皇帝呈送奏折，遇到内容很合皇帝的心意，被皇帝认为好时，他就说："臣下我并不知道这个是正、监和贤能的同僚中哪一个人写的。"他打算推荐某个人当官，总是这样张扬他们的优点，遮蔽他们的不足。

张汤所处理过的案件，如果是皇帝想要加罪的，他就交给执法苛严的监史来执法；如果是皇帝要宽恕的，他就交给执法温和而且公正的监史去执法；如果他所审理的是豪强，他一定会巧妙地玩弄法律条文，巧言诋毁，置对方于死地；如果是平民百姓和瘦弱的人，他就口头上奏，虽然按照法令应该判处罪行，但还是请皇帝审查裁定。在这种情况下，皇帝往往宽恕了张汤所说的人犯。

张汤虽然做了大官，但他的品行德性却很好。与宾客吃饭喝酒，进行交往，对老朋友中做了官的孩子以及贫苦人家的子弟，照顾得尤为周到。他拜访三公，不论寒暑，都会按时赶到。

张汤即使执法严酷，内心嫉妒，做事不公正，却也能赢得好名声。那些执法苛刻严峻的官吏都被他用做下属，又都被他归顺在儒家学说之中。丞相公孙弘多次称赞他有美德。等到他审理淮南王、衡山王、江都王反叛案件时，他都能穷追到底。

审理严助和伍被案时，皇帝打算宽恕他们。但张汤争辩说："伍被原本是策划谋反的要犯，而严助则是圣上宠幸亲近的人，是出入宫廷门禁的护卫之臣，他们竟然私下里交好诸侯，假如不杀他们，以后就不方便管理别的臣民了。"于是，皇帝就赞成了张汤的主张，判处严助和伍被有罪。他用案件打击大臣，为自己邀功。张汤越发受到圣上的重视和信任，被任命为御史大夫一职。

这时，正好赶上匈奴浑邪王等前来投降汉朝，汉朝大兴战事举兵讨伐匈奴，山东遇到水旱灾害，贫苦百姓流离失所，都希望能依靠官府来供给生活，可是官府的粮仓空空如也。于是，张汤秉承天子的旨意，请求铸造白银和五铢钱；垄断天下的盐铁业，排挤打击富商大户；发放、张贴动员民众缴纳税收和揭发偷漏税的告缗令，推行告缗令。

他铲除豪强和富商的势力，玩弄法律条文，巧言诬陷。张汤每天上朝奏请，都谈国家的财用情况，一直谈到傍晚，皇帝听得忘记了吃饭的时间。而这时的丞相只能空占相位清闲无事，天下事都是由张汤决断的。导致百姓不能安心生活，骚动不安。政府所兴办的事，并没有让政府得到好处，然而贪官污吏却一起来侵吞渔利，于是就彻底用严酷的法律进行惩办。从公卿以下，到平民百姓，都在指责张汤。张汤曾经生病，天子亲自到他的家中看望他，他的高贵达到了这种地步。

匈奴人来请求和亲，群臣都到皇帝面前议论这件事。博士狄山说："和亲对我们有利。"皇帝就询问他有利的原因，狄山说道："战争充满凶险，不到万不得已就尽量不用。当初高帝想讨伐匈奴，结果却被困在平城，于是就和匈奴缔结和亲。孝惠、高后时期没有受到匈奴的侵扰，天下太平安乐。到了孝文帝准备讨伐匈奴时，结果北方骚动不安，百姓受战争苦累。"

博士狄山又说："孝景帝时，吴楚七国叛乱，景帝来往于宫室之间，几个月忧心不安。吴楚叛乱被铲除后，直到景帝谢世也不谈讨伐匈奴的事，然而天下太平富有，百姓日子殷实。如今天子您出兵讨伐匈奴，由此而导致国库空虚，边境上的民众将会遭遇更大的困苦。由这些来看，打仗倒不如和亲。"

　　皇帝用匈奴的事询问张汤，张汤回答说："狄山是个愚蠢而无知的儒生。"狄山说道："臣下我的确愚忠，哪里像张汤大人那样诈忠。御史大夫审理淮南王和江都王的案子，酷刑严法，恣意诋毁诸侯，离散骨肉亲情，致使各封臣之间感觉不安。臣下我本来就知道张汤是个假忠诚！"

　　这时皇帝的脸上变色喝道："我让你驻守一个郡，你能阻挡匈奴人不到京城抢劫吗？"狄山说："不能。"皇上说："那驻守一个县呢？"狄山回答说："也不能。"皇帝又问："那驻守边塞一个小城堡呢？"狄山暗想，假如再说不能的话，自己就会被皇帝移交给法官查办了，于是就回答说："可以！"于是，皇帝就派遣狄山去镇守边境上一个城堡。过了一个多月，匈奴人割下狄山的人头扬长而去。从此以后，群臣心里感到震慑恐惧。

　　张汤的门客田甲虽然是一个商人，却具有贤良美好的品德。开始张汤做小小的官吏时，他与张汤以钱财交往，等到张汤做了大官后，他责备张汤品德和道义方面的过失，也有忠臣义士的风度。张汤做御史大夫七年后，失败了。

　　河东人李文曾经和张汤有隔阂，后来他当了御史中丞，心里更加怨恨张汤，多次从宫中公文档案里寻找能中伤张汤的把柄，不留余地地加以利用。

　　鲁谒居是张汤最喜爱的下属，他知道张汤对此心里不平，就让人以留言的形式向皇帝密告李文的坏事,而这事正好又交给张汤去落实,张汤就判处李文死罪并把他杀了。但张汤的心里也知道这件事是鲁谒居干的。皇帝询问他:"李文被匿名上告是怎么回事?"张汤假装惊讶地说:"这恐怕是李文的老朋友怨恨他吧。"后来,鲁谒居生病躺倒在周乡主人家里,张汤亲自前往察看,给鲁谒居按摩脚。

赵国人以冶金铸造为职业,赵王多次和朝廷派来的冶铁官员打官司,张汤常常排挤赵王。赵王就不断在私下里寻找张汤暗中犯罪的证据。鲁谒居曾经检举揭发过赵王,赵王怀恨在心,并上书告他们二人的状,说:"张汤是朝中的大臣,他的下属鲁谒

居生病了,张汤却过去给他按摩脚。我怀疑他们二人做过很严重的坏事情。"这件事就交给廷尉来处理,可是鲁谒居已经病死,就把他的弟弟牵连进来,被拘禁在导官署。

张汤到导官署提审别的人犯,看见了鲁谒居的弟弟,想私下里解救他,就假装不认识、不察看。鲁谒居的弟弟不知道这些,心里怨恨张汤,让人上书皇帝告张汤与鲁谒居蜜谋,共同合伙告发了李文。这事是由减宣去审理查办的。减宣曾经与张汤有隔阂,等到查办此事时,一查到底,结果却不上报。

这时正好有人偷挖了孝文帝陵园里的殉葬钱,丞相庄青翟上朝,与张汤约定一同去谢罪,到了皇帝面前,张汤觉得只有丞相必须一年四季巡查陵园,应当谢罪的是丞相而不是自己。等丞相谢了罪,皇帝就让御史查办审结此案。张汤想按照法律文书判处丞相纵容之罪,丞相忧虑这件事。丞相手下的三个长史都很忌恨张汤,想陷害他。

最初,长史朱买臣是会稽人。攻读《春秋》。庄助让人向皇帝推荐朱买臣,朱买臣因为熟悉《楚辞》,就和庄助一同获得宠幸,在宫中侍候皇帝,做了太中大夫,并管理此事;但这时的张汤仍然是个小官吏,跪伏在

朱买臣等人面前听候差遣。

不久，张汤做了廷尉，负责审理淮南王反叛案件，他就排挤庄助，本来朱买臣的心里就怨恨张汤。等到张汤做了御史大夫，朱买臣就从会籍太守的职位上调为主爵都尉，位列九卿之中。几年后，因为犯法而被罢免，暂时代理长史一职，他前去拜见张汤，张汤坐在平时所坐的凳子上接见他，而张汤的丞官和史官见了朱买臣都不礼让。朱买臣是楚地的强悍之人，深深地忌恨张汤，常常想把张汤制于死地。

王朝是齐地人，凭借精通儒家学说而官做右内史。

学习研究纵横家的边通，是个刚烈强横的人。他两次做济南王的丞相。所以，他的官职比张汤大，不久却丢失了官职，临时代理长史，面见张汤时要行屈身拜伏之礼。张汤多次兼任丞相的职务。他知道这三个长史平素职务很高，就常常压制欺负他们。

因此，三位长史在一起合谋并对庄青翟道："一开始张汤与您商量对圣上谢罪，紧接着就出卖了您，现在又用宗庙之事控告你。这是他想代替您的职位罢了。我们知道张汤做的那些见不得人的违法之事。"

于是就派官吏逮捕审理张汤的同案犯田信等人，说张汤准备奏请皇帝的政事，田信预先就知道，然后就囤积物资，以此来发财致富，然后再与张汤一起分割利润，张汤还有一些其他的坏事。有关这件事的供辞被皇帝知道了。皇帝便询问张汤说："我想要做的事，商人常常能预先知道，他们就更多囤积物品，就好像是知情的人把我的想法告诉了商人一样。"

张汤不谢罪，却假装惊讶地说道："应该是有人把这个事泄露出去了。"这时减宣也上奏皇帝称张汤和鲁谒居等犯罪的事。皇帝果真觉得张汤心怀奸诈，当面欺骗圣上，派了八批使者按照记录在案的罪行一一审问张汤。张汤自认为并没有这些罪过，就不服。

在这种情况下，皇帝就派赵禹审讯张汤。赵禹到了后，责备张汤说："皇上真的不知道情况吗？你审理案件时，不知道被你夷灭的家庭有多少人呢？现在人家告你的罪状都有真凭实据，皇上难以处理你的案子，就想让你自行了断，何必要多对证答辩呢？"

于是张汤就给皇帝写了封谢罪书，说道："张汤本来是个没有一丁点功劳的人，一开始只做文案小吏，承蒙圣上宠幸，让我位列三公九卿之列，我无法推卸自己的罪责。然而阴谋陷害置我于死地的，是那三个长史啊。"然后就自杀了。

张汤死后，他家的财产超不过五百金，都是他所得到过的俸禄和皇帝的奖赏，再没有别的产业。他的兄弟和儿子们打算厚葬他，却被汤母所拦挡。汤母说："张汤做的是天子的大臣，是遭受恶言被诬陷而死的，何必要厚葬他呢。"于是就用牛车拉着张汤的尸体，装殓在没有棺椁的棺材里。

汉武帝听说了，感叹道："没有这样的母亲就生不出这样的儿子！"于是就审理诛杀了三个长史。丞相庄青翟也自杀了。田信被释放出来。皇上因为怜惜张汤，就慢慢地提拔他的儿子张安世。

赵禹中途被罢免了官职，不久做了廷尉。最初，条侯周亚夫觉得赵禹为人奸诈狠毒，阴险城府深，就不重用他。赵禹后来做了少府，与九卿并列。赵禹做事严苛急躁，直到晚年的时候，国家在政务方面的事情越来越多，官吏在治理时越发严苛峻险。然而赵禹在治理上却执行轻缓的方法，被称为和平。王温舒等一些后起之秀，在治理上比赵禹严酷得多。由于赵禹年事已高，改任为燕国丞相。几年后，因做了昏乱违背情理的事，犯了罪，被免官，张汤死后十多年，赵禹颐养天年，老死家中。

义纵是河东人，少年时他曾经与张次公一起抢夺盗窃做群盗。义纵有个姐姐叫义姁(xǔ)，因为医术而被王太后宠幸。王太后有一次询问义姁道："你有儿子或兄弟做官吗？"义姁回答说："我有一个弟弟，是个品行不端的人，不能让他做官。"太后就把这件事说给了皇帝，然后就让义姁的弟弟义纵做了中郎，改任上党郡某县的县令。

义纵在治理上执法严酷，缺少宽和，因此县里没有发生逃亡的现象，被推举为第一。后来他被改任为长陵和长安的县令，能依据法律办理政事，从不回避权贵和皇亲国戚。因为逮捕并审理太后外孙脩成君的儿子仲，使得皇帝认为他很能干、有才能，就升任为河内都尉。

上任后，义纵湮灭了当地豪强穰氏的家族，使河内出现道不拾遗的景象。而张次公也为中郎，凭借英勇和彪悍当了兵，因为作战敢于深入敌军，获得功勋，被封为岸头侯。

宁成在家赋闲时，皇帝想让他当郡守。御史大夫公孙弘说："臣下我在山东当小官时，宁成就在济南当都尉，他处理政事时就像狼驱赶羊群

231

一样凶猛。真的不能够让他治理百姓。"皇帝就让他做了关都尉。过了一年多，关东郡国的官吏考察郡国中出入关口的人，人们都扬言说："宁可遇到哺乳虎仔的母老虎，也不希望遇到发怒的宁城。"

义纵从河内府升迁到南阳当太守，听到宁成在南阳家中赋闲，等义纵到达南阳关口，宁成就跟在他的身后往来迎送，但义纵盛气凌人，不回礼相待。到了郡府，义纵就开始审理宁氏家的罪行，尽数诛灭粉碎了宁氏家族。宁成也被连带有罪；至于孔姓、暴姓那些豪门大族都悉数逃亡在外，南阳的官吏和民众都谨慎恐惧，丝毫不敢犯错。

平氏县的朱强、杜衍县的杜周都是义纵的得力助手，受到重用，当了廷史。这个时期汉朝的军队多次从定襄县出发，去攻打匈奴，定襄县的官吏和民众人心散乱，风气败坏，在这样的情况下，义纵被改任为定襄太守。

义纵到了定襄后，抓捕定襄县监狱中重罪轻判的人犯二百多人，以及他们的朋友兄弟和私自探监的二百多人。义纵全部抓捕起来审讯，说："为死罪解脱。"这一天要上报杀人的数目，共四百多人。从此以后郡中人感到害怕，提起义纵便不寒而栗，竟然连豪强和刁滑奸民也来辅佐官吏治理政事。

这时的赵禹和张汤都因为治理政事严酷苛刻而做了九卿之官，然而，他们的治理尚算宽松，还能以法令辅佐行事，可是义纵的治理政事就像老鹰在空中搏击小鸟一样凶悍。后来又适逢发行五铢钱和白银，刁钻奸猾的豪民乘机施展手段，京城地区最为严重，朝廷就用义纵做右内史，王温舒为中尉处理政务。

王温舒非常凶恶，他的所作所为如果不事先告知义纵，义纵就一定会用个人义气欺凌王温舒，让他的工作无法完成。他治理政事，杀了许许多多的人，可是急促之间不但没有取得成效，奸邪之事却越来越多，最终导致了直指之官的出现。官吏在治理政事时仅仅依靠杀戮和捆绑为主要任务，阎奉则是由于严酷而被重用的。义纵清廉，他在治理政事时仿效郅都的办法。

皇帝幸临鼎湖时，病了好一阵子，痊愈后又突然幸驾甘泉宫，所经过的路段大多都没有整修，皇帝非常恼怒，说："义纵认为我不会再从这条路上经过了吗？"对义纵充满忿恨。

到了冬天，杨可正受理"告缗"一案，而义纵却认为这会扰乱百姓，就部署官吏去逮捕那些替杨可办事的人。皇帝听到了这件事，就派杜式前去治理，认为义纵对皇帝不敬，败坏了君主要办的大事，就把义纵定罪"弃市"。过了一年，张汤也死了。

王温舒是阳陵人。年少时做过盗墓之类的坏事。不久就当了县里的亭长，但多次被罢免。后来做了小官，因为在处理狱案上有才华被升任廷史。侍奉张汤期间，被升职为御史，督办过偷盗蛊贼案，杀了很多人，不久升任广平都尉。

王温舒在郡中挑选了十多个狂暴果敢的人做他的下属，把这些人尚未暴露的罪行当作把柄，从而驱使他们放手抓捕盗贼。哪个人在抓捕盗贼方面能让王温舒感到满意，即使这个人罪恶累累，也不会受到惩处；假如在工作时避重就轻，他就会根据这个人过去所犯的罪对其生杀予夺，也可能会剿灭这个人的家族。因此，齐地赵地的盗贼不敢靠近广平郡，广平郡也就有了道不拾遗的好名声。皇帝知道后，就升迁王温舒为河内太守。

王温舒过去在河内居住时，就知道河内的豪强奸邪之家，等到他前往河内赴任时，已经是九月份的事了。他命令郡县准备私马五十匹，设置了一条从河内通往长安的驿站，安排部署官吏治理政事就像在广平郡时那样，抓捕郡中豪强奸猾之人，郡中豪强奸猾之人相互连坐犯罪的有一千多家。他上奏请示皇帝，罪大的灭族，罪小的处死，家里的财产全部没收，偿还过去所得的赃物赃款。奏折发出去没有两三天，便得到皇帝准奏的消息。执刑的时候，以至于血流十余里。河内人都惊奇王温舒的奏章，觉得神速。

到了十二月底，因害怕，那里的人都不敢出声，也没有敢走夜路的人，郊野里也没有能引起狗叫的盗窃事件。少数没有被抓到的豪强奸猾之徒，都逃到旁边的郡国去了，等把他们抓捕回来，正好已经是春天了，王温舒就跺着脚叹息，说："唉，假如能把冬天再延长一个月，我的大事就可以做完了。"他这种嗜好杀伐，施展威严而又不爱怜民众的做法竟到了这种地步。

皇帝听到了，认为他有才能，就把他升职为中尉。他还是仿效河内时的做法，抽调来各处有名的刽子手和奸猾狡诈的官吏同他一起做事，河内的则有杨皆、麻戊、关中的有杨赣、成信等。义纵做内史时，他还有所忌惮，不敢恣意妄为、严刑苛刻。等到义纵一死，张汤失败后，王温舒就改升廷尉，尹齐做了中尉。

尹齐是东郡茌平人，他是从文书小吏升迁至御史的。夷齐侍奉过张

汤,张汤多次称赞尹齐廉洁勇敢,派他督查盗贼,他行使生杀予夺时根本不避权贵外戚。升任为关内尉后,他的名声甚至超过了宁成。皇帝认为他有才能,就升任他做了中尉,官吏和百姓的生活更加困苦不堪。

尹齐死板刻薄,不讲求礼仪。强悍凶恶的官吏都隐藏起来了,但善良的官吏却无法独立有效地处理政事,因此,政务大多被荒废,他被判有罪,皇上又改迁王温舒为中尉,而杨仆由于严酷被任命为主爵都尉。

杨仆是宜阳人,以千夫的身份做小官。河南太守考核并推荐杨仆,认为他有才能,被升任为御史,让他督查办理关东盗贼案。他治理政务仿效尹齐,被认为做事凶猛有胆量。不久,被升迁为主爵都尉,序列九卿。天子认为他有才能。在南越反叛时,被任命为楼船将军,因为有军功,被封为将梁侯。后来他在征朝鲜时被荀彘所捆绑。过了很长时间,得病而死。

王温舒又当了中尉,他为人缺少斯文,昏聩糊涂、不辨是非地在朝中做事,等当了中尉后,他则心情开朗,是非明了。督捕盗贼时,由于他素来掌握关中习俗,晓得豪强和恶吏的罪行,那些豪强恶吏全部替他服务行事、出谋划策:官吏严苛的盘查侦察,盗贼和坏少年就用投书和检举箱的方法,收买告发罪状的情报,设置督察的人监督盗贼。

王温舒为人谄媚,喜欢巴结有权势的人家,要是那些没有权势的人,他就会像对待奴仆一样对待他们。如果有权有势的人,即使奸邪之事多得像大山一样,他也不去冒犯;没有权势的人,即便是贵族皇亲,他也一定会欺负侵辱。用玩弄法令、巧言诋毁奸猾的平民,来胁迫大的豪强。当中尉时他就这样治理政务。

王温舒对奸猾平民,必定穷追不舍,在监狱中的人犯大都被打得皮开肉绽,血肉模糊,被判决有罪的没有谁能够从中活着出来。他的下属就像戴着帽子的老虎一样凶残。这样一来,管辖之内那些中等奸邪狡猾的人都偷偷藏了起来,有权有势的都为他传扬名声,称赞他的治理之功。在任好几年,他的下属大多因此而有权有钱。

王温舒攻打东越回来后,议事时因不合皇帝的旨意,犯了小法,被判有罪,功过相抵,只罢免了官职。这时,天子打算建造通天台却没有合适的人选,王温舒就上奏请求考核中尉部下那些逃避兵役的人,查出几万人,可以从事这件事。皇帝很高兴,任命他为少府,然后改任为右内史,他治理政事还和从前一样,只是对奸邪狡猾之徒的严苛稍稍有所收敛。他后来又犯了法,丢掉官职。不久又被任命做了右辅,代理中尉的职务,还是和以前一样治理政事。

过了一年多,适逢天子出兵讨伐大宛国,朝廷征召豪强官吏,王温舒把他的属官华成隐藏了起来,等到有人状告王温舒接受了在额骑兵的贿赂和别的坏事,罪行重到可以灭族,王温舒只好自杀。那时他的两个弟弟和两个姻亲之家也因为各自犯了不同的罪而被灭族。光禄徐自为评价说:"悲哀啊,古代有诛灭三族的事,可王温舒犯的罪竟至于同时被诛灭五族啊。"

王温舒死后,家里的财产累积起来有一千金。以后几年,尹齐也在淮阳都尉的职位上病死,他家里的财产不满五十金。他所诛灭的淮阳人特别多,等他死了,许多仇家想烧毁他的尸体出气,为防仇家烧尸,家人把他的尸体快速地偷运走了,

自从王温舒等人用严刑酷法治理政事以来,后来的郡守、都尉、诸侯以及二千石级别的官员治理政事时,大多仿效王温舒。但官吏和民众越发轻易犯罪,盗贼又慢慢地多了起来。南阳有梅免、白政,楚地有殷中、杜少,齐地有徐勃,燕、赵之间有坚卢、范生一类的人。大的团伙有几千人,擅自成立名号。

他们攻打城镇，夺取官库的兵器，释放死刑犯，捆绑侮辱郡太守、都尉、杀二千石级别的官员，他们发布檄文，催促各地为他们准备粮食；小的团伙以百人为单位，抢掠祸患乡村的，多得数也数不清。

天子开始让御史中丞、丞相长史督查盗贼这些事，还是不能禁绝，就命令光禄大夫范昆、诸辅都尉及原来的九卿张德等穿着绣衣，拿着符节和虎符，发兵攻击。大团伙中仅仅被杀头的就多到一万多人，还有按照法律杀死的那些给作乱者送去食物的人。多个郡县被株连，好几千人被杀。几年后，才总算是追捕到他们的大头目。

但那些逃散的士卒逃跑后又聚集成党，占据显要的山川作乱，他们常常群居一处，政府对他们丝毫没有办法。于是，朝廷颁布"沈命法"，对那些产生了群盗官吏却没有及时发现，或发现了又没有捕捉到规定的数量，以及有关二千石以下级别的小官员，只要参与主持这事的一律处死。

这以后小的官员害怕被诛杀，或害怕追捕不到，即使有盗贼出现也不敢上报。小官吏犯法被判刑又连累上一级的官府，所以上级官府也希望下一级的不要上报。故此，盗贼越发多了起来，上下官员用相互隐瞒、玩弄文辞游戏，来逃避法律的打击、制裁。

减宣是杨县人。由于在佐史职位上表现突出而被调到河东守府供职。卫青将军派人到河东买马，发现减宣很优秀，就向皇帝推荐，被录用为大厩丞。他当官做事非常公平，慢慢地被升职于御史及中丞。皇帝派他查处主父偃和淮南王谋反案件，他用隐微的法律条文极尽诬陷能事，被杀的人很多,被称为敢于判断疑难案件。他几次被免官又几次被重新录用,当御史和中丞大概有二十年。

王温舒被免去中尉之官时,减宣当的是左内史。主要管理米盐小事,不论所办之事的大小都要亲手过问,亲自安排县内的具体主管部门的财产器物数量,县令和县丞也不得更改,甚至用最严厉的法令管理他们。他当了好几年的官,别的郡县只是办成了一些小事情,唯独减宣他能够大小事宜一应俱全,并通过他的能力加以推行。当然了,他的做法也难以当作常道。减宣中途被罢官,后又被任命为右扶风,

减宣对他的下属成信心存怨忿,成信逃走并藏到上林苑中,减宣就派郿县县令去追杀成信,官吏和士卒射杀成信时,把箭射偏了,射到上林苑的门上,法官认为他犯了大逆不道罪,判处诛灭全家,减宣自杀。而杜周受到重用。

杜周是南阳杜衍人,义纵做南阳太守时,把杜周当成了最好使的助手,推举他做了廷尉史。服侍张汤时,张汤多次表扬他能力强,他被升官做了御史。派他到边境查办士兵逃亡案件,判处死刑的非常多。他上奏章总能切合皇帝的心愿,就被任用,让他和减宣相接替,后更改为中丞十多年。

他在治理上仿效减宣,但是他处事谨慎,决断迟缓,表面上宽松,实质上严苛酷烈,深达骨髓。减宣做左内史,杜周做廷尉,在治理政务上他奉张汤为表率,极力效仿,而且他还善于窥测皇帝的意图。皇帝想要排挤的人,就趁机陷害;皇帝想要释放的人,就长时间囚禁待审,并暗中显露那人的冤情。

门客有人责备杜周说:"您为皇帝公平断案,却不遵循三尺法典,专看皇帝意愿行事,难道法官就应当这样吗?"杜周说:"三尺法典是怎么来的? 从前的国君觉得对的就分门别类的记录下来,合乎现在的情况就是

正确的,哪里还一定要遵循古代的法典呢?"

等到杜周当了廷尉,皇帝交代要查办的案子也越发多了起来,二千石级别被捕的新旧官员累积起来,不少于一百多人。郡国官吏和上级部门送交过来的案件,一年当中竟多达一千多件。每个奏章所要举报的案子,大的要逮捕相关证人几百人,小的也要逮捕几十个证人;证人距离远的有几千里路,近的也要几百里。把案犯押到京师会审,官吏就要求人犯按奏章上所说的罪状来招供,如有不服的,就用刑具拷打定案。

这样,只要听到有逮捕人的事,人们就先偷偷逃跑,先藏匿起来再说。案件拖得久了,即就是经过好几次赦免,十多年后还是会被告发的,大体上都会被糊里糊涂的诬陷为大逆不道罪,廷尉及中都官奉诏办案,逮捕的就要六七万人,属官所逮捕的又要增加十多万。

杜周中途被罢免,后来当了执金吾,追捕盗贼,逮捕审理桑弘羊、卫皇后兄弟的儿子,严苛酷烈,皇帝认为杜周能尽力查办无私心,就升他为御史大夫。杜周有两个儿子,在黄河两岸做太守,在治理政务时的残暴酷烈远远超过王温舒等人。杜周最早被录用做廷史时,有一匹马,但配备不全,等到当官时间长久了,位列三公,子孙就跟着荣显尊贵,家中资财累积起来超过几万金。

太史公说:"从郅都到杜周,一共十个人,都是以酷烈残暴而出名的。但是,郅都刚烈正直,能甄别是非,能坚持国家利益的原则。张汤善于分析、观察君王的喜怒哀乐,而投其所好,与皇帝配合一致,多次辩论国家政务的得与失,政府也凭借他获得好处。赵禹能依据法律坚守正道。杜周则谄媚奉迎,看上级的脸色行事,以少说话,多办事为原则。张汤死后,法网越来越严密,办案越来越严酷,慢慢导致政事荒废衰败,权高位重的官吏为了不犯错,不愿作为,只求保全官位,哪里还有时间探究法律以外的事呢?

"但这十个人中,廉洁者可以堪为人表,污秽者可以鉴戒敛行。他们谋划策略,教化导引,禁止奸邪,所作所为都斯文有礼,恩威并举。执法即使惨烈严酷,却也尽忠职守。

“至于像蜀郡太守冯当凶残地摧残人，广汉郡李贞擅自肢解人，东郡弥仆随意锯断人的脖子，天水郡骆璧棰击人犯，逼供定罪，河东郡褚广妄杀百姓，京兆的无忌、冯翊殷周的凶残，水衡都尉阎奉拷打威逼人犯用钱赎买罪行等，还值得我在这里叙述吗？哪里还值得我叙述啊！”

大宛列传第六十三

人物像

张骞

汉武帝

昆莫

赵破奴

大宛列传第六十三

　　大宛国这个地方最初是由张骞发现的。张骞是汉中人，汉武帝建元年间做过郎官。

　　那时，汉武帝正在询问匈奴人中的投降者，匈奴人都说，匈奴攻破了月氏（zhī）王，用月氏王的头颅当饮酒的器具，月氏国的人不得已，悄悄地逃走了，但他们对匈奴人充满仇恨，时常怨恨匈奴，只是苦于没有人愿意和他们一道去袭击匈奴。这时，正值西汉政府打算攻打匈奴，听到这样的话后，汉武帝就想趁机与月氏联系，互通使者。

　　但要到达月氏国就必须经过匈奴人的地盘，于是汉武帝就招募能够出使月氏国的人选，张骞以郎官的身份应召成功，出使月氏。他与堂邑氏人中原来的匈奴奴隶甘父一同从陇西出发向西行。在经过匈奴人的地方时，被匈奴人逮住了，又把他转送到单于那里，单于便扣留了张骞，说他："月氏在我们匈奴的北方，汉人怎么能够派使者前往呢？要是我们匈奴人打算出使南越，你们汉人能容许我们匈奴人通过吗？"

　　他们把张骞扣留了十多年，并给他娶了妻子，还生下了孩子，但是张骞一直保管着汉朝使者出使用的符节，没有丢失。在被匈奴扣留期间，匈奴人对张骞的看管越来越松弛，张骞就趁机和他的随从一起向月氏国

逃跑,向西行走了几十天,便到了大宛国。

大宛国的人闻听汉人的地方物产富饶、财富遍地,本来就想与汉朝沟通联系却没法办到,现在遇到了张骞,自然很高兴,询问道:"您打算到哪里去?"张骞回答说:"我是替汉朝出使月氏的,可是被匈奴人阻挡了前进的道路。如今逃亡出来了,希望大王能派人给我当向导,并护送我们前往月氏。果真能够到达月氏,我们返回汉朝后,汉朝政府馈赠给大王的财物那是用言语说不完的。"大宛人觉得张骞的话是可信的,就让他继续前行,还给他配了向导和翻译,等到了康居,康居又把他护送到大月氏。

那时,大月氏王已经被匈奴人所杀害,他们就新立了月氏王的太子为王。他们已经征服了大夏国并在那里定居下来。那里的土地肥美富饶,很少有敌人或贼寇侵犯祸患,人们的心情安逸快乐。又觉得距离汉朝过分遥远,基本上失去了报复、袭击匈奴的决心和勇气。张骞从月氏到了大夏,终究没有得到大月氏与汉朝共同攻击匈奴一事的明确表态。

张骞在月氏国停留了一年多就返回来了。返回的时候,他想沿着南山,准备从羌人居住的地方返回来,不料想中途又被匈奴人给逮住了。匈奴人把他扣留了一年多。那时单于已经死了,匈奴的左谷蠡王攻打太子并自立为单于,匈奴国内大乱。张

骞就和他的匈奴妻子以及堂邑氏甘父一起逃回长安。汉武帝封授张骞为太中大夫,堂邑氏甘父为奉使君。

张骞为人坚强有力,心胸宽阔,诚实可信,蛮夷之地的人都喜欢他。堂邑氏甘父是匈奴人,善于射箭,每当到了贫穷困顿的危急时刻,他就射

杀禽兽来给他们充饥。刚开始出使的时候，张骞带领一百多人的随从，离开十三年后，唯独他们二人返回到了汉朝。

张骞所到过的地方有大宛国、大月氏、大夏、康居，传说这些国家旁边还有五六个大国，他都一一对天子汉武帝做了陈述。他说道：

大宛国在匈奴的西南面，在西汉的正西方，距离汉朝大约有一万里路。当地的风俗是定居在一个地方，耕种田地，田地里种稻子和麦子，还出产葡萄酒。大宛国还盛产优良的马匹，马匹流出的汗如同血一样，马的先祖是天马的儿子。那里有城郭房屋，归它管制的城镇大大小小有七十多个，民众有几十万人。他们使用的兵器是弓和矛，人们骑在马上射箭。

大宛国的北边是康居（约在今巴尔喀什湖和咸海之间），西边是大月氏，西南面是大夏，东北是乌孙，东边则是扜罙、于窴。于窴的西边，河水都向西流，流进西海；于窴的东边，河水都向东流，注入盐泽（今新疆罗布泊）。盐泽的河水都在地底下暗中流动。它的南边则是黄河源头的出处，那里多出产玉石，黄河水流入中国。楼兰、姑师的城镇都有城郭，这里靠近盐泽。盐泽距离长安大约五千里。匈奴的右边正处在盐泽的东边，一直到陇西长城，向南连接羌人居住的地方，阻隔了通往汉朝的道路。

乌孙在大宛东北边大约两千里路的地方，是个游牧国家，人们随着季节和牲畜的需要而不断迁徙，民俗与匈奴差不多。能拉弓打仗的人有好几万，勇敢善战。早先臣服于匈奴，等到实力强盛了，就接回被扣押在匈奴的人质，不肯再侍奉朝拜匈奴。

康居在大宛的西北，大约有两千里路的距离，是个游牧国家，风俗与大月氏大多一样。能够拉弓打仗的有八九万人，它与大宛相邻，是个小国，在南边被迫服侍月氏，在东边被迫服侍匈奴。

奄蔡在康居西北，大约两千里路的距离，也是个游牧国家，风俗上大多与康居相同。能够拉弓打仗的人有十多万。它靠近一个大的水泽，无边无际，大概就是北海吧。

大月氏在大宛以西，大约有两三千里路的距离，定居在妫水（今阿姆河）的北边。它的南边是大夏国（今伊朗），西边则是安息，北边是康居。大月氏是个游牧国家，随着季节和牲畜的移动而不断迁徙，风俗上大多同匈奴一样。能够拉弓打仗的人大约有一二十万。过去他们最强盛的时候，是看不起匈奴的。等到冒顿被确立了单于地位后，打败月氏；到匈奴老上单于杀死月氏王，用月氏王的头盖骨做饮酒的器皿时，才败于匈奴。

开始的时候，大月氏定居在敦煌、祁连山之间，等到被匈奴打败后，大部分人才离开那里远远地迁徙走了，经过大宛，向西攻打大夏国，并让大夏国臣服于自己，这才定都妫水的北边，作为王庭。剩下来没有迁徙的小部分族众，就保全了南山和羌人居住的地区，被称为小月氏国。

安息国在大月氏的西面，大约有几千里路的距离。他们当地的风俗是定居在一个地方，耕田种地，田地里种植麦子和水稻，出产葡萄酒，城镇和大宛差不多。安息国管辖着大大小小几百座城镇，方圆纵横几千里，是那里最大的国家。靠近妫水，那里有集市，民众及商人用车及船装载货物，运到别的国家或者几千里外的地方进行贸易。他们用银子做成钱币，钱币铸造成类似国王容貌的样子，国王死后，就更换钱币，这是因为要模仿国王的面貌。他们在皮革上面画横行当做文字。它的西边是条枝（今伊拉克），北边是奄蔡、黎轩国。

条枝在安息国的西边,有大约几千里路的距离,靠近西海,那里天气炎热潮湿。人们从事耕作,田地里种植水稻。那里有一种大鸟,鸟蛋的大小和样子就像瓦瓮的样子和大小。这个地方的人口众多,常常有小君长,安息国役使管辖条枝,作为他的外围国家。条枝国的人擅长魔术。安息国中上了年纪的老人传说条枝国有若水和王母娘娘,但是没有人见到过。

大夏国在大宛国西南面两千多里的妫水南面,当地人的习俗是定居在一个地方,有城镇和房屋,风俗和大宛相同。那里没有大君长,常常在城镇设立小的君长。那里的兵丁力量小,害怕打仗。而民众却擅长买卖做生意。等到大月氏向西迁徙,打败了大夏,它就被大月氏役使管辖。大夏国民人众多,大约有一百多万。他的都城叫蓝市城,那里有集市,人们贩卖各种物品。它的东南面是身毒国(天竺国)。

张骞说:"臣下我在大夏国时,发现了邛竹杖、蜀布。就向那里的人打听询问:'你们从哪里获得这些物品的?'大夏国的人回答道:'我们这里的商人是从身毒国的人那里买来的。身毒国在大夏国东南面大约几千里的地方。身毒国的习俗是人们定居一处,风俗和大夏国相同,但地势低潮,天气炎热。那里的人们骑着大象打仗。那里临近大水。'我估计,大夏国距离汉朝有一万两千里路,处在汉朝的西南。现在身毒国又处在大夏国东南面几千里路的地方,那里出现过蜀都的产品,就说明那里离蜀都不远。如今要是出使大夏国的话,如果从羌人居住的地方经过,那么这里的地势十分险要,羌人是非常讨厌我们去打扰的;如果稍微向北行走,就会被匈奴人抓获俘虏;要是从蜀国直接穿过,又没有兵匪贼寇的威胁。"

汉武帝已经听说过大宛和大夏、安息等都是大国,这些地方出产很

多奇特的物品,民众定居在一起,与汉朝人的生活习性特别相似,可是他们的军队却很软弱,因此他们很看重汉朝的财物。他们的北边有大月氏、康居这些国家,其军队强大,但我们可以用馈赠礼物、给予好处的办法,引诱他们来朝拜汉朝天子。如果真能得到他们,并用道义让他们从属汉朝,那么西汉政府就可以把疆土扩大到万里了,经过多次辗转翻译,拢聚不同风俗的国家,使大汉朝天子恩威传遍四方。

汉武帝的心里非常高兴,觉得张骞的主张很合自己的心意。就命令张骞从蜀郡、犍为郡派遣秘密行动的使者,分四路同时出使:一路从骈地,一路从冉地,一路从徙地,一路从邛崃、僰地出发,每一路都向前行进一二千里。结果,去往北方一路的被氐和筰阻挡,去往南方的一路被嶲和昆明阻挡。像昆明那样的国家没有君长,那里的人们喜欢杀人越货、抢劫财物,经常抢劫和杀害汉朝的使者,汉朝的使者最终还是没有能够从那里通过。

这次出使还打听到昆明的西边大约一千多里的地方,有一个民众都骑坐在大象上的国家,名叫滇越国,把货物偷运出境的蜀郡商人中有人到过那里。于是,为了寻找通往大夏国的道路,朝廷就开始同滇越国交往了。最初,汉朝想开通西南夷,浪费了很多钱财却没有结果,只好作罢。听张骞说可以由西南夷通往大夏国以后,汉朝又重新从事开发西南夷的工作了。

张骞凭借校尉的身份跟随大将军卫青去攻打匈奴,他熟悉那里的地理位置,知道有水草的地方,所以军队没有遭遇到饥饿困乏的威胁,于是天子就封张骞做博望侯。这是汉武帝元朔六年的事情。

第二年,张骞当了卫尉,与李广将军一同从右北平出发去攻击匈奴。匈奴的大军包围了李将军,李将军的军队伤亡惨重。张骞因为延误了约定的汇合时间,被判处死刑,他花钱赎买了罪行,最后被贬成平民百姓。

这一年，汉朝政府派遣骠骑将军霍去病在西边打败匈奴几万人的军队，获得大捷，一直到达祁连山下。

第二年，匈奴浑邪王带领着他的百姓来投降臣服了汉朝，从此金城、河西西部以及南山到盐泽一带，再也没有匈奴人的侵扰了。匈奴人有时会派出侦察兵过来侦察，但并不多。这以后的整整两年时间，汉军就把匈奴单于打到大漠以北去了。

后来，汉武帝多次向张骞询问大夏等国的事情，此时的张骞已经失去侯爵职位，于是就说道："我被扣押在匈奴时，听说过乌孙国的国王号昆莫，昆莫的父亲原来是匈奴西边一个小国的君王。匈奴攻打并杀死了昆莫的父亲。昆莫出生后就被扔到野外，鸟儿叼着肉飞到他的身上喂养他，狼跑过来给他喂奶。单于感到惊奇，以为他是神，就收养了他并让他顺利长大。昆莫成年后，单于就让他带兵打仗，昆莫多次立下战功，单于就把他父亲的部落百姓交还给了他，命令他长期驻守在西域。"

张骞继续说："昆莫收养他的百姓，攻打周围的小城镇，逐渐发展，带领一支由几万个能拉弓打仗的人组成的部队，教给士兵攻伐打仗的本领。单于死后，昆莫就率领他的民众远远地迁徙走了。乌孙国始终保持独立，不愿意向匈奴人朝拜臣服。匈奴便派遣最精锐的部队去攻打昆莫，却没有胜利。于是，匈奴人觉得昆莫是个神灵而远远离开了他，只好采取约束控制的方法，不敢对他发动大规模的攻击。"

张骞最后说："现在单于刚刚被汉朝打败，军队非常疲惫，原来浑邪王所控制的地方又无人防守护卫。蛮夷之地的人非常贪图大汉天子的财物，如果这时果真能用丰盛的财物馈赠乌孙，引导他再往东迁移，让乌孙国定居到原来浑邪王控制的地区，同我们汉朝结为兄弟关系，就当前的情势来判断，昆莫是能够接受这个主张的。如果他接受了这个安排，那么这就等于砍断了匈奴的右臂！大汉朝联合乌孙之后，它西边的大夏等国就都可以用引导的方法，让他们做汉朝的外臣属国"。

汉武帝认为张骞的办法好，就任命他当中郎将，率领三百人，每人配备两匹马，共配备几万只牛羊，携带价值几千万的金钱布匹，再配备了好多个持符节的副使者去出使，假如道路能被打通，就派遣这些副使者到旁边的国家去沟通交往。

张骞到达乌孙国以后，乌孙王昆莫接见张骞这些来自于汉朝的使者时，就像对待单于的礼节一样简单傲慢。张骞很生气，他知道蛮夷贪婪的是汉朝的财礼，就对乌孙王昆莫说："这些是大汉朝天子汉武帝所赠送的礼物，大王您要是不拜谢的话，那就把礼物还给我们！"昆莫只好起身拜谢，接受了汉天子馈赠的礼物，其他的做法还和开始一样傲慢。

张骞对昆莫说了他出使乌孙国的目的："如果乌孙能向东迁徙到浑邪王原来的领地，那么大汉朝就会派遣一个诸侯王的女儿做昆莫您的妻子了。"这时的乌孙国已经被分裂成几个部分，国王年事已老，又远离汉朝，并不知晓汉朝的大小强弱，原来长期遭受匈奴人的驱使，又靠近匈奴，他们的大臣都害怕匈奴，不想迁徙转移，乌孙王又无法独自决定国家的取向，张骞始终没能在乌孙王面前讨得一句准确的交代。

昆莫有十多个儿子，其中一个儿子名叫大禄，很强悍，善于统兵领众，带领一万多骑兵分居在别的地方。大禄的哥哥是太子，太子有个儿子名叫岑娶，太子早就死了。太子死的时候，对他的父亲昆莫说道："一定要立岑娶当太子，千万不要让别的亲人代替了他。"昆莫很悲伤地答应了太子的临终请求，最后把岑娶封为太子。大禄很恼火自己没能代替岑娶当上太子，就招集其他同胞兄弟，指使他们背叛昆莫王，谋划攻打岑娶和父王昆莫。

昆莫已经老了，时不时要提防大禄杀害岑娶，就给了岑娶一万多匹骑兵，希望他到别的地方去。昆莫有一万多骑兵，是用来保护自己的。这样，乌孙国就被分裂成三个小国，大体上还是昆莫领导，因为这些原因，昆莫也不敢独自做主、与张骞约定这件事。

张骞借机就分派副使者出使大宛、康居、大月氏、大夏、安息、身毒、于寘、扜罙以及它们旁边的国家。乌孙国也派遣向导和翻译送张骞回到汉朝，张骞和乌孙国派遣的使者几十个人，带来几十匹马来回报和答谢汉天子，汉天子也趁机让这些使者游览汉朝，使他们知晓大汉朝的疆域是非常广袤的。

张骞返回汉朝后，被封为大行，序列九卿。一年多后，张骞辞别人世。

乌孙的使者已经见到了汉朝是个人口众多，地大物博的国家，回去后就汇报给了乌孙王，乌孙国就越发重视同汉朝的交往了。

过了一年多，张骞所派遣去沟通大夏等国的使者都陆陆续续回来了，大多人是和出使国家的使者一同回来的。这样，西北各国从这时起，就开始和大汉朝交往了。这些结果都是张骞开辟出来的，从此以后，出使西域的人都称自己为博望侯，以此作为获得取信西域各国的保证，各国也因此信任汉朝的使者。

自从博望侯张骞去世后，匈奴人听到汉朝政府沟通联络了乌孙国，很愤怒,想攻打乌孙。等大汉朝天子的使者出使乌孙国,并从它的南边抵达大宛、大月氏等国后,乌孙国才感觉到了真正的恐惧,便派出使者,带上要献给汉天子的良马,希望娶汉朝诸侯的女儿做妻子,与汉朝结为兄弟般的外交关系。汉武帝与群臣商议这件事,群臣都说:"一定要他们乌孙国先送上聘礼,这样做了以后才能送诸侯的女儿过去联姻。"

最初,汉武帝用《易经》问卜,获得一语:"神马应当从西北来"。获得乌孙国的好马后,汉武帝就命名叫"天马"。等到后来获得大宛国的汗血马,发现它比乌孙国献来的宝马还要健壮,就重新修改,命名乌孙国献来的马叫"西极",大宛国的马叫"天马"。

西汉政府这时候就开始修筑令居以西的长城亭鄣,最早设立酒泉郡来沟通和管理西北地区各国。于是越发加派使者抵达安息、奄蔡、黎轩、条枝、身毒国。大汉朝天子汉武帝偏爱大宛的良马,因此出使大宛国的使者络绎不绝,返回的和前往的常常在官道上相互遇见。

出使外国的使者每一批规模大的约有几百人,规模小的也有百十号人,每人出使时携带的东西和博望侯当年所携带的东西大体相当。从此以后出使的事习以为常,所派出的人数就减少了。汉朝大概一年要派出的使者多则十余批,少则五六批。距离遥远的需用八九年时间,距离稍近的也要几年才能返回来。

这时候,汉朝已经消灭了南越,蜀郡、西南地区的各个国家都感到很震惊,纷纷向汉朝请求,希望在他们那里设置官府,来行使管理,和各国来朝拜汉朝天子的事。于是,汉朝就设置了益州、越嶲、牂柯、沈黎、汶山等郡,希望能把这里的土地连成一

大宛列传第六十三

片,能直接通往大夏国。

汉朝派出使者柏始昌、吕越人等,一年之内多达十批次前往出使,从刚刚设立的郡出发,到大夏国去,但又被昆明所阻挡,使者被杀,财物被抢,最终没有到达大夏国。

于是汉武帝大怒,征发长安周围三浦地区的犯罪之人,再加上巴蜀地区的兵士几万人马,派遣郭昌、卫广两位将军等人统领前往攻打昆明阻挡汉天子的使者,杀死和俘虏了几万人后就离开了。这以后汉朝派遣使者,昆明又出来抢掠阻挡,终究没能到达、沟通大夏国。

而从北边经酒泉抵达大夏国的道路上,使者已经很多,外国人越发满足了获得汉朝布帛财物的需求,对这些东西感到不再那么贵重了。

自从博望侯张骞因为开辟了通往西域各国的道路而获得地位和尊显后,以后跟随出去的官吏和士卒都争着上书汉武帝,陈述外国的奇珍异宝以及利害,纷纷要求充当使者去出使。汉朝天子觉得西域各国路途遥远,并不是每个人都愿意前往的,就接受了这些人的要求,赐予符节,招募官吏和百姓时可以不过问被招募者的出身,为他们配备人员,派遣他们出使,以达到扩大沟通各个国家的外交目的。

出使和归来的人们常常会出现侵吞财物布帛的现象,甚至出现背离皇帝意愿的情况。汉武帝觉得这些人熟悉西域和使者的工作程序,就经常深究他们的罪行,想以此来激怒他们,让他们出钱赎买自己的罪行,再次主动要求充当使者。这样一来,出现在出使方面的各种问题没完没了,然而因为皇帝在处理这一问题时的态度等原因,这些人就很轻易地违法犯律了。

那些在朝为官的和士卒们也经常反反复复地称赞外国独有的东西。说大话的人被授予符节当了正使,浮夸小的人被封任为副使,因此,那些胡说大话却又没有德行的人争相去效仿他们。

在出使西域的人中，多数是穷苦人家的子弟，他们把官府送给西域各国的财礼时不时占为己有，想通过低价卖出去，在外国换取好处。外国人也很讨厌汉朝使者个个人说话缺少轻重和不真实等，他们估计汉朝的军队离自己的国家十分遥远，不可能到达，就此断绝了出使却只认得实物，致使汉朝使者的生活处境艰难，物资常常被断绝，因而对西域各国产生了深深的怨恨，以至于相互攻击。

楼兰、姑师都是小国，却正好处在交通险要的位置，所以他们常常很凶猛地攻击汉朝的使者王诙。匈奴的精锐部队也时常偷偷阻挡和攻击出使西域各国的汉朝使者。汉朝使者也争着抢着详细谈论外国的种种危害，都说西域各国都有城镇，但兵士实力弱小，容易打击。

在这种情况下，汉武帝借机派遣从骠侯赵破奴率领属国骑兵以及各郡士兵几万人，开赴匈河水，准备攻打匈奴人，而匈奴人都逃离开了。到了第二年，攻打姑师国，赵破奴和轻骑兵七百多人最先到达，俘虏了楼兰王，接着攻破姑师。汉军借助取胜后的高昂士气，乘机围困乌孙和大宛等国。返回汉朝后，赵破奴被封为浞野侯。

王诙因为多次出使，被楼兰搞得很狼狈，就把这件事告诉了天子。汉武帝于是发兵，命令王诙辅佐赵破奴前去攻打敌人，王诙被封为浩侯。于是，汉朝从酒泉修筑亭鄣，一直修到玉门关。

乌孙王用一千匹马做聘礼，想娶一名汉朝的女子做妻子，汉朝就派遣皇族江都王刘建的女儿嫁给乌孙王为妻,乌孙王昆莫把她封为右夫人。匈奴人也派遣公主给乌孙王昆莫当妻子,昆莫就策封为左夫人。昆莫说:"我老了",就命自己的孙子岑娶娶了公主做妻子。乌孙国盛产良马,比较富有的人家最多时有四五千匹马。

当初,汉朝使者到了安息国,安息王命令重要的人率领两万骑兵在东部国境迎接汉朝使者。东部国境距离王都几千里。要走到王都,就要经过几十座城镇,百姓人口众多,民众居住相连。汉朝使者完成使命返回汉都长安时,安息国就派遣使者跟随汉朝使者前来长安,观察汉朝的广阔无边。他们把大鸟的蛋和黎轩善变魔术的人带过来献给汉朝。至于那些大宛西边的小国骧潜、大益,大宛东边的姑师、扜罙、苏薤(xiè)等国,也都随汉朝的使者前来进献贡品和拜见天子。天子汉武帝非常高兴。

汉朝使者也在出使时极力探寻黄河的源头,黄河的源头在于真国,那里的山上多出产玉石,被使者开采回来。天子考察古代的图书典籍,命名黄河源头所在的山叫昆仑山。

这个时期,正值天子汉武帝多次到沿海地带视察地方政绩,每次外出考察,都要让宫中所有的外国人跟随出行,只要人多的大都邑都要路过,奖赏给他们钱财布帛,准备下丰富的物品犒劳他们,以此向所有的外国人展示大汉朝的丰饶富有。

天子还大规模地搞角抵活动,演出奇特的戏剧,展示出许许多多怪异的东西,招引来许多人聚拢围观,天子一高兴便进行赏赐,聚酒成池,挂肉成林,让外国的客人遍观各地仓库中储藏的物资,以表现汉朝的广大强

盛,使他们倾倒惊骇。等到增加那魔术的技巧难度后,角抵和奇戏每年都变化出新的花样,这些技艺的越发兴盛,就是从这个时候开始的。

西域的外国使者换过来换过去,来来往往不停止。可是大宛国以西的各国使者,都觉得自己的国家远离汉朝,依然是骄横放纵、安逸享乐。大汉朝也不能用礼教来束缚他们,让他们顺从地听候吩咐。

从乌孙国向西一直到安息诸国,由于这些国家靠近匈奴,匈奴人困扰了月氏国,所以匈奴的使者拿着单于的一封书信,就可以让这些国家轮流供给食物,不敢阻挡匈奴的使者,让他们受苦。

但汉朝的使者来临时,只要不拿出钱财布帛,他们就不提供饮食供给,不用钱买牲畜就不会得到坐骑。之所以会出现这样的事情,是因为他们觉得离汉朝比较遥远,而汉朝又不缺钱财物品。所以汉朝使者一定要从他们手里购买才能得到想要的东西。当然,也是因为他们害怕匈奴使者比害怕汉朝使者大的原因所致。

大宛周围的国家都用葡萄酿造酒,富裕的人家收藏的酒多达一万多石,保存时间长的可以放置几十年而不坏。当地人的习俗是嗜酒如命,马匹喜欢吃苜蓿草。汉朝使者获取并带回葡萄和苜蓿种子,这样天子就在国内比较肥沃的土地上开始种植苜

蓿、葡萄。等到天马多了,外国的使者也来往长安的多了,天子就在离宫别苑旁边都种上一望无际的葡萄和苜蓿。

从大宛以西到安息国,即使各国的语言迥异,但风俗大致相同,彼此之间基本上可以相互了解。那里的人都是眼睛深陷,脸上一把密密麻麻的胡子,擅长做买卖,一分一厘也要争执计较。当地人在风俗上特别尊重女人,女子说的话丈夫一定照办不误,丝毫不敢违抗。在那里一点也找不到丝和漆,他们不懂得铸造钱币和器皿。等汉朝使者中有逃亡并投降了他们的士卒出现后,才教会了他们铸造兵器和器皿。他们得到汉朝

的黄金和白银后，往往用来铸造器皿，并不做为钱币用来流通。

汉朝使者出使西域的慢慢多了起来，其中那些少年时代就随使者出使的人，大多对天子进言叙说自己熟悉的西域各国，他们说道："大宛国的贰师城里有一种优良的马匹，他们却藏匿起来不愿意交给汉朝使者。"天子本来就非常喜欢大宛的良马，听到这些话后，心里自然很激动，就派遣壮士车令等拿着千金和一只浇铸的金马，希望能以此交换贰师城的良马。

大宛国现在已经有很多汉朝的东西，宛王就与大臣谋划说："汉朝距离我们十分遥远，而经过盐泽来我国的人多有死亡；如果他们从北边过来又有匈奴阻挡，从南边过来又缺少水草。况且路途上常常还缺少城镇，荒无人烟，缺少补给。每一次汉朝使者来的时候都有几百人，因为经常缺乏食物，饿死的就超过一半，这种情况怎么能派大军过来呢？他们不能把我们怎么样。更何况贰师城的良马是我们大宛国的宝马啊。"就不肯给予汉朝使者。

汉朝使者很愤怒，扬言要砸碎金马再离去。大宛国的贵族官员愤怒地说："汉朝的使者太看不起我们大宛国了！"就遣返汉朝使者，并命令东边的郁成国阻挡并追杀汉朝使者，抢夺使者的财物。

在这种情况下，天子龙颜大怒，以前好多出使过大宛的人，像姚定汉等人曾经说过，大宛兵弱，若果真能率领不到三千人马的汉军，用强弓劲弩射击他们，就可以全部俘获他们的军队，打败大宛。因为天子曾经派遣淜野侯攻打楼兰，只用七百人的骑兵抢先到达，就俘虏楼兰王。天子认为姚定汉说的对。

汉武帝想使宠姬李夫人家得以封侯，就任命李夫人的哥哥李广利为贰师将军，统帅属国的六千骑兵，以及各郡国的不轨少年几万人，前去讨伐大宛。目的就是要到贰师城夺取良马，所以封号叫"贰师将军"。赵始成当军正，原来的浩侯王恢当军队向导，李哆当校尉，掌握军中的事情。这一年是汉武帝太初元年。这时关东出现严重蝗灾，蝗虫甚至飞到了西边的敦煌。

贰师将军的部队过了西部的盐泽，处在通道之上的弱小国家感到恐慌，都坚守城堡不肯出来，也不肯给汉军补充给养。部队攻城又攻不下。攻下城池的就能获得给养食物，攻不下来的几天内就得撤走。等到了郁成，士卒跟上来的不过几千人，都没有食物充饥。部队攻打郁成，没有攻破，而汉军却遭到重大伤亡。贰师将军与李哆、赵始成等人商议："到达郁成尚且攻不下来，何况攻打大宛的王都呢？"就领兵返回。一来一往用了两年时间。

回到敦煌时，剩下的士卒不过原来的十分之一二。贰师将军就派使者对天子报告说："通往大宛的路途遥远，又缺少补给，而且士卒不害怕战争，怕的是饥饿。兵力也不够，没有足够的力量攻取大宛国。恳请暂时收兵。等将来多派军队再前去讨伐大宛国。"天子听了后，非常生气，派使者在玉门关阻挡住贰师将军，下令说："军队中有敢进入玉门城的，杀无赦！"贰师将军害怕，趁机留住在敦煌。

第二年（太初二年）夏天，汉朝在匈奴损失了浞野侯两万多人马。公卿及士大夫商议，都希望停止攻打大宛国，而集中力量专门攻打匈奴。但天子觉得小小的大宛国都攻打不下来，那么大夏等国就会轻视汉朝，而且大宛的良马也绝不会被送过来，那么乌孙、仑头这些小国就会给汉朝使者制造麻烦，汉朝就会被外国所耻笑。

汉武帝法办制裁了说讨伐大宛国尤为不利的邓光等人，赦免在押的

囚徒和犯了罪的勇敢士卒,更加招收增派品行不端的年轻人和边疆骑兵,一年多的时间就有六万人马从敦煌出发,另外还有自己拿着装备而随军参战的,他们带来十万头牛,三万多匹马,几万只驴、骡子和骆驼等,还带来了很多粮食,和各种各样五花八门的兵器。当时全国骚动,相传奉命征伐大宛的校尉就有五十多人。

大宛都城中没有水井,需要汲取城外流进城里的流水,于是汉军就派遣水工改变城外的水道,使城里无法用水。汉朝还增派了十八万部队,守卫在酒泉、张掖的北边,设置了居延、休屠两个县以护卫酒泉。又调发全国七种犯罪之人,载运干粮供给贰师将军。转运物资的人员川流不息,直到敦煌。又任命两位熟悉马匹的人做执驱校尉,是为攻破大宛城后挑选他们的良马而专门准备的。

在这种情况下,贰师将军又一次率兵出征大宛国,因为部队众多,所经过的小国没有不出来迎接汉朝部队的,都拿出食物给部队使用。到达仑头国时,仑头国不愿意投降,就攻打了好几天,然后屠杀了全城。从仑头向西行进,一路平安无事地到了宛城,汉军先头抵达的有三万人马。

大宛兵出来迎击汉军,汉军用箭取得胜利,大宛军就退回城中依靠城墙进行守卫。贰师将军命令部队准备前去攻打郁成,又担心部队滞留不能前行而让宛城越发做出诡诈之事,就先到大宛,断绝他们的水源,改变水道。宛城本来就已经担忧危险了,汉军包围宛城,攻打了四十多天,宛城的外城被摧毁,俘虏了大宛国贵族勇将煎靡。

大宛城中人人自危害怕,逃入城内,据守不出。大宛的贵族一起商量说:"汉朝之所以攻打大宛,是因为大宛王毋寡藏匿良马,又杀了汉朝使者的缘故。现在我们杀了宛王毋寡,并拿出良马送给汉朝,汉兵的围堵自然就会结束;即使不能够解除包围,就竭尽全力与汉朝军队拼个鱼死网破也不晚啊。"大宛国的贵族都觉得这样做最好。

大宛国的贵族一起杀死他们的王毋寡,派遣贵族拿着毋寡的头颅献给贰师将军,与他相约道:"汉军如果不再进攻我们,那么我们就把所有的良马悉数交出来,任你们挑选,并给汉军提供饮食。如果你们不接受我们的要求,我们就把良马全部杀死,而康居的援兵也将到来。他们的军队要是赶到了,我们的军队在城里,康居的军队在城外,同汉兵一同作战。恳请汉军仔细考虑,做何打算?"这时康居的侦察兵在窥视汉军的情况,由于汉军还较强大,康居军队不敢进攻。

贰师将军李广利和赵始成、李哆等商议,说:"听说大宛城里最近招来了汉人,这人熟悉打井技术,而且城中储存的粮食还很多。我们来这里的目的就是要杀罪魁祸首毋寡。毋寡的人头已到手,却又不答应人家的解围撤兵要求,那么他们就会坚决固守,而康居军队偷窥汉军,等到汉军疲惫时再来救助大宛,那时必定会打败汉军的。"军官们都认为他说得正确,便答应了大宛的要求。

于是,大宛国献出了他们的良马,让汉军自己选择,还拿出许多粮食供给汉军。汉军选取了他们的几十匹良马,以及中等以下的公马、母马三千多匹,又立了大宛贵族中从前对待汉使很友好的昧蔡做大宛王,同他们订立盟约后便撤兵。汉军始终没有进入大宛城内,便班师回朝了。

一开始,贰师将军从敦煌以西启程,认为部队兵员很多,所经国家不能提供给足够的食物,就把部队分成几路,从南和北共同进发。校尉王申生、原鸿胪壶充国等率领一千余人,从另一条路到达郁成。郁成坚守城内,不愿意给大军供应粮食补给。

王申生离开大军二百里,觉得有所依靠而轻视对方,向郁成索要粮食,郁成不肯给予他们,并派出侦察兵偷偷窥视王申生所部,发现他的人马不断减少,就在一个清晨用三千人的军队攻打王申生所部,杀了王申生等人,部队也被打败,只有少数几个人逃了出来,逃到贰师将军那边。

贰师将军命令搜粟都尉上官桀前去攻打郁城。

郁城王逃亡到康居城，上官桀追杀到康居，康居王听到汉军已经攻破大宛，就逮住郁成王并把他交给上官桀，上官桀就命令四个骑兵捆绑住郁成王，看押住他，然后报告大将军李广利。

四个看守的士兵相互商量说："大汉朝最痛恨的就是郁成王了。现在我们押着他，如果突然之间发生意外，就是天大的事啊。"他们打算杀了郁成王，却没有人敢最先动手。上邽人骑士赵弟是四个人中年龄最小的，就拔出宝剑杀了郁成王，带上郁成王的首级。赵弟和上官桀等追上了贰师将军李广利。

一开始，贰师将军后一次出兵时，天子派使者告诉乌孙国王，要求他们多派部队与汉军联合攻打大宛。乌孙王就派遣了两千骑兵随汉军前往，他们抱着骑墙看风向的态度，只是观望，却不愿意前行。贰师将军胜利东回，所经过的小国听说大宛城已经被攻破，都让他们的子弟随汉军来到汉朝，拜见天子，顺便留在汉朝做人质。

贰师将军攻打大宛时，军正赵始成奋力杀敌，立下了很多功劳；上官桀勇敢带兵深入敌人，李哆积极出谋划计，使军队回到玉门关的有一万多人，有一千多匹军马。

贰师将军后一次出征，军队并不是缺乏物资补给，战死的也不是很多，但军中带兵的将领贪污腐败，大多不爱惜士卒，侵吞军饷，因此，部队的伤亡才比较大。

但天子心想，因为他们不远万里，出师攻打大宛国，就不追究他们的过失，封李广利为西海侯。又加封身斩郁成王的骑士赵弟为新畤侯，军正赵始成为光禄大夫，上官桀为少府，李哆为上党太守。军官中被晋升为九卿爵位的共三人，升任诸侯国相、郡守、二千石级别的官员共一百多人，升任千石以下级别的官员一千多人。自愿参军者所得到的军职超过了他们的预期愿望，因被罚罪而参军的人都不计功劳，免于罪行。对士卒的赏赐价值四万金。两次讨伐大宛，共用了四年时间才得以彻底结束。

大汉朝已经讨伐了大宛国，就拥立昧蔡做了大宛国的国王，然后班师回朝。一年后，大宛国的贵族官员认为昧蔡是个善于阿谀，使大宛国遭受杀戮的人，于是就相互谋划并杀了昧蔡，拥立毋寡的兄弟蝉封当了大宛国王，又派遣蝉封的儿子到汉朝做人质。汉朝也派使者向大宛国赠送礼物加以安抚。

后来汉朝派遣了十多批使者到大宛国西边的一些国家，去寻求奇珍异宝之物，趁机晓谕和展示讨伐大宛国的威武和功德。在敦煌和酒泉开始设置了都尉府，一直到西边的盐泽，一路上到处都设置有亭鄣。

太史公认为："《禹本纪》中说：'黄河发源于昆仑山，昆仑山高达二千五百里，它是日月相互隐避、并且发出各自光明的地方。昆仑山上有醴泉和瑶池。'如今，从张骞出使大夏国，并最终寻找到了黄河源头这些事来看，哪里还能看到《禹本纪》中所说的昆仑山呢？真的要谈论华夏的九州山川，《尚书》应该是最接近实际的书了。至于《禹本纪》和《山海经》里所记载的怪异之物，我是不敢相信和叙述的。"

游侠列传第六十四

人物像

季次

原宪

朱家

郭解

游侠列传第六十四

韩非子说："儒生用儒家经典破坏法规法度，而侠士则用勇武的行为违反条律禁令。"他对这两种人的行为都加以讥笑讽刺，然而，世人常常只称颂儒生。那些依据权术谋取卿相士大夫，辅佐所在时代的君主，被人把功名记载在史书上的人，本来也没有什么可说的。至于像季次、原宪这类人，来自于平民百姓，通过用功读书，胸怀君子美德，坚守道义，不与世俗同流合污，当代的世俗之人也在讥笑嘲讽他们。

季次、原宪他们一生室内空空、柴门蓬户，穿着粗布衣服，连粗食糙饭也吃不饱。他们已经死了四百多年，但他们世代相传的弟子们依然不知疲倦地怀念他们。

当今的那些游侠之士，他们的行为即使不合乎道德规范、法律准则，但他们却说话守信用，做事果敢坚毅，丝毫不会动摇，承诺人家的一定要做到。为了诚信，他们往往不惜自己的性命，在危难之中去救助他人。

他们已经经历了生与死、存与亡的考验，却不愿意自我夸耀本领、羞于在众人面前显露自己的功德，这大概也是特别值得赞美的地方吧。

何况，每个人都会遇到非常急迫的事情。

太史公说："当初虞舜在淘井和修理仓廪时遇到了危难，伊尹曾经背负汤锅案板做厨师，傅说也曾藏匿于傅岩做苦工，吕尚曾经在棘津遭受厄运，管仲曾经手戴枷脚戴镣，百里奚也曾喂过牛当过奴隶，孔子曾经在匡地遭受拘役，在陈地、蔡地遭遇饥饿。这些人都是被儒生称颂的有道德有修养的仁人，也会遇到这样的灾难，何况那些才智普通却又适逢乱世的人呢？怎么能说得完他们所遇到的不幸和灾难呢！"

最普通的民间百姓会说这样的话："哪里还需要区别到底是不是仁义道德的事呀，已经得到的好处就是最仁义道德的。"

伯夷认为吃周粟是件可耻的事，他竟然饿死在首阳山上，而周文王、周武王的王者声誉却没有因此受到损伤；盗跖和庄蹻凶残暴戾，可他们的弟子却称颂他们的道义无边无际。

由此可见："偷盗带钩的常常遭到杀头的刑罚，窃取国家政权的却常常被封侯，受到封侯的人家就会有仁义道德。"太史公觉得这话并不是没有根据的虚假之言啊。

太史公还说：如今，那些拘泥于片面见解的学者，有的人墨守着狭隘的见解，长时间孤立于人世之外，哪里能够比得上用那些低下的见解来迁就世俗，并能够随着世俗的起落而获取荣耀和生命的人呢？

普通民众最看重的，是符合道义的取舍和能够实现的德行。为了追求道义，他们可以千里之外去跟随，可以不顾世俗的谴责而抛弃身家性命，这的确是他们的长处，并不是随随便便的人就可以做到的。

所以，读书的人身处穷困之中却可以以身相托，这不就是人们所谓的贤能侠士中的人吗？果真能让民间游侠之士与季次、原宪来比较权势和力量，比一比对当今社会的贡献大小，自然是不能同日而语的。因此，从事物的结果或言必行行必果的情况来观察，天下又怎么能缺少侠客的正义之举呢！

古代的平民侠客之士，人们还没有听说过。近代的延陵季札、孟尝君、春申君、平原君、信陵君等这些人，由于他们都是君王的亲属，仰仗着封国和卿相的雄厚物质财富，招揽天下的贤能之才，在各个诸侯之间显现声名，不能说他们就不是贤能的人。这有点象顺风呼喊，声音虽然不很洪亮，却能让人听得清清楚楚，这是风势激荡的结果啊。

至于那些寻常街巷的平民侠客，他们潜心修行，提高名望，在天底下传颂他们的好名声，被世人称赞他们的贤能美德，也的确是很难做到的事啊。

可是儒家和墨家的信徒们都在排斥和摒弃他们，也不在自己的文献里对他们的事迹和美德加以记载。

从秦朝以前，平民侠客的事迹早已经被湮没了，致使现在一点也看不到。这是最让太史公感到遗憾失望的事啊。

太史公听说：西汉政府建立后，民间侠客之士有朱家、田仲、王公、剧孟、郭解等人，他们即使时不时违反当代政府的法律条令，然而这些人的个人行为符合道义，廉洁自律，有退让之心，的确有值得人们称颂的地方。他们的名声并不是凭空捏造出来的，读书人自然也不会凭空附和他们。

那些结成帮派的豪强，他们相互勾结，仰仗权势欺压奴役穷苦人，凭借豪强和暴力手端欺压孤独弱势群体，放纵自己的欲望，满足自己的快感，他们也正是被游侠之士所看不起的。

太史公悲哀世俗之人不能洞察他们的真实意图，却错误地把朱家、郭解等侠客与暴力豪强之徒等同于一类，一样地加以嘲讽讥笑。

鲁国的朱家与高祖是同一个时代的人。鲁国人都喜欢信奉儒家的教育学说，但朱家却因为侠士之举而名闻。他所藏匿和救活的豪杰不少于几百人，而被救的那些普通人则是说也说不完的。

朱家始终都不夸耀自己的才能，也不自我欣赏他对别人施行的恩德。因为担心被感谢，他就唯恐再遇到那些曾经被他给予和施舍过的人，而远远躲开他们。

朱家反复周济救助别人，是先从

贫贱开始的。但他的家中却没有剩余的钱财,衣服破烂得没有完整的色彩和花纹,吃饭没有第二个菜,出行只坐牛驾的车辆。他把所有的精力都用在救援别人的危难,为他人奔走忙碌上,而对自己的事却一点也不上心。

朱家曾经私下里让季布摆脱了被追杀的厄运,等到季布将军地位尊显后,他却终生不肯与季布相聚。从函谷关往东,世人都伸长脖子企盼着同他结交与好。

楚地的田仲也是凭借侠义之举而名满天下的。田仲喜欢剑术,像侍奉父亲一样对待朱家,他觉得他的言行在朱家面前还差得很远。田仲死后,洛阳出了个剧孟。

洛阳人凭借经营买卖来获得生活的资本,而剧孟却凭借讲义气和抱打不平在诸侯中扬名。

吴、楚七国发生叛乱时,条侯周亚夫做太尉,他乘坐驿站的车辆就要到洛阳时,获得了剧孟的信任和帮助,周亚夫高兴得大笑着说:"吴、楚七国叛乱举事却不求助于剧孟,我就相信他们是不会有所作为的。"在动乱的时代里,周亚夫得到了剧孟就好像获得了一个相匹配的国家。

剧孟的行为大致上类同于朱家。剧孟尤其喜欢下棋,他玩的多数是青少年爱玩的游戏。然而,等剧孟的母亲死后,从很远的地方赶过来发丧送行的车辆就达上千乘。但等到剧孟死后,他的家里竟然贫穷得没有十金之财。而符离人王孟也凭借豪义侠客之举在江淮一带被人称颂。

这个时期济南姓瞷的人家，陈地的周庸也因为豪义侠士而名闻天下，汉景帝听到这些后，就派人抓获并全部处死了这些人。

从此以后，代郡诸位姓白的、梁地的韩无辟、阳翟的薛兄、陕地的韩孺，又都纷纷出现了。

郭解是轵（zhǐ）县人，字翁伯。他是最有名望的相面大师许负的外孙。郭解的父亲因为行侠仗义，被汉文帝处死。

郭解个头矮小，精明强悍，从不饮酒。他年少的时候内心阴险狠毒，愤慨不满意了，就亲手杀了许多人。他不惜自己的性命也要为朋友报仇，他藏匿亡命之徒去干抢劫等作奸犯科的坏事，一旦停下手来，他就私铸钱币，挖坟盗墓，他的不法活动多得数不清。但他的运气非常好，上天常常保佑他，他在最危急的时候往往能够全身而退，或者遇到大赦。

郭解长大后，便改变了自己的操行，不断反省，以德报怨，施舍他人从不吝啬，又很少怨恨人。他自己喜欢行侠仗义的心思越来越强烈。挽救了别人的性命，却不自我吹嘘功劳大。

不过郭解的内心仍然残忍狠毒，常常为一件小事就突然瞪大眼睛，暴怒行凶的事依然如故。然而，当时的少年们仰慕他的行为，也常常为他出气报仇，却悄悄地不让他知道。

郭解的姐姐有个儿子，他倚仗郭解的势力和影响，同别人饮酒作乐，让对方干杯。人家的酒量小，不能再喝了，他就强行灌酒。那人发怒，拔刀刺死了郭解姐姐的儿子后，就偷偷逃跑了。

郭解的姐姐听到凶手逃跑后,气愤地骂道:"凭借我弟弟翁伯的义气,人家杀了我的儿子,难道凶手还逮不住?"于是她就把儿子的尸体丢置在道路上,不埋葬,想用这个办法来羞辱郭解。

郭解派人暗中打探凶手的去处。凶手害怕了,主动跑回来把当时发生的真实事情一五一十地对郭解说了。

郭解听了后对凶手说:"你本来就应当杀了他,我们的孩子是不占道理的。"然后就放走了凶手,把罪责全部归到姐姐的儿子身上,并收尸埋葬了他。人们听到这个消息后,都称赞郭解的道义行为,更加依附于他。

郭解每次外出办事或办完事回来,人们都躲避他。唯独有一个人岔开两条腿,傲慢地坐在那里看着他,郭解就派人过去询问此人的高姓大名。门客中有人想过去杀那个人。

郭解劝说门客道:"我居住在乡里,却这样不被人敬重。这是我的德行还没有修养到被人尊敬的地步,人家有什么过错?!"郭解暗地里叮嘱尉史说:"那个人是我最关心的人,以后要是遇到他服役时,就替他免除了。"

此后很多次,每到服役时,县里的官吏都放过了这个不尊重郭解的人。这个人感到奇怪,就过去向官吏询问其中的原因,才知道原来是郭解帮他免除了服役。这个人就袒露着胸部,到郭解跟前来谢罪。当时的年轻人听到这件事,越发地仰慕郭解的

行为了。

　　洛阳城里有相互之间结了冤仇的人，城里有几十个贤士豪杰从中进行调解，双方始终不肯接受大家的劝说。门客们就跑来拜访郭解。郭解于是连夜过来约见结怨仇的人家，仇家出于对郭解的信任和尊重，很委屈地听从了郭解的调解。

　　在这种情况下，郭解对仇家说道："我听说洛阳城的各位贤士豪杰在此调解，你们却不听从。现在您给足了我的面子，听了我的调解，打算和解。郭解何德何能，有什么权利从别的地方跑过来侵夺洛阳城中贤士豪杰的调解权呢！"于是，他悄悄地不让所有人知道来过这里，连夜返回家中。走的时候，他对仇家说："暂时不要听我的话，等我离开后，再让洛阳城里的贤士豪杰从中调解，然后再听他们的进行和解。"

　　郭解谨守着恭敬待人热情有加的习惯，他从不乘车走进县衙门。即使到别的郡国去替人办事，事能办成的，一定尽心把它办好，办不成的，也要使相关的方方面面都满意高兴，然后他才敢去吃人家的酒饭。因为这个缘故，人们都特别尊重他，争着抢着为他出力办事。

　　洛阳城中的年青人以及附近县城的士人豪杰，经常有十多辆车子在半夜三更跑上门来拜访郭解，恳请郭解，要把他供养的门客接回自己家中去供养。

　　汉武帝元朔二年，政府下令将各郡国的豪富人家迁徙到茂陵居住，郭解的家庭很贫困，并不符合资财三百万的迁徙条件，官吏非常害怕，因为郭解的名字就在迁徙的名单当中，不敢不让他迁移。

卫青将军替郭解向皇帝求情说："郭解家贫，不符合迁移的标准。"但是皇帝说："一个普普通通的百姓竟然能让大将军替他说话求情，可见他的势力有多大，也可见他的家并不贫穷！"

结果，郭解就被迁徙到了茂陵。人们共出资一千余万来为郭解送行。

轵县人杨季主的儿子当县橡，是他提名检举要迁徙郭解的。郭解哥哥的儿子砍掉了杨县橡的头。从此杨家与郭家结了冤仇。

郭解被迁徙到关中后，关中地区的贤士豪杰不管是从前认识的，还是不认识的，现在只要听到了他的名声，都争着抢着结交郭解。

郭解的个子矮小，不会喝酒，出门也不骑马，后来又杀死了杨季主。杨季主的家人便上书告状，有人替郭解办事，又偷偷把杨季主家告状的人杀死在宫门下。这件事被皇上听到了，就下令拘捕郭解。

郭解听到官府缉拿他的消息后便逃跑了，他把母亲及家室安置在夏阳，自己则逃往临晋。

临晋籍少公平素并不认识郭解，郭解冒昧地前去拜见他，顺便要求他帮助自己出关。籍少公把郭解送出关后，郭解转移到太原，他所到之处，常常把自己的情况告诉容留他食宿的人家。

官吏就顺着他的踪迹，一路追逐，追踪到籍少公家里。籍少公无奈自杀了,口供自然也断绝了。

过了很久,官府才抓捕到郭解,并彻底追究他的违法行为,发现一些被郭解杀害的人,都发生在赦令公布之前。

一次,轵县有个儒生陪同前来查办郭解案件的使者闲坐,郭解门客称赞郭解时,儒生则说道:"郭解专门喜欢做那些奸邪犯法的事,怎么能说他是贤人豪杰呢?"郭解的门客听了这些话,就杀了这个儒生,还割下儒生的舌头。

官吏以此呵责郭解并让他交出凶手,可是郭解的确不知道杀人的是谁。杀人的人始终没能查出来,终究不知道是谁干的。

官吏上奏皇帝,说郭解无罪。但御史大夫公孙弘评论说:"郭解以平民身份行侠作掩护,实则玩弄权术,因小事而残忍杀人,郭解自己即使不知道,但这个罪行比他自己杀了人还要严重。判处郭解大逆不道之罪。"然后就诛杀了翁伯郭解的家族。

从这以后,行侠仗义的人特别多,但这些人全都傲慢无礼,没有值得称颂的地方。不过关中长安的樊仲子、槐里赵王孙,长陵的高公子,西河的郭公仲,太原的卤公孺,临淮的儿长卿,东阳的田君孺,即使行侠仗义却也有谦虚退让的君子风度。

但是,象北道的姚氏,西道的一些姓杜的,南道的仇景,东道的赵他、羽公子,南阳赵调这类人,充其量都是些处在民间的江洋大盗和盗跖罢了,哪里还值得人们一提呢!这都是从前朱家那样的人最引以为耻的。

太史公说:"我看郭解,状貌赶不上中等人,言语也没有值得可取的地方。但是天下的人们,无论是贤士还是不肖之徒,也不管是否认识他,大家都在仰慕他的名声，谈论游侠的人都要标榜与郭解之间的情分，来提高自己的声望。有谚语说：'人用美好的名声来充作自己的容貌，难道会有衰老穷尽的时候吗？'唉，可惜呀！"

佞幸列传第六十五

人物像

韩嫣

邓通

李延年

佞幸列传第六十五

俗话说："经营好田地，倒不如企盼风调雨顺的年景，爱岗敬业地做官，倒不如企盼赏识自己的君主。"这句话本来就不是凭空捏造出来的。并非只有女流之辈才能凭借色相娇媚争宠，那些士人和宦官也会做这样的事情。过去，凭借色相争宠的人和事已经很多了。

西汉政权建立后，性情特别刚直、暴烈的汉高帝，仍然没有躲过籍孺的谄媚宠幸。

孝惠帝时期的闳孺也是靠谄媚才得到宠幸的。

籍孺和闳孺这两个人没有任何才能，唯独能凭借乖巧顺和来争得君主的宠幸，得到了显贵的身份和宠幸，竟然能够与君主同起同睡。连公卿大臣们也要通过他们才能向皇帝表达自己的建议和主张。

孝惠帝时期的朝中，侍郎侍中这些当官的，都戴着插了锦鸡羽毛的帽子，衣服上系着用贝壳装饰好的衣带，略施粉黛。这是受到了闳孺和籍孺一类人的感染和影响的结果啊，他

们两个人后来把家搬到安陵去了。

汉文帝时期,皇宫中受宠之臣是士人邓通,宦官则是赵同和北宫伯子。北宫伯子由于是个仁爱的长者,所以受到宠幸;

赵同是凭借观察星相和望气问卜才受到宠幸的,他常常给孝文帝做陪乘。

邓通,是蜀郡南安人,他除了是个划船高手外,再也没有其他的技能了。划船让他做了黄头郎。

汉文帝有一次做梦,梦见自己升天,无法上去时,来了一个黄头郎,从后面推着他,使他顺利地升了天。汉文帝飘在空中回头一看,只见黄头郎穿的衣衫和横腰部分以及衣带都向后打了结。

梦醒后汉文帝前往渐台那儿,悄悄地寻找梦中推他升天的那个人,果然看见了邓通。邓通的衣服向后打着结,和梦中之人的穿着一模一样。汉文帝就询问他的姓名,他回答说姓邓叫通,汉文帝很喜欢他,一天超过一天地更加宠幸邓通。

邓通性格老实谨慎,不喜欢与人打交道,即使皇帝赐给他休假的机会,他也不愿意出去结交人。

汉文帝赏赐了邓通十多次,总共给了他超过上亿的财礼,让他官做到上大夫。

汉文帝时不时前往邓通家里和他玩耍做游戏，可是邓通却没有其他才能，也不能够向皇上推荐有才能的人，只能一个人小心谨慎地服侍和谄媚皇帝而已。

一次，皇上派遣善于相面的人前去给邓通看面相，相面的人说："邓通最后应当是被饿死的。"汉文帝不相信，说："能够让邓通富有的人是我呀，怎么会说他将来会饿死呢？"

于是，汉文帝就把蜀郡严道的铜山赏赐给了邓通，还特意批准他有自造钱币的特权，于是，"邓氏钱"遍布天下。邓通的富有竟然达到了这种地步。

汉文帝曾经得了痈疽病，邓通经常给汉文帝吸吮脓血。汉文帝有时候心里不高兴了，却脸上很平静地问邓通，说："你认为天下谁最爱我？"邓通回答说："天下最爱你的人，没有人能超过太子对你的爱了。"

太子也入宫探望询问皇帝的病情，汉文帝让太子吸吮伤口那儿的脓血，太子虽然吸吮了，但脸上的表情却非常难看。

不久太子就听到了邓通常常替皇帝吸吮脓血，心里感到很惭愧，也在心里怨恨邓通在这方面做得超过了太子本人。

汉文帝去世后，汉景帝即位，他就把邓通的官职给罢免了。邓通开始赋闲在家，其间有人告发邓通偷出境外铸钱，景帝就把这件事交给了法官去查处审理，一查，果然发现有这回事，就审理结案，把邓通家里所有的钱财全部没收充公，邓通还背了好几亿元的债务。

长乐公主可怜邓通，就赏赐给他一些钱财，但法官常常是跟在后面进行没收，连一根簪子也不允许他带在身上。

长乐公主就只能命令手下人借给邓通衣食所需的费用，最终邓通连一个铜钱也占有不了，直到他最后寄居饿死在别人家里。

孝景帝时期，宫中并没有被宠幸的臣子，然而唯独只有看病的郎中周仁最受景帝宠爱，他被宠爱的程度超过了一般人，但仍然不深厚。

当今天子汉武帝在宫中宠幸的臣子一共有两个人。韩嫣是弓高侯韩颓当的庶孙。当今天子汉武帝还在做胶东王时，韩嫣就和皇帝在一起读书学习书法了，两个人的关系非常要好，相互友爱。等到皇帝当了天子后，越发地喜欢

韩嫣。

韩嫣善于骑马射箭，更善于谄媚。汉武帝即位后，准备讨伐匈奴，韩嫣就首先练习掌握匈奴的兵器，就凭借这个，韩嫣越来越尊贵，被授予上大夫之职，皇帝对他的赏赐足可以比拟邓通。那时，韩嫣常常和皇帝一起生活，同睡同起。

有一次，江都王刘非进京朝见汉武帝，皇帝下令江都王可以随皇帝到上林苑打猎。武帝的车队由于清理道路的原因还没有出行，却先派韩嫣乘坐副车，身后跟随着上百个骑兵护卫，狂奔而行，去查看野兽的情况。

江都王远远望见一队人马，还以为那是天子过来了，命令随从人员急忙躲避，自己也低身趴伏在路边拜见。韩嫣却驱马前行，并不见江都王。

等韩嫣过去后，江都王非常恼怒，就跑到皇太后那里哭诉委屈说："请允许我把封国归还给朝廷，让我回来在朝廷上当个夜间警卫吧，和韩嫣一样的。"太后从此怀恨韩嫣。

韩嫣侍奉皇帝，出入永巷却不受禁止，他与皇帝的关系终于被太后知道。皇太后大怒，派遣使者命令韩嫣自杀。

皇帝知道后就在太后面前替韩嫣苦苦哀求，谢罪不已，最终还是没有被接受。韩嫣只好自杀了。

韩嫣的弟弟案道侯韩说，也是因谄媚而得到的宠幸。

汉武帝另一个宠幸的是宦官李延年。李延年是中山国人，他的父

母、兄弟姐妹以及他本人以前都是从事唱歌跳舞的。

李延年曾经触犯刑法，被处以宫刑，然后被打发到狗监中任职。

平阳公主对皇帝说李延年的妹妹善于跳舞，就被皇帝召见了，皇帝心里非常喜欢，等到皇帝把李延年的妹妹招进后宫后，李延年也跟着被召见，并显贵起来。

李延年善于歌唱，创作了新的歌曲。这时正好遇上皇帝建造天地祠，很想把这件事创作成歌词再配上曲子让人来演唱。李延年善于迎合圣上的心意，创作了词曲并演唱它。他的妹妹也得到皇帝的宠幸，给皇帝生了个儿子。

李延年身佩二千石官印，号称"协声律"。他经常与皇帝同起同睡，武帝特别显贵和宠幸他，就像宠幸韩嫣一样。

被宠幸的时间长了，李延年渐渐地和宫女之间有了淫乱之事。而且他出入宫中越发的骄傲放纵，不可一世。

等到李延年的妹妹李夫人死后，当今圣上对他的宠爱才有所衰退，他及他的兄弟们才被逮捕而死。

从此以后，宫中被皇帝宠幸的臣子大多是外戚之家，但他们都不值得一提。

卫青、霍去病也是凭借外戚的身份被尊显、被宠幸的，但卫青和霍去病都是些凭借自己的才能，自我上进的人。

太史公说："皇帝的宠爱和憎恶的爱好太可怕了。从卫灵公的宠臣弥子瑕的经历中完全可以看出后代佞幸之人的结局啊。即使是百代以后，我们也是可以感受到的。"

滑稽列传第六十六
人物像

淳于髡

齐威王

优孟

楚庄王

滑稽列传第六十六

孔子说："从治理国家的角度说，六经的作用是相同的。《礼》是规范人们言行的；《乐》是促进人们和睦团结的；《书》是记述古代典章制度和事迹的，目的是让人们从中得到教化；《诗》是抒发情感传达心意的；《易》是帮助人们探究天地万物之间的变化规律；《春秋》是通晓微言大义、衡量是非曲直的。"太史公说："天地间的事理广阔无垠，难道不伟大么？言谈话语微妙而能切中事理，也能排解很多纷扰。"

淳于髡是齐国的一个上门女婿。他身高不满八尺，是个做事滑稽、能言善辩的人。他曾多次出使各诸侯国，一次也没有被侮辱过。

齐威王执掌国家政权时，很喜欢玩谜语游戏，也喜欢长夜纵情，夜夜笙歌，饮酒作乐，常常沉醉其中不能自拨，却把国家大事交给卿大夫去管理。这样，所有的官员也荒淫放纵、令行不止、政行不通，导致四方诸侯都来拥兵进犯，国家已经到了早晚危亡的地步。可是，威王身边的大臣们没有一个敢直言进谏的。

淳于髡就用隐语游说讥讽齐威王说："朝中有一只大鸟，把君王挡在庭前不让走，三年不飞翔也不鸣叫，君王您知道这是为什么吗？"齐威王

说："这个鸟不飞就罢了，要飞的话就振翅冲天；不叫也就罢了，只要叫的话，那就一鸣惊人。"

于是，齐威王就上朝召见各县的行政长官七十二人，采用重奖一个诛杀一个的办法，整顿朝纲、率兵出击。各诸侯被齐威王的举措震惊了，都把曾经抢夺的齐国土地还了回来。齐国的声威竟然维持了三十六年。这个故事被记写在《田完世家》中。

威王八年，楚国派大军前来侵犯齐国。齐威王派遣淳于髡前往赵国请兵帮助，齐威王让他携带黄金百余斤，四匹马驾驭的车十辆。

淳于髡见了，仰天大笑，结缚帽子的带子都迸断了。齐威王问道："先生是不是觉得礼物太少了?"淳于髡回答说："我哪里敢嫌东西的多与少!"齐威王又问道："那你的大笑，难道就没有什么说法吗?"

淳于髡说："今天我从东边过来时，看见道路旁边有一个祈祷田神的人，手拿一只猪蹄，一杯酒，祷告说：'高地上收获的谷物盛满篝笼，低田里收获的庄稼装满车辆；五谷繁茂丰熟，米粮堆积满仓。'我见他敬献的礼物少而祈求的却很多，所以才发笑。"

齐威王于是就把礼物增加到黄金千镒、白璧十对、驷马车百辆。淳于髡告辞起行，来到赵国。赵王拨给他十万精兵、千余辆裹有皮革的战车。楚国听到这个消息，连夜退兵而去。

祸患解除后，齐威王非常高兴，在后宫摆酒设宴，招待并赏赐淳于髡喝酒，说："先生您喝多少酒才能醉?"淳于髡回答说："臣下喝一斗会醉，喝一石也会醉。"齐威王说："先生喝一斗都会醉，怎么还能喝一石呢! 能把这个道理说给我听吗?"

淳于髡回答说："大王您当面给我赐酒，执法的官员在旁边监督着，御史在后面紧盯着，我心里紧张害怕，跪在地上喝酒，不过一斗就醉了。"

淳于髡又说："假如是家里来了父母敬重的客人,我就会卷起袖子,弯着身子,在一边伺奉敬酒,客人也会不时地赏我残酒,多次举杯相敬应酬,喝不到两斗就醉了。"

淳于髡说："假如朋友间交游,好久不曾见面,忽然间相见了,高兴地诉说着以往的事情,大约喝五六斗就醉了。"

淳于髡继续说道："至于乡里之间的聚会,男女之间杂然而坐,没有时间约束,相互敬酒,又作六博、投壶一类的游戏,呼朋唤友,相互邀请引荐朋友,握手言欢不受处罚,眉目传情不受禁止,跟前有落下的耳环,背后有掉落的发簪。这时我最开心,喝上八斗酒,也不过有两三分的醉意。"

他又说："天黑了,酒也快完了,把残余的酒并到一起,大家促膝而坐,男女同席,鞋子木屐混杂在一起,杯盘杂乱不堪,屋子里的蜡烛已经熄灭,主人送走别的客人却留下我,绫罗短袄的衣襟已经解开,略略闻到阵阵香味,这时我心里最为高兴,能喝下一石酒。所以说,酒喝多了就可能出乱子,欢乐到了极点就可能发生伤悲之事。所有的事情都是如此。"

什么事情都不可走向极端,到了极端就会衰败。淳于髡用酒量的大小婉转劝说齐威王。威王说:"好极了。"于是,威王就停止了彻夜饮酒作乐,并任用淳于髡为接待诸侯宾客的礼宾官。齐王宗室设置酒宴时,淳于髡常常作陪。

在淳于髡之后一百多年,楚国出了个优孟。

优孟原来是楚国的歌舞艺人,他身高八尺,善辩,常常通过谈笑的方式来劝谏。楚庄王执政后,非常喜欢一匹良马,给马穿上华丽的刺绣衣服,养在华丽的房屋之中,让马在没有帷帐的床上睡觉,用加工好的蜜枣喂养马。

楚庄王的马得肥胖症死了,楚庄王就命令群臣给爱马举办丧事,打算用安葬大夫的礼仪棺椁，盛殓安葬这匹马。他身边的大臣们都在争论这件事，认为不应该这样做。庄王下令说："谁再敢在这件事上劝说我，就将获得死罪！"

优孟听了楚庄王的话后，走进殿门，边走边放声大哭。庄王吃惊地询问原因。优孟说："马是皇上您最喜爱的，凭借楚国堂堂大国的条件，有什么索求不到呢？用大夫的规格安葬马，太低等了，我请求庄王用安葬皇帝的礼仪厚葬这匹马。"庄王问："为什么？"

优孟回答说道："臣下请求用雕花玉棺装殓马，用梓木做棺椁，用楩枫豫樟等木材来护卫棺椁，派兵士为马造坟，让老人儿童背土筑坟，齐国、赵国的使臣在前面陪祭，韩国、魏国的使臣在后面护卫，建祠庙，用牛羊猪祭祀，封给万户食邑来供奉。各诸侯国就知道庄王您是个不重用人才却尊贵马匹的君主了。"庄王说："我的过错竟然到了这种地步？有什么办法改正呢？"

优孟说："臣请大王用埋葬牲畜的方法埋葬这匹马。用土堆成灶，用大铜锅做棺，用姜枣做调味品，用木兰一类的香料去腥味，用稻米做祭品，用火光做衣服，然后埋葬于人的肚子当中。"随后，庄王就派人把马交给主管宫中膳食的太官，不让天下人说这件事。

楚国宰相孙叔敖知道优孟是个贤良之人，就对优孟非常好。孙叔敖患病临终前对他的儿子叮嘱道："我死了以后，你一定会很贫困。你可以前去拜见优孟，对他说：'我是孙叔敖的儿子。'"

过了几年，孙叔敖的儿子果然生活得十分贫困，靠卖柴火为生。

有一次他在路上遇到优孟，就对优孟说："我是孙叔敖的儿子。我父亲去世时，叮嘱我如果生活不下去了就前去拜见优孟。"优孟对故友的孩子说："你不要到远处去。"

优孟回去后，立即做了孙叔敖的衣服，模仿孙叔敖的言谈举止。一年后，他的模仿竟然连楚庄王身边的大臣们都分辨不出。

一次，楚庄王设置酒宴，优孟上前为庄王祝福。楚庄王很是吃惊，以为孙叔敖又活过来了，想让他做宰相。优孟说道："请容我回去和妻子商量一下，三天后我再回来当宰相。"楚庄王答应了。

三天后，庄王问优孟道："你妻子是怎么说的？"优孟说："我妻子说千万不要做宰相了，楚国的宰相更不值得你去做。像孙叔敖那样去做宰相，廉洁中正地治理楚国，楚王才得以称霸天下。如今他死了，他的儿子竟然没有立锥之地，贫贱到靠打柴来谋生的地步。如果要像孙叔敖那样，还不如自杀了。"

优孟借机说道："居住在山里耕田很辛苦，难以获得足够的食物。外出做官，贪赃枉法，积攒财富，不顾廉耻。自己死后家里虽然富有，又担心受贿贪赃，触犯法典，自己被处死还要连累家室。贪官是不可以做的。想做个清正廉洁的官吧，奉行法典，忠于职守，到死也不敢为非作歹。清官又怎么能做呢？像宰相孙叔敖那样恪尽职守，一生廉洁。现在妻子儿女却贫困到靠打柴度日，不值得做宰相啊！"

楚庄王向优孟表达歉意，并当即召见孙叔敖的儿子，把寝丘那里的四百户邑地分封给了他，让他用来祭祀孙叔敖，十年没有断绝。优孟这种聪明才智可以说正合时宜啊！

在优孟以后两百多年，秦国出了个优旃(zhān)。

优旃是秦朝表演歌舞的人，是个侏儒。他善于说笑话，然而他的话都合乎道理。秦始皇时期，宫中设置酒席，正遇上下雨天，在殿前阶下护卫的兵士拿着盾，都淋了雨、受了风寒。优旃看见了就很同情他们。

优旃对兵士说："你们想不想休息？"兵士们都说："假如能休息的话我们就太高兴了。"优旃就说他们："我一会叫你们的时候，你们就立即回答响应我。"过了一会儿，大殿上群臣给秦始皇敬酒送祝福，优旃边过门槛边大声叫道："卫士们？"那些站岗的卫士说："在啊。"优旃就问道："你们长得高大有啥好处，却在雨水里站；我虽然长得短小，却很幸运站在这里不淋雨。"于是，秦始皇就下令让一半人执勤，另一半人去休息，轮流接替。

秦始皇曾经想扩大猎场，向东到达函谷关，向西到达雍、陈仓一带。优旃就回答说："这是个极好的主意。在猎场多养些禽兽，要是敌人来了，就让麋鹿用角去抵敌人。"秦始皇就借此停止了扩大猎场的计划。

秦二世即位后，又想用油漆漆城墙。优旃说："好啊，即使皇帝您不说，我做臣子的本来也是要奏请这件事的。油漆城墙虽然会让百姓怨声载道，负担加重。但这的确是一件好事。漆好后，城墙将变得漂漂亮亮，敌人就爬不上来。要想做成这件事，油漆的活是比较容易的，但难就难在怎么才能找到一个油漆完城墙后需要阴干的大房子呢？"

太史公说：淳于髡仰天一笑，齐威王就可以横行天下。优孟摇头一歌，打柴为生的人就受到封赏。优旃临槛疾呼一声，阶下卫士就得以减半值勤，轮流倒休。这些难道不都是伟大而值得颂扬的吗？

褚少孙先生补充说：我有幸能因通晓经学而做了郎官，而且喜欢读史、传、杂说一类的书。不自量力，又写了六个关于滑稽方面的故事，编在太史公原著的后面。可供阅览，扩充见闻，以便流传给后代喜好多事的人，以舒畅心胸，警醒耳目，特把它附加在太史公三则滑稽故事的后面。

汉武帝时候，有个被宠幸的艺人姓郭，他发言说话常常不合乎道理，却也能让武帝心里和悦。武帝小的时候，吃过东武侯母亲的奶，武帝长大后，就称她为"大乳母"。

汉武帝每月大概让大乳母入朝两次，每次请求进见的通报传递进来，武帝都要派幸臣马游卿拿上五十匹绢帛赐给她，并准备好酒和粮食来供养大乳母。

乳母上书说，某处有一块公田，我希望君主能把它借给我。武帝说："乳母想得到它吗？"就赐给了乳母。乳母说的话，武帝没有不听从的。他下令可以让乳母的车子在御道上行走。这个时候公卿大臣们都敬重乳母。

乳母的子孙后代和随从奴婢等人横行残暴，当道阻拦别人的车马，抢夺别人的衣服。风声传到了皇帝那里，武帝不忍心用法律惩罚乳母，只同意有司的请求，把乳母一家迁徙发配到边疆之地。

乳母本应当入朝面见武帝，当面告辞。入朝前，乳母先见了郭舍人，为被远迁到边疆而哭泣。郭舍人对她说："你马上入朝请见并辞行，出来的时候，要疾步向外走，不断回头看。"

乳母听了他的话，向皇帝辞谢时，疾步回走，反复回过头来看武帝。这时，郭舍人大声说："嗨！老婆子！为什么不快快回去？陛下已经长大了，难道还需要吃你的奶才能活吗？你还有什么放心不下的，要不停转身回头呢？"这种时候，汉武帝不由得悲伤起来，就下令不要让乳母远迁外地，并惩罚了那些说坏话诬陷别人的人。

武帝时期，齐地有个叫东方朔的

人，他非常喜欢古代流传下来的书籍，喜爱儒家经术，阅览了诸子百家的书。东方朔刚到长安时，到公车府给皇帝上书，大概用了三千个奏牍。公车令派两个人抬着他的奏章，刚好能够胜任。武帝在宫内阅读他的奏章，需要停下来的时候，常常在旁边作一记号，读了两个月才读完。武帝随后召见了他，并拜他做了郎官。他经常在武帝身边伴读，多次被招到武帝跟前谈话，每一次和他说话，武帝都很高兴。

武帝时常下诏让他留在宫中陪自己吃饭。饭毕，他便把没有吃完的肉全部装入怀内带出去，油污沾满衣服。皇帝多次御赐的绸绢，都让他用肩扛用手提地拿走了。

东方朔专门用皇帝御赐的钱财娶长安城中年轻美丽的女子为妻。大概一年的光景又把娶来的媳妇丢弃一旁，再另娶新欢。武帝所御赐的钱财全让他娶了媳妇。

武帝身边的臣子大半都叫东方朔为"狂人"。武帝听了，说："假如东方朔没有这些行为，你们这些人哪里能追赶得上他？"东方朔上书举荐儿子当郎官，又被升至侍中的谒者，经常奉命出使。

东方朔有一次路过殿中，那里的郎官对他说："人们都认为先生是个狂人。"东方朔说道："像我这样的人，在古代都隐居在深山老林，我则隐居在朝廷当中。"

他经常坐在酒席中，酒喝高了就趴在地上唱歌："陆地无水便下沉，隐居就在金马门，隐身呆在皇宫中，可以规避保全身。何必隐居深山林，何必就身茅草屋。"金马门是宦官府衙，门旁有铜马，所以就叫做金马门。

当时，正遇上朝廷召集馆中的博士先生们开会参政议政，大家都纷纷诘难东方朔，批评他道："苏秦和张仪一旦遇上英明的君主，就能位居卿相，恩泽后世。可您这位大学问家总结研究先王治国御民的方法，仰慕先贤圣人的道义，通颂研读《诗》《书》百家言论，多的不能一一举例。

写有文章著作,就自认为海内无双、天下无敌了,就可以博学多闻、才高雄辩了。然而,您尽全力尽忠心来侍奉英明的君主,旷日持久达数十年之多,官却不过侍郎,位也不过卫士。看样子您还有不够检点的行为吧,什么原因呢?"

东方朔回答说:"这个本来就不是你们这类人能够明白的事。苏秦张仪那个时代和现在本就是两个不一样的时代,怎么能放到一起相提并论呢?张仪和苏秦的那个时代,正值周王室衰败之时,各诸侯不前来朝拜,依靠武力争夺权势,拥兵自重,相互残杀,最后合并成十二个国家,也未分出胜负。那些诸侯国,得贤士者强盛,失贤士者灭亡。"

东方朔说:"所以,他们对贤士的话言听计从,对贤士也礼尊高位,让他们的恩泽流传给后代,使他们的子孙荣光永显。"

东方朔接着说:"现在和过去不一样了。圣明的武帝恩泽四海,诸侯们归顺臣服,声威远镇疆域,竟然将四海之外的疆土连接成像坐席那样的乐土,连绵不断;天下稳固得像倒扣的痰盂,江山一统,合为一家,只要皇帝有所举动,就好像在手掌心玩耍一样容易。"

东方朔说:"贤士和宵小之徒靠什么辨别?当今,天下之大,民众之多,尽全力奔走游说,到帝都长安向皇上进献策略运筹谋略的人多得数不清,就像车辐集中到车毂一样。人们尽管全力仰慕道义,不想却被衣食所困,有的人竟然连皇宫的大门也没有找到。假如让张仪、苏秦与我一起生活在今天,连一个掌管礼乐制度的小官也得不到,哪里还敢奢望常侍侍郎的职务呢。"

他又说:"古书上说,'天下无祸患,即使有圣人在,也没有机会施展才能;君臣一心,即使有贤圣之人也没有立功的机会'。所以,有不一样的时代就会有不一样的事情变化。即使这样,怎么可以不努力去休养,去提高自身呢?《诗》说:'宫里敲钟,声音可以传到宫外。鹤在遥远的沼泽鸣叫,声音能传到天上。'如果真的能修身养性,哪里还要担心不能荣华富贵?"

东方朔接着说:"姜太公修行七十二年才遇到周文王,才能施展主张,在齐国受封。他的思想影响后世七百年而不绝。这就是贤士之所以日夜苦学,修行道义不敢停止的原因。"

他又说:"现在,社会即使不再重用隐士,但他们却能超然物外,独处天下,上观许由,下察接舆,像范蠡足智多谋,像子胥忠信可靠,天下太平,修身养性,不结党营私。这本来是件很平常的事情,为什么还要疑虑我呢?"

听了他的话,在座的先生们一声不响,无法应对。

建章宫后阁双排栏杆中跑出来一只形状很像麋鹿的动物。消息传到宫中,引得武帝亲自前往观看。他问身边那些经学之士,竟没有一个人知道。武帝就诏来东方朔。东方朔看了后说:"我知道这是个什么东西,请赐给我美酒好菜,让我享受一顿,完后我就说。"武帝答应了。

吃过酒饭后,东方朔又说:"某地有一处几倾大的公田、鱼塘、芦苇塘,请皇上赏赐给我,我才说它是什么。"武帝又答应了。

于是东方朔说道:"这是个叫驺牙的动物。当远方有前来归顺的事时,驺牙就早早出现了。它的牙齿前后一致,大小一致,没有大牙,所以才叫驺牙。"

过了一年,匈奴浑邪王果然带领十万人来归降汉朝。武帝于是又赏赐了东方朔很多钱财。

东方朔临终时,劝谏武帝说:"《诗》说:'飞来飞去的苍蝇,会落在篱笆上面;慈祥善良的君子,请不要听信谗言。谗言没完没了,可以让四方邻国鸡犬不宁。'我恳请陛下能远离花言巧语阿谀奉承的小人,阻止、斥退他们的谗言。"武帝说:"现在再回过头来看东方朔,难道他只会善言善辩吗?"对此,左右感到惊奇。

过了不久,东方朔果然病死了。古书上说道:"鸟快死时,它的叫声特别凄凉悲惨;人将死的时候,他的言语是非常善良的。"

汉武帝时期,大将军卫青是卫皇后的弟弟,被封为长平侯。卫青率领军队攻击匈奴,一直追击到余吾水那里才班师回朝,斩杀了大量敌兵,抓捕了许多俘虏,战功赫赫,胜利归来,武帝下令奖励了他黄金千斤。

卫青将军从宫门中走出来,齐地人东郭先生在道中间挡住卫将军的车,行完了拜谒礼后说:"我有事要禀告将军。"卫将军来到车前,东郭先生站在车旁说道:"王夫人新近才得到皇上的宠幸,但她的娘家人很贫困。现在,将军获得了皇上千金的奖赏,如果能用其中的一半赠送王夫人娘家,皇上一定会很高兴。"

卫将军感谢东郭先生说:"幸亏先生给了我这条巧妙而便捷的主意,我就按照先生的主意行事。"

后来,王夫人把这件事对武帝说了。武帝说:"大将军不懂得这么做啊。"随后就询问卫将军。卫将军回答说:"是听从了待诏府东郭先生的主意。"武帝就招见东郭先生,授予他郡都尉官职。

东郭先生长期在待诏府上班,贫困交加,饥寒不保,常常穿着挡不住风寒的破衣,脚上是一双破烂不整齐的鞋子。冬天在雪地里行走,从上面看还像个鞋子,但下面就不成样子了,留在雪地上的常常是光脚印。路上的人笑话他,东郭先生就应答说:"哪个人在雪中能把鞋穿成这个样子?让人看上去,留在雪地上的印子,上面是鞋印,下面的印子就好像是人的脚印啊。"

等东郭先生官拜二千石俸禄,身佩紫青色的丝绸带子走出宫门,去辞别原来的房东时,以前和他都在待诏府的同仁们都分批排列在都门外为他设宴送行。一路荣华显耀,名扬当代。

这就是贫寒出俊杰的道理。当他贫穷时,人人都不理睬他,等到他富贵了,人们又都争相与他攀附结好。俗话说:"瘦马中一定有良马,贫士中一定有英才。"难道说的不是这样吗?

王夫人得了重病后,武帝亲自前去看望并慰问她,说:"你的儿子应当被封为王,你想让他到哪里当这个王呢?"王夫人回答说:"希望他到洛阳去。"武帝说:"那不行啊,洛阳有武器库、粮仓、关隘,是天下的咽喉。自先王以来,相传那里就没有封过王。但关东一带的封国没有比齐地更大的了,可以让他到那里做齐王。"王夫人用手拍了一下头,高呼:"非常好!"王夫人死后,被称为"齐王太后仙世"。

当初,齐王派淳于髡到楚国给楚王进献一只黄鹄。刚出了都门,黄鹄就在中途飞跑了,淳于髡只好拿着空荡荡的鸟笼子,编造出一套欺骗人的好法子,前往楚国。

见到楚王后,淳于髡就说:"我是齐王的使者,前来给您进献黄鹄,从水上经过的时候,我不忍心黄鹄的口渴,就把它放出来让它喝水,不想这家伙出了笼子后就逃跑了。"

淳于髡说:"我本来想用刀刺腹或上吊自杀,又担心世人议论楚王因为一只鸟而让使者自杀身亡。黄鹄毕竟是长了羽毛的东西,我想买一只类似的鸟来代替它,又觉得这不诚信,这是欺骗楚王啊。"

淳于髡说:"我想跑到别的国家躲避,又痛心我们两国的交往因为这个而中断。所以,我就前来贵国服罪,向大王您磕头赔礼,请求给我判罪。"楚王听了后说:"很好,齐王竟然有你这样的诚信之士。"就重重奖赏了淳于髡，所奖励的财物高出黄鹄一倍多。

武帝时，召北海太守到皇帝的临时行宫。有个掌管文书的官吏王先生，请求自己跟上太守一同前往，说："只要领上我，我一定会给您帮上大忙的。"太守答应了他的请求。但太守府中的官吏们都劝说太守不要领王先生前往，他们说王先生嗜酒如命，说得多，做得少。太守最后还是把王先生领到皇帝的临时行宫了。

太守他们在宫府门等待皇上接见。这时候的王先生只顾揣着钱去买酒，同卫兵队长喝，他整天把自己灌得不省人事，并不去看望太守。

太守入宫拜见皇帝时，王先生对守卫的官吏说："请您替我叫一声太守，我想跟他远远地说几句话。"守门的官吏就替他叫过来太守。

王先生对太守说："皇帝假如问你是怎么治理北海的，让那里没有盗贼，你将怎么回答呢？"太守说："我就说选择贤能的人才，按照他们的能力分别任用，奖赏才能超众的，处罚那些不贤能的。"

王先生说："你这样回答就是在赞美自己，夸自己的功劳大，千万不能这样啊。我恳请你这么说：不是臣下的功劳，这完全是陛下英明威武所带来的结果。"太守说："好吧。"

轮到被召见时，太守来到殿下，有一个诏令官问他："你是怎么治理北海的，让盗贼不敢前来滋事？"太守磕头后就按照王先生教的回答了。

武帝听了后大笑着问："啊哈，你是从哪里学到这些称赞的话，或者是从哪里听来的？"太守老实地回答道："是我那里一个掌管文书的小官吏教给我的。"武帝说："他现在哪里？"太守磕头后回答说："他现在宫门外。"武帝就下旨召见王先生，任命他做了水衡丞，北海太守做了水衡都尉。

古书上说道，美好的言语可以助人，高贵的品质受人敬仰，君子用言语赠送他人，小人却用钱财赠送他人。

魏文侯时期，西门豹当邺城县令。西门豹上任后，就召集地方上年长又有声望的人开会，询问民间的疾苦。长老们说："百姓最苦的就是为河神娶媳妇的事，由于这个原因，百姓们都很贫困。"

西门豹寻问其中的缘故，长老们回答说："邺城掌管教化的乡官、廷掾常年向百姓征收赋税，收取的钱财多达几百万。他们拿出其中的二三十万钱为河神娶媳妇，再把剩下的钱与庙祝和巫婆一起瓜分。"

这时候，老巫婆到乡村巡视，看看哪位贫苦人家的女孩子长得有姿色，就说这个孩子可以做河神的媳妇，当即就下了聘礼娶走。为她沐浴洗澡、缝制新的丝绸衣服，让新媳妇单独住下来，清心养性，替她在河边盖起斋居的房子，挂上深红色的帐子，让女孩住在里面。又替她杀牛准备十几天的酒饭。

到了给河神娶媳妇那一天，大家一起把浮棹装饰得像出嫁女儿的床帐枕席一样，让女孩坐在上面，放进河中漂行。开始的时候还能漂浮在水面上，漂流不了多远就沉没了。

那些有漂亮女子的人家，害怕老巫婆替河神娶他们的女儿为妻，大多数人就带着女儿远远地逃离了。所以城里越来越空虚，人也越来越少，越来越贫困，这种情况已经很久了。民间传说：'如果不给河神娶媳妇，河水就泛滥成灾，前来冲毁淹没农田，淹死那些老百姓。'"

西门豹说："等到为河神娶媳妇时，请三老、巫婆、父老们都到河边去送新娘，也希望你们能告诉我，我也要去送新娘。"大家说："是。"

到了那一天，西门豹到河边同大家相会。三老、官吏、豪绅以及乡间的父老们都到了，连同观看的百姓加在一起，共有两三千人。

那个巫婆，是个老女人，已经年过七十。随从的女弟子有十多个人，都穿着绢制的单衣，站立在老巫婆的身后。

西门豹对老巫婆说道："传唤河神的新媳妇，让我看看到底美不美。"巫婆他们就把新媳妇从帐子里扶出来，送到西门豹的面前。

西门豹看了一会，回过头对三老、老巫婆、父老说："这个女子不漂亮，麻烦大巫婆过去给河神通报一声，得更换一个更好的女子，后天就送来。"就派士兵抓住大巫婆，把她投到河里。

过了一会儿，西门豹又说："老巫婆怎么去了这么久还不回来呢？派她一个徒弟过去催一下！"又一个弟子被投进了河里。

又过了一会儿，西门豹说："这个弟子为什么这么久了还不回来？再派一个人去催一催！"又把一个弟子投进了河里。一共把三个弟子投进河里。

西门豹说："老巫婆和她的徒弟都是女人，可能说不清楚事情，麻烦三老下去给河神禀告一下。"又把三老投进河里。

西门豹头上插着笔，弯着腰，面对河水站着等了很长时间。长者、官吏和看热闹的人们都非常害怕。

西门豹回头说："巫婆、三老不回来，怎么办？"就想再派廷掾和一个豪绅进去催促他们。廷掾和豪绅都跪在地上磕头，把头都磕破了，血流了一地，脸色如死灰一样。

西门豹说："好吧，暂且再等待一会儿吧。"待了一会儿，西门豹说："廷掾起来吧。看情景河神留客太久了，你们都离开这里回家吧。"邺城县的官吏、百姓都非常害怕。

从此以后，就再也没人敢说给河神娶媳妇的事了。

西门豹就征发百姓开凿了十二条渠，引来漳河水浇灌农田，全县境内所有的农田都得到了灌溉。开凿时百姓们很劳累，心里自然就不满意。西门豹说："可以同百姓们一起坐享其成，却不能够谋划商量去开创新的事业。现在父老子弟即使憎恨我，但百年以后，希望父老子弟把我说的话再好好地想一下。"

直到现在，那里都得了河水浇灌的好处，民众也已经变得富裕起来了。十二条渠穿越官道，到西汉建立后，地方官吏认为十二条河渠上的桥梁截断了御道，彼此又挨得很近，不合理，就想把渠水合并到一起，并且想把流经御道那一段的三条渠水合成一条，只架设一座桥。

但邺地的百姓不买官吏的帐，不愿意听他们的，当地的老百姓认为这是西门豹大人所做的业绩，贤明长官的法规是不可以更改的。长吏终于听从了民众的主张，放弃了合并渠道的计划。所以，西门豹做邺城县的县令，名闻天下，恩德流传后世，难道这不是贤明的士大夫吗？

日者列传第六十七

人物像

孝文帝

宋忠

贾谊

司马季主

日者列传第六十七

自古以来，不论是承奉天命而为王，还是不拘泥于世俗，大胆创新，开辟千秋功业的人，他们都未尝不曾以卜筮来预测天命。用卜筮决策大事，在周朝特别盛行，秦朝时还能看到。

汉孝文皇帝进京继位时，当时铲除吕氏集团的斗争刚刚结束，朝中形势很不明朗，他拿不定主意，就进行占卜，卜者解读卜辞后，文帝才上路进京。汉朝刚刚兴起时也设立了太卜这个官职。

楚地人司马季主是当时有名的卜者，他那时就在都城长安的东市开设店面，挂起了卜筮的招牌，专门从事卜卦业。

中大夫宋忠、博士贾谊一同外出休假，两人边走边谈，相互讨论先王及圣贤们治理国家的方法，叹息世道人情的炎凉，愤世嫉俗之情溢于言表。

贾谊说："我听说古代那些有道德、有修养、有才能的圣人，如果不在朝廷

做官，就一定通过卜筮或者行医的办法来普救世人。我如今已经领教够了朝中三公九卿及士大夫等官员的德行，了解了他们的才学和为人，我们不如放松放松，到卜筮者那里看看吧。"

于是两个人就乘车去了东市，到了卜筮最集中的街面。雨过初晴，路上的行人很稀少，两人的心情舒畅了许多。

司马季主坐在自己的卜筮馆中间，三四个弟子陪侍在他的周围，正在听他讲解天地运行之道、日月运行之理、阴阳吉凶之源。

宋忠和贾谊进去后向司马季主拜了两拜，季主仔细看了看他们，觉得他们很有知识和修养，就起身还礼，然后让弟子把他们领到客座上就座。

二人就坐后，司马季主继续着自己的讲解。他疏理了自己前面讲解的内容，把天地的起始，日月星辰的运行，仁义道德的区别，吉凶祸福的征兆等，讲得头头是道，顺理成章，洋洋洒洒大半天，竟无一句重复之言。

宋忠和贾谊听后感悟颇深，惊讶异常。他们重新整理了衣帽，毕恭毕敬地坐着，对司马季主说："晚辈观察先生的容貌，听先生的讲解，打心底里佩服先生，私下里觉得有生以来还未曾遇见过像先生这样学问高深、谈吐儒雅的人。但先生为什么要从事这地位低下、被世人瞧不起的污浊职业呢？"

司马季主听完后，捧腹大笑，他说："两位大夫看起来也都是有学识的人，怎么会说出如此浅薄和粗野的话呢？你们所认为的有道德、有才能的贤者是什么样的人呀？您们认为品德高尚的人又是谁呀？凭什么将长者认为是卑下污浊的职业呢？"

两位大夫回答说："世人都认为高官厚禄是高尚的职业，贤能的人就处在那样的位置上。但先生所处的却不是那样的位置，自然是低微的了。你所从事的职业是，说法不真实，做事不灵验，收益不恰当，所以说是污浊的。从事占卜算卦的人是被世俗所鄙视的，被世人所看不起的。"

两人还说："世人都说：'占卜的人是用夸张怪异的话来迎合于人；用没有根据的话来虚赞别人的福禄寿命而取悦于人；胡编乱造灾难来吓唬人；用神灵鬼怪骗取别人的钱财；贪求酬劳来给自己谋利。'这些都是最可耻的行径，所以说是低微污浊的。"

司马季主反驳说："二位暂且安心坐好。你们一定见过那些不懂事的孩子吧，日月光照时，他们就出来玩耍；日月隐去时，他们就停止活动，若要问他们日月的瑕疵吉凶，他们就无言以对。由此观之，能够识别贤德与不肖的人真是太少了。"

他接着说："大凡有贤德的人当官做事，都会把正直当做最基本的操守，从正面去规劝君王，但多次劝谏不听后，就会不再去劝谏。他们称赞别人并不希望得到回报，憎恶别人也不顾忌遭受怨恨，因为他们一心想着国家和百姓，把为国家和百姓谋求利益，当成是自己的职责和追求。

"不能胜任的官职他们不会去做，不属于自己的功劳他们不会去抢；看到内心卑劣、行为低下的人，不论这些人的地位多么显赫，他们也不会去恭维；看到满身污点，做事不周的人，不论这些人手握多大的权力，他们也不会屈尊；面对大富大贵，他们不会过分惊喜，流落到市井街头，他们不会感到失望；不是因为自己的过错所造成的失误，如果受到牵连，遭到侮辱，他们也会感到羞耻和愧疚！

"你们所说的贤德之人，其实都是些让真正的贤德之人感到羞愧的人。他们低声下气奉迎于人，过于谦恭而失去了分寸；用权势相互勾引，用利益相互诱导；与心术不正的人为伍，徇私舞弊，蝇营狗苟，排斥君子，哗众取宠。

"这些人享受着国家的俸禄，整天却算计着谋取私利，君主的法令被他们利用，农民的财产被他们掳掠，他们还要利用职权作威作福，玩弄政策欺下瞒上。为追逐私利，他们倒行逆施，残暴狠毒，这和拿着利刃威胁别人的强盗有什么区别？

"他们刚做官时就开始投机取巧，施用伎俩，用虚假的东西去宣扬功劳，用华丽的言辞去粉饰文书，欺骗国君，蒙蔽主上，以便尽快获得高官厚禄。

"他们被委以官职后，就压制有德才的人，不让他们陈述功劳，把功劳据为己有。整天自夸有功，把假的说成真的，把虚的说成实的，把少的夸成多的，大树自己的权威，以此追求所谓的尊贵。

"他们纵马驱车，吃喝玩乐，声色犬马，毫不顾父母及亲人的死活，专做犯法和害民的勾当。他们这样肆意挥霍，糟蹋国家，说白了就是不拿弓矛的杀人强盗，不用刀剑的吃人恶魔，虐待父母却没有被定罪，杀害国君却没有被惩罚的人。你们为什么还觉得他们是贤能者呢？"

他说："作为臣子，盗贼泛滥而不能禁止，蛮夷不从而不能镇服，奸邪兴起而不能遏制，国库亏空而不能弥补，四时不和而不能调节，年景丰歉而不能调济。如果有才学却不为国家效力，这就是不忠。

"胸中没有才德却身居高位，享受国家的俸禄而心安理得，贤能之人的上进之路被堵塞，这是窃居官位的表现。利用关系求得官职，利用钱财讨来尊敬，这是虚伪的表现。

"难道你们没有见过凶残的鸱枭和凤凰在同一片天空飞翔？没有见过被丢弃在旷野里的香草？没有见过长得像树林一样密密麻麻的蒿草吗？正人君子不能扬名于世而退隐江湖，正是那些坐在官位上的人臣君

子的罪孽啊。

"传述箴言而不走样,这是君子的道义。卜筮者占卜时效法天地纲纪,取象四时变化,顺应仁义准则,分辨筮策、判定卦象、旋转栻盘、占卜作卦,这样以后才敢解释天地间运行的利害冲突,判定人事前途的吉凶成败,不敢有半点马虎。

"先王们定立国家,一定先要用龟策来占卜日月星辰的运行,然后才敢承天命去治理百姓;推演选取吉日良时,然后才能进入国都;家中生子一定先要占卜吉凶,然后才敢生养。

"伏羲氏创制八卦,周文王再把它推演变化成三百八十四爻以后,天下才得以大治。越王勾践效仿文王的八卦排兵布阵,从而大破敌国,称雄天下。从这些来看,卜筮者有什么值得人们忧虑的呢?

"卜筮者在占卜时必先洁净场所,然后设坐;必先端正衣帽,整理佩戴,然后开始谈论吉凶、问卦卜兆,这是合乎礼的表现啊。

"他们的虔诚和言论或许使鬼神因而享用祭品,忠臣或许因而侍奉国君,孝子或许因而奉养双亲,慈父或许因而养育他的儿女,这是多么有道义的表现啊。

"求卜问命者花费几十或者上百个钱,或许病就会痊愈,死者就能得生,祸患就会解除,事情就会成功,嫁女娶妻就能得以生养。这样的功德,难道只值几十或上百个钱吗!

"老子说:'有厚德的人并不以有

德而自居，所以他才有德。'今天的卜筮者给人好处多而受人感谢少，他们的所作所为难道不就是老子说的有德吗？

"庄子说：'君子于内无饥寒之忧，于外无劫夺之虑，身居高位慎重严谨，身处下位不妒忌他人。'如今卜筮者自食其力，积蓄不会成堆，储藏无需府库，出行不用辎车，行装简朴，随时随地可以卜筮，财富取之不尽，用之不完。他们拿着使用不完的东西，行走在没有尽头的路上，即使庄子所崇尚的行为也不可能比这更好了。怎么能说不可以卜筮呢？

"天向西北方倾斜，所以日月星辰都向西北运行移动；地向东南方陷塌，所以水流尘土都向东南流泄沉淀；太阳运行到中午一定会向西偏移，月亮到了盈满后一定会出现亏缺；先王的圣道时存时亡。这些难道不是事实吗？二位大夫要卜筮者说话必定信实，难道不让人疑惑吗？

"你们见过说客辩士吗？谋划思考，决定计策，一定是这样的人。他们不能用只言片语打动君王，所以讲话时必须借助于先王的事迹纵论古今，说明事理，决策谋划。

"那些说客辩士，要么夸耀先王的业绩，要么叙述其失利的情形，让君主的心或有所喜，或有所惧，寒热相叠，从而达到他们的目的。世上没有比这更厉害的浮夸之词了。然而，要想国家强大事业有成，对君王尽忠，不这样做又不行啊。

"卜筮者的目的，其实是化解人们心中的疑虑，教化百姓的无知。那些愚昧无知的人，不是一两句话就能让他们变得聪明的！因此，说话不厌其多。

"骏马不能和疲驴同驾一辆车,凤凰不能同燕子麻雀合为一群,贤能的人也不会跟品行不端的人为伍啊。因此,君子常常处于低下而不显眼之处,他们把自己隐藏起来,为的是要避开公众的视线和世俗的束缚。

　　"君子们都是在暗地里明察着世间的道德变化,为人们消除灾祸;领悟着上天的意志,顺应天意以养育生灵;他们希望有更多的功德,却不是想获取功利和荣誉。你们二位只不过是乱发议论的人,哪里知道长者的行事处世之道呢?"

　　司马季主的一席长谈使宋忠和贾谊神情茫然、若有所失。两个人脸无颜色,不能开口说话,整理好衣帽,拜了又拜后告辞离开。他们走起路来失魂落魄,辨不清方位,出门后悠悠忽忽地坐上车,有气无力地低头趴在车栏上一言不发。

　　三天后,宋忠在殿门外遇见了贾谊,他们退到一边感慨地说:"越有道行越安稳,越有权势越危险。身处显赫之位,丧身的日子就不远了。卜筮者即使有不周密的地方,也不会被夺去应该得到的粮食,如果不能周密地为君王出谋划策,就会失去立身之地啊。身居高位与修身悟道的差别真是相差太远了。"

　　他们还说:"老子说:'无名是天地万物的本源。'天地广阔无垠,万物各择其宜,自然生长,各得其乐,或平安,获遭险,不知所往。我和你哪里值得参与卜者的事呢? 他们的日子愈久越安稳,他们的追求不就是庄子的主张吗?"

过了很久,宋忠出使匈奴,没有到达那里就返回来了,因而被判了刑。

贾谊做了梁怀王的太傅,怀王不慎掉下马背被摔死,贾谊因此绝食,最后忧郁而死。哎!这些都是为追求尊贵而断绝性命的事例啊。

太史公说:"古时卜筮者的言行事迹都没有收录于此,原因是关于他们的文献资料已经缺失。到了司马季主时,我就将他的言行记录了下来。"

褚先生补充说:"我做郎官的时候,曾在长安城中游览,看见过那些从事卜筮的贤士,观察他们的起居行走,都显得自然得体,他们常常谨慎地整理好衣帽来接待乡野之民,他们身上确实有君子的风范。遇到性格纠结好疑、乐于卜筮的妇人来求问卜兆,他们总是神情严肃,不曾露齿而笑。

"自古以来，贤者为退世避俗，有的居住在荒芜之地，有的虽生活在民间，但却对世事缄口不言，还有的隐藏在卜筮者中间以保全自己。

"司马季主是楚国的贤大夫，曾在长安游学，他博学多才，见识卓然，通晓《易经》，能解读黄帝、老子之道。从他回答宋忠和贾谊的言谈，以及引述古代明主圣人的道理就不难看出，他原本就是一个有见识、有能力的人。像司马季主这样以卜筮为业而名扬天下的人，往往到处都有啊。

"《传》说：'富为上，贵次之；已经富贵了，还得学有一技之长来立身于社会。'黄直是位大夫，陈君夫只是个普通妇女，但他们同样凭相马而名扬天下；齐国张仲和曲成侯都凭借剑术而扬名天下；留长孺以相猪出名，荥阳褚氏则以相牛成名。以技能而扬名立身的人很多，这些都是高于世俗和常人，且有一技之长的人啊。

"所以说：'不是适当之地，种什么也不生长；不合他的意向，教什么也难有成就。'大凡家庭教育子女，应当观察他们喜好什么，如果子女的爱好有益于今后的成长，那就要就因势利导、投其所好来造就他。俗话说：'建住宅，子取名，完全能够看出士大夫的志趣所在；儿子有了安身职业，就可以称得上是贤人了。'

"我做郎官的时候，曾和太卜待诏内做郎官的同事在同一衙门工作过，他们说："孝武帝时曾召集各类占卜的专家来咨询，问某日是否可以娶儿媳？五行家说可以，堪舆家说不可

以,建除家说不吉利,丛辰家说大凶,历家说小凶,天人家说小吉,太一家说大吉。凡此种种,莫衷一是,于是只好将有关情况奏明皇帝。皇帝就下令说:'避开死凶忌讳,应以五行家的意见为依据决定婚期。'这就是后来人们之所以重视五行家意见的原因。"

龟策列传第六十八

人物像

宋元王

卫平

龟策列传第六十八

太史公说，自古以来，圣明的君主在承受天命创立国家，或者兴建事业时，都会依赖卜筮的征兆来促成好事的！唐尧虞舜以前的事情，因为缺少记述，已经无法知晓了。但从夏、商、周三代的兴建来看，它们都是根据自己的卜筮方法来预示吉祥的。

大禹娶涂山氏之女时，卜兆显示为吉祥，于是他的儿子夏启创建了夏朝；简狄吞吃飞燕的卵后，生下儿子契，卜兆呈现祥顺兆，殷朝便兴建起来；教给民众种植百谷的后稷，也是用蓍草占卜，获得吉兆，因而他的后代建立了周国，成为国君。

君王在决断疑难重大事情时，常常通过卜筮的方法，凭助蓍龟预示出来的征兆才能做最后的定夺，这是从古到今沿用不变的事情。

蛮、夷、氐、羌这些少数民族虽然没有唐虞以来的君臣等级，但他们也是用占卜的方法决断疑惑的。只不过有的地方用金石，有的地方用草木。虽然国与国在占卜时的习俗有所不同，但作用却是一致的，都是为了预测将来的。

夏、殷时期的人们需要卜筮时，就临时找寻来蓍龟，使用完毕后又随手丢弃。他们觉得龟甲和蓍草如果收藏久了，征兆就不灵验。周朝时，

卜官却喜欢收藏蓍草和龟甲，是做备用的。

卜筮时龟蓍的神灵哪个大哪个小，使用时哪个在前哪个在后，每个时期都有自己不同的主张。总的来说，用龟蓍卜筮有一个共同点，那就是为了帮助人们预测未来。

有人认为，遇到棘手的事时圣王们也会犹豫不决；解决疑惑时，也能远见卓识。但他们之所以要求神问卜，求助神灵，是因为他们担心后来的人们退化衰败、既愚蠢又不肯向聪明的人学习，只满足于一知半解，又教化分歧出各种各样的学派，而真正的理义却被肢解得无边无际，所以才把事理推归到最细致微妙的境界，也就是神灵，获求纯真的精气。

也有人认为，圣人根本无法超越灵龟所表现出来的灵性。在判断吉凶、甄别是非方面，往往神龟比人预测的要准确得多。

汉高祖建立了汉代基业后，朝廷沿袭了秦朝的卜官制度，设立了太卜官。当时国家刚刚建立，战争还没有停息。

孝惠皇帝在位的时间比较短，吕后又是女帝，孝文帝和孝景帝也只是沿袭以前的旧制度，还没来得及对卜筮做深入的探究。当时的卜官即使是父子相承，世代相传，但卜筮中精微深妙的原理和方法，好多都不幸遗失了。

当今皇帝即位后，广开招贤纳能之路，拓展各种学术，凡通晓一种技能的贤士，都有发挥才能出力效劳的机会；按照实际技能来论功请赏，不存在偏袒，只认同事实，特别是技艺超群的人，获得的优待将会更多。几年时间，太卜官署就聚集了许许多多优秀的专业技术人才。

此时正是汉武帝准备向北抗击匈奴、向西攻取大宛、向南夺取百越的时候，皇帝就通过卜筮占卜的方法，预测战事的变化，显示趋利避害

的方法。

到后来，勇猛的将领率军冲锋陷阵，在战场上夺取胜利，自然也包括了事先在庙堂里借助卜筮而谋划的巨大贡献。因此，皇帝对卜筮活动和卜筮官更加重视，赏赐甚至多达数千万钱。如丘子明等人，不仅财富猛增，而且深受皇帝宠幸的程度还压倒了满朝文武公卿。

甚至还出现了有人用卜筮猜测，用邪术暗害他人的事，而蛊惑有时也能被猜得很准。平素因小怨小忿得罪过卜官的人，常常被卜官找机会公报私仇，导致被除族灭门的事多得数不清。

文武百官们整天惊慌不安，都讨好说龟策卜筮所兆示的神灵真的很灵验。后来卜官诬陷他人的事遭到败露，也被诛灭了三族。

布列蓍草能推定事理变化的吉凶，烧灼龟甲能观察事理变化的征兆，中间存在着千变万化的联系。所以，一定要选用贤明的人来担任卜官。这从另一方面说明了圣明的人对卜筮重视的原因。

周公连续三次卜龟都得到吉兆，武王的重病随后就好了。纣王因为暴虐，就是用大龟卜筮也不会得到吉兆。

晋文公将要恢复周襄王的统治地位时，卜得黄帝在阪泉取得胜利的吉兆，终于夺取胜利，获得了周襄王用彤弓奖赏的机会，成为侯伯。

晋献公贪图骊姬的美色，准备攻打骊戎，卜筮显示有口象不详之兆，结果这场讨伐战争的祸患竟然波及到晋国连续五代的君主。

楚灵王要背叛周王室时，卜兆兆示不吉利，最终导致了他的"乾溪败亡"。

龟兆预示事物的内在趋势,可人们当时只能看到事物的外部表现,它们两者之间是不相符合的。

　　道德高尚的人认为,不相信神灵、不重视卜筮,是糊涂虫;而背离了道义,只相信吉祥之兆的人,神灵也享受不到应有的对待。所以,《尚书》里面有解决各种疑难的正确方法,卜和筮只是五种方法中的两个,要是遇到五种意见不一致时,就要顺从多数。这说明,天下虽然有卜筮神灵的方法,却并不能只相信卜筮啊。

　　我年轻时游历江南,了解探究过用龟蓍卜卦的事,走访过当地上了年纪从事卜筮的长者,他们说,能在莲叶上轻松走动的龟,寿命有一千年,蓍草长到一百枝,仍然共有一条根。还说,龟蓍生长的地方,没有虎狼、野兽和毒草。

　　临江居住的人经常蓄养龟,并供应饮食,他们认为龟能帮人调节呼吸,增加元气,延缓衰老,难道这还不真实吗!

　　褚先生说:我曾经学习过经学,在五经博士馆做弟子,研究探讨《春秋》,因成绩优秀而做了郎官,有幸能做宿卫官,在宫中出入十多年。我非常喜欢《太史公传》。

　　褚先生说:《太史公传》说"夏、商、周三朝用龟占卜各不相同,四方各族用蓍草卜筮也不一样,但都是用来判断吉凶,趋利避害的,我大略探究它们的精要,写成《龟策列传》。"可我终究没有找到《龟策列传》的原文,因此就拜访大卜官,向年老并知晓这方面情况的学者官员请教,写了我了解到的龟策卜筮事情,编在下面。

　　古代的五帝、三王在出发行动、举办重大活动时,一定先用卜筮来做出取舍判断。

古代的卜书说："下面有伏灵，上面有兔丝；上面有丛蓍，下面有神龟。"伏灵生长在兔丝的下面，好象飞动的禽鸟。第一场春雨过后，只要夜晚无风，天空晴朗，就去割兔丝，再用灯烛照明查看。

如果灯烛瞬间熄灭，就做好记号，用四丈新布包围这里。天亮后再按照记号往下挖，在四尺和七尺之间就能挖到伏灵，超过七尺后就挖不到了。伏灵是千年老松的根，人吃了后能长生不老。

蓍草枝茎长满百根时，神龟就守护在下面，上面笼罩着青云。古书上说："如果国泰民安，蓍草的茎就能长到一丈长，一丛能长满一百条枝干。"如今的人们寻取蓍草，没法达到古书上规定的百茎和一丈长。只要能找到八十茎以上和八尺长的就比较难得了。民间有喜好用卦的，只要找到六十茎以上和六尺长的蓍草，就完全可以使用了。

古书上说，"获得名龟，财物紧跟着就来，家里一定会发千万钱的大财。各种名龟的名字，按顺序依次叫"北斗龟"、"南辰龟"、"五星龟"、"八风龟"、"二十八宿龟"、"日月龟"、"九州龟"、"玉龟"，一共八种。

古书上还给八种名龟画了龟图，在龟图的腹部下方标明是哪种龟，我这里只大概写出它们的名称，而没有画龟图。寻取这类龟，不一定非要满足一尺二寸的要求。民间能寻找到七八寸长的，就算是稀罕宝贝了。

珠玉一类的宝器，即使藏得再深，也会露出光泽，现出神一般的灵性，中间的道理和名龟到来财富也跟着到来是一样。

玉璞蕴藏在深山，山上的树木就会得到水的滋润；深潭藏有珍珠，岸上的草木就获得了玉石珍珠的润泽，就不会枯萎。夜明珠生在江海，长在蚌中，上面趴伏着蛟龙来守护。

君王要是获得神龟，就可以安社稷稳天下，让四方夷族臣服。普通人获得长有百茎的蓍草，又能得到它下面的神龟，就能靠此卜筮，百问百应，就能决定吉凶、趋利避害。

神龟在长江中出游，只有千年的龟才能长到一尺二寸长。每年，庐江郡依照期限给太卜官送去二十个一尺二寸的活龟。太卜官选取吉日剔取龟的腹甲。如果君王调遣兵卒、号令将帅、出兵征讨,定要先在庙堂上钻灼龟甲,用占卜来决定吉凶。现在的高庙中还设有龟室,蓄藏着这种神龟,并把它当做神灵来供养。

古代占卜书上说:"砍下神龟的前足臑,穿上线,佩带身上,另外在室内西北角悬挂一只龟甲,这样,在深山老林里也不会受到鬼魅的迷惑。"

我做郎官时,看过《万毕石朱方》,书中说道:"江南嘉林生长着神龟。嘉林是没有凶猛禽兽,无法生长毒草,野火烧不到,砍柴樵夫进不去的地方。嘉林中间,神龟常常在芳莲上筑巢建窝。它的左胸侧上写着字:'甲子重光,得到我的人,百姓可以当官,诸侯可以称王。'"

书中说:"寻找神龟的人,在白蛇缠绕的山林中,都显得分外恭敬。他们先要专门斋戒,再专程前往等待。还要连续三天披头散发,虔诚地敬酒、祈祷、行礼,然后才能获得神龟。"寻找神龟的仪式是多么的庄重啊。

南方有一位老人,用龟撑垫床脚,二十多年后,老人去世,人们挪移开床脚,竟然发现龟依然活得好好的。龟自身具备特殊的吐纳调节功能。

有人可能会问:"龟有这么大的神通,但太卜官为什么总是要杀死龟,剔取龟甲呢?"

不久前,长江岸边上有个人得到一只神龟,就蓄养在家中,他们家里因此发了大财。随后他和人商量,准备把神龟放生。但别人却教导他不能放生,而应该宰杀。别人说他,要是放生了,他的家一定会衰败。

这时神龟托梦给他,说:"把我投放到水里去吧,不要杀我。"但这家人最终还是把神龟宰杀了。神龟被杀后,他家的主人也死了,家里的财富也败散光了。

民众和君王遇到同一件事时,应该遵循不一样的处理方法。老百姓获得了名龟,绝不能宰杀!而圣贤的君王得到名龟后,最恰当的处理是,杀龟取甲，留给占卜时用。

宋元王二年，长江之神派遣神龟出使黄河。来到泉阳县时，被一个叫豫且的打渔人用网捕获了，并把神龟关锁在笼子里。

半夜时分，神龟托梦给宋元王，说："我是长江之神派往出使黄河的使者。没想到被鱼网挡住了去路。泉阳县的豫且捉住了我，使我无法前行。身在患难之中，没地方去求助。听说您是个重德义的王，只好来向您求救！"

元王被梦中的神龟惊醒，急忙向博士卫平讨主意。说："刚才我梦见一个男的，他伸着脖子，长着长长的头，穿着带有刺绣的黑衣，坐一辆有帷盖的车子，过来给我托梦，希望我能解救他。"元王把梦中的情形对卫平详细说了一遍，问："这前来托梦的到底是什么东西呢？"

卫平听完后，就拿起式，抬头察看月光，观测北斗星的指向，测算太阳运行的具体方位。先核准东、西、南、北四个方位做推算参考，再测定出东南、西南、东北、西北四个方位，布列八卦阵势。考察辨析其中的吉凶预兆，发现了神龟的形象。

卫平对元王说："昨晚是壬子日，太阳运行到牵牛宿，正是河水召集聚会、鬼神相互谋取的时间。银河处在南北走向，按照约定，南风吹启时，长江之神的使者先拜会黄河之神。"

卫平说："现在的天象显示，空中的白云堵塞了银河，任何东西也无法前进航行。北斗柄又指着太阳所在星官，说明长江之神的使者遭到囚禁。您梦见穿黑衣服而乘坐辒车的男子，那就是龟。请您马上派人前去寻找搭救。"元王说："好。"

元王立即派人乘车前去，把情况介绍给泉阳县令。泉阳县令就叫县吏查阅户籍簿和地图，发现泉阳县有一个叫豫且的渔民。泉阳县令就和使者急忙乘车找到豫且，问："昨天夜里你打鱼都收获到什么了？"豫且回答说:"一网捉到了一只龟。"使者问:"龟在哪里?"回答说:"关在笼子里。"

使者对豫且说:"元王知道你捉到了一只神龟,所以叫我来找寻解救神龟来了。"豫且说:"那就好。"就从笼子里提起神龟,再用绳绑住,交给了前来的使者。

使者于是带上神龟,驱车离开了泉阳城。走的时候是白天,但空中一时间风雨交晦,一片昏暗。泉阳城的上空笼罩着五彩青黄云;紧接着雷电大作。

一路上,狂风掀着车子向前行进,来到了国都的端门,使者取出神龟。神龟的身上滋润着光泽,就好像流动的水一样。远远地见了元王,便伸开脖子往前爬行,爬了三步便停下来,又慢慢缩回脖子退回到原来的地方。

元王好生奇怪,询问卫平说:"神龟见了我,为什么一会向前,一会儿又退回到原来的地方?"

卫平回答说:"神龟整夜被囚禁,身处患难,元王您是个重德义的王,派人前去把它解救出来。现在它伸脖子向前爬,是在感谢您,缩回脖子向后退,是希望能尽快离开这里。"

元王说:"神龟竟然精灵到如此地步,我们不能长期扣留蓄养它,我立即安排人,驾车护送神龟离开这里,不要让它耽误了出使黄河的期限。"

卫平听了后回答说:"这神龟是天下的宝物,最先获得它的人就能做天子;向它问卜,都能回答灵验;按照它的灵性出征打仗,就能全胜。它在深渊中生存,在黄土中成长,能知晓天地,明辨古今,预示未来。漫游三千年,也无法走出它活动的范围。"

卫平接着说:"它安顺从容,端庄平稳,行动轻缓不费力,寿命无极越天地;顺随万物之规律,随遇而安,追随季节之变幻,肤不同色;居卧时深藏一处,爬伏中不吃不喝;它的肤色,春则青,夏则黄,秋乃白,冬为墨。"

卫平又赞誉神龟说:"它下通阴上晓阳,预知无限,左处罚右恩惠,恰当无比;晓谕利趋避害,辨别祸福。向它问卜之后,则说话有分寸,攻城能拔寨;元王若能收藏,则诸侯来臣服,小邦来归降。元王您可不能放走他,还是用它来定国安邦吧。"

王说:"神龟确有灵性,它来自于上天,却身陷网罗之中。危难之时,能求助于我,认可我的贤德、敦厚和诚信。如果我不放它走,我不是也变成了一个打渔人?"

元王说:"渔人对它的肉感兴趣,我却对它的灵性感兴趣。做臣子的缺少仁义,做君子的没有德性,这个国家还会有什么前景?我真的不忍心,为什么不能放它出走呢?"

卫平回答道:"大的恩德不会得到回报,贵重的物品寄存出去得不到归还;现在上天赐给你神龟却不愿接受,神龟自然要被收回。神龟出使黄河后还要再回到原来的长江,它上达天意,下察地理,历游九州而未受侮辱、未遇拦阻。"

卫平又说:"可神龟到了泉阳,却被打渔的囚禁,蒙受羞辱。元王即使把它放生,但长江黄河的神灵必定会恼怒,会报仇。况且,神龟也会觉得被羞辱、被冒犯,也要与神灵合力雪耻!

"到那时,空中淫雨霏霏,地上水患成灾,难以治理;要么天象干枯,狂风扬尘,蝗虫顷刻突现,百姓错过收获和播种的时机。

"元王您倒是施行了仁义,放生了神龟,可上天的惩罚一定会降临到这里。什么原因呢？神龟引发的灾难啊。元王您即使将来后悔了，难道还会有机会弥补吗？千万不能放走这只神龟啊。"

元王长叹一声，感慨地说道："拦劫他人的使者，破坏他人的筹划，这难道不是凶残的行径？抢夺他人物品据为己有，这难道不是强横的行为？我听说用凶暴抢来的，终究还会被人用同样的方法夺回，最后还是一无所获。"

元王说："桀和纣都是凶暴强横的君主，最后也落了个家破人亡的下场。我要是听了你的话，不也就变成了徒有仁义虚名却凶暴强横的人？

"要是不放走神龟，长江黄河之神就成了正义的汤武，我则成了凶暴强横的桀纣，好处还没有看到，灾祸就抢先到来。还是赶快驾车送走神龟吧，不要让它在这里久留了。"

卫平回答说："元王何必担心。堆砌石头成为高山，山固然高耸却不会坍塌，大地也能获得平安。表面上危险的事，往往是平安的；表面上忠厚老实的人，其实一肚子坏水。有的人面貌丑陋，却适合做大官；有的人生就漂亮，却为祸一方。

"春夏秋冬四季，有时酷热有时寒冷。冷热并不相融，却相互干扰冲突。一年之内的不同季节，是依据时令的冷热不同来规定的。所以才要让植物春生夏长，秋收冬藏。

"强暴和仁义是讲究方向和时机的。天地万物都是这样的，是不可辩驳的。要辨别白昼，就要依据天空的五种颜色；要区分植物，就要根据出产的五谷。

"当初的民众和禽兽并没区别，不懂得怎样分辨，只好寄居洞穴；不

懂得农耕,只好茹毛饮血。天地混沌,灾祸频繁,阴阳失调,季节混乱。所有的人都在匆忙地过日子,还不会区分黑白、分辨善恶,人民勉强地代代相传。

"后来,圣人出现了,设置纲常,区别特性,万物才不相侵。把雌雄禽兽放到山林、水边,把甲壳生物放到溪谷。

"为管理民众,就建立起城郭,内城设街巷,外城建田园,辟交通。给夫妻男女分田畴,造房屋,立户籍,册名姓。用爵位和俸禄设立官府,鼓励官吏。做衣有桑麻,吃饭靠五谷。辛勤农耕,方能吃得爽、看得好、穿得美。

"不用强力就没有收获。因此,不用强力,粮食将会欠收,财物将会短缺,布帛将会质次;威势将会消失,军令将会不通,一生将会无名。强力是事业的起点、名分的质理、万物的纲纪。

"用强力索取,就没有得不到的。装饰着野鸡羽毛的玉匣,来自于昆仑山;光芒四射的夜明珠,产自于大海深处;开凿昆仑山的石头才能做成玉匣,割裂大海中的蚌才能获得夜明珠,把它们拿到集市上售卖,圣明的人得到了,当作大宝贝。获得大宝的人,则成了天之骄子。

"现在,您还认为自己凶暴吗?其实您真的比不上那割裂大海中的蚌才能获得夜明珠的人凶残,比不上那开凿昆仑山之石的人狠毒。但那些制匣取珠的人没有错,玉匣珠宝也没有祸患。

"现在,神龟由于出使而触网受困,被渔人所抓,又给您托梦做介绍,希望获得求助,这是国家的宝物啊,您还有什么好担心的呢?"

元王说:"不是这样的。直言进谏的人是国家的福分,阿谀奉迎的人是国家的祸根。喜欢阿谀奉承的君主,是愚昧,是胡涂虫!即就是这样,但祸福也不会没来由降临。天地之气相融合,财富自然聚集而来。阴阳之间有界限,四时才不会偏离。一年十二个月,用夏至冬至来界定周期。

"有道德有修养的君子明白那些道理,自己就没有灾难跟随;圣明的君主应用这个规律,就没有人敢来欺骗。所以,人在创造福分的同时也制造灾难。祸福同时存在,刑德互相关联。它们被圣人分辨研判,来预测吉凶。

"桀和纣执掌天下时,敢与上天争功,敢阻遏鬼神,致使它们无法贯通、彰显神灵。这本身已经是很无道的事了,他们的身边却有许多谄谀之臣。赵梁是桀的谀臣,他引导桀作了许多无道的事,怂恿桀象豺狼一样多行贪婪,囚禁汤于夏台,杀害关龙逢。

"怕死的大臣,都在一旁阿谀奉迎。国势危险如累卵,大臣们却高声说无妨。妄言赞美,欢呼万岁,甚至有的说国运还远远没有到完结的极限。大臣们用言行蔽遮、阻挡了桀的眼睛和耳朵,和桀一起疯狂作乐。汤终于起兵伐桀,最终夏桀身死,夏朝灭亡。《春秋》记述了这段史实,警示后人不要忘记这段历史。

"左强是殷纣王的谀臣,他夸张自己的本领,认为自己眼观千里能力超强,教导殷纣筑造高耸云天的象廊,又指引殷纣在室内设玉床,摆置犀玉做的器皿,用象牙做的筷子吃饭,剖挖圣人比干的心脏,砍断壮士的小腿。殷纣的叔父箕子怕死,只好披散着头发装疯卖傻。

"不仅如此,纣王杀周太子历,把周文王昌囚到石头屋子,想要从早到晚关押周文王。阴兢救出文王后,就和文王逃到周国,获得太公望姜尚的帮助,兴兵讨伐殷纣。

"文王病死后,大臣们用车载着文王的尸首继续前进。太子发代替文王号令全军，号为武王。最后在牧野和纣王决战，在华山的南面击溃了纣军。殷纣被武王围困在象廊。纣王被迫在宣室自杀，死后却得不到安葬。殷纣的头被砍下来悬挂在车上，让四匹马拉着车子行走示众。

"只要想到夏桀和殷纣的下场，我的心里就如同烧开的水在沸腾。他们当初都是富有天下贵为天子的人君，却贪婪成性，做事喜欢高大上，凶残傲慢，不重用忠诚老实之人，听信谀媚之臣，最后被天下人耻笑。

"现在，我的国家处在各诸侯国之间，如同秋毫般弱小。假如我做事有不恰当不合道义的地方，我和我的国家又怎么能逃脱灭亡的下场呢。"

卫平对答说："不是这样的。黄河即使神明，也赶不上昆仑山的神灵；长江即使广大通畅，也不如四海的辽阔浩荡。不论四海或昆仑山，人们尚且还要从中争夺宝物。为了宝物，诸侯们常常会引发战争：小国被消灭，大国遭凶险；为了宝物，可以杀戮他人父兄，掳掠他人妻子儿女，分割他人国土，毁坏他人宗庙。"

卫平说："使用强暴获取，应用文理治邦，不违背四季纲常，不亲近奸佞之臣；顺应自然变化，借助鬼神灵性；沟通与天地之间的关系。这样，诸侯前来归顺，人民富裕和乐。国泰民安，上下一致，开创一个全新的局面。汤武这样做，最终赢得了天子之位。《春秋》记载了这些事，作为后来者做事的纲常，树为楷模。

"元王不把自己比做汤武，却要把自己比做败国的桀纣。桀纣施行强暴，他们觉得强暴就是纲纪，就是久长！夏桀大修瓦屋，殷纣广建象廊，还要从百姓那里征收用作燃料的丝絮，耗费民财，与民争利；横征暴敛，屠杀民众。

"夏桀宰杀百姓耕作的牲畜，只是为了熟皮子做袋囊，为的是用箭射装满了血的袋囊；他们敢于和天帝争强胜，故意扰乱四时的顺序，抢在祭祀鬼神之前就品尝土地上一年四季的产品；要是有人进谏阻止，谏者立马就被他们杀死。

"到了最后，围绕在桀纣身边的只有阿谀奉迎的谄媚乱臣，君子吓得躲起来了，百姓们吓得不敢外出。到处是水旱灾害，妖孽横行，蝗虫肆虐。

"五谷没法成熟，人民不得安居，鬼神无法安享祭品；旋风时时起，白昼天天暗；日蚀刚走月蚀又到，导致日月的光泽被熄灭；天上群星乱转，一切都失去了纲常。这么多的事情怎么能让国家长久？

"即使没有汤武的强暴，国家的气数本来也该完了呀。所以商汤伐桀，武王克纣，是时运的结果，武王借此当上君临天下的天子，君主之位延续到子孙后代，而他也终身无灾疾，直到今天还被后世不断赞颂。这些都是根据时势而行动，按照事理要求而强暴，最终才成就了他们的帝王霸业。

"现在，这个龟是个大宝贝，它为圣人而出使，应该传赠给圣明的王。神龟不需手足就能行动，因为有雷电簇拥，有风雨护送，有流水推涌。

"元王是有德义的，才能遇到它，但您却因恐惧而不敢接纳它；元王要是把神龟放生了，宋国就一定会有灾祸发生。您以后即使后悔了，恐怕也真的来不及了。"

元王听了卫平的话，非常高兴。这样一来，元王先是面对太阳拜谢上天神灵，拜了两次后才接受了神龟。然后选择吉日开始斋戒，最吉利的时间是甲乙两日。

于是就宰杀白鸡和黑羊；在祭坛的中央用白鸡和黑羊的血灌养神龟，再用刀解剖，龟甲完整，一点也没有弄残缺。再用酒肉祭祀了一遍，才剔出神龟的肠腹。然后用荆枝烧灼，把纹理慢慢烧出来后，问兆。兆纹果然条理清晰地显现出来了。就叫卜官占卜，卜官说的都非常恰当。

宋国收藏着如此贵重的宝物，消息很快就传到了各诸侯国。于是就宰牛，取皮，蒙在郑国产的桐木上作战鼓。又分辨草木的特性，作成各种各样的武器。打仗的时候，没有哪个诸侯国是元王的对手。

元王执掌国家的时候，卫平做了宋国的相官，宋国的力量在当时各国中最为强大，这都是那只神龟带来的神力。

所以说，神龟虽然能托梦给元王，却不能从渔人的笼子里逃走；虽然能准确地昭示事理，却不能让它出使黄河，返回长江；虽然本领大到能让别人进攻得胜夺取必赢的地步，却无法让它自己避免刀锋、消除被宰杀剥剔的祸患；虽然聪慧得能预知未来吉凶，却不能阻挡卫平说出对自己不利的话；能全部预言事情的来龙去脉，却无法摆脱被拘禁被宰杀的命运；自己遇到事情时却无法躲避不利，要这样的本领又有什么用呢？

和一般人一样，神龟最平常的一面就是这样。因此，视力再好，也有穷尽的时候；听力再好，也有听不到的地方；本领再大，也不能左手画圆右手画方。

乌云常常遮挡日月的光辉。善于射箭的羿，也有不如雄渠、蠭门的地方；能言善辨又智慧超群的禹，却不能胜过鬼神。曾经，地柱折断了，天域本来就没有椽支撑，为什么要对他人全面苛责呢？

孔子听了神龟和宋元王的故事，说："神龟能知晓吉凶祸福，却只有一副中空的骨骸；太阳能施行恩德，却常常被三条腿的乌鸦欺侮；月亮能用刑罚辅佐太阳，却常常被癞蛤蟆又啃又咬；刺猬被喜鹊欺辱，腾蛇遭蜈蚣伤害。竹子外面有节段，里面却又直又空；松柏号称木王，却常常被栽在大门旁充当卫士。

"日辰不全，所以有孤虚；黄金有疵，白玉有瑕。事物发展有快有慢；物品性能有长短，网孔有细疏，常人有异能、有愚智。怎么做才算合适周全？

"上天尚且不周全，所以世人盖房时，为了安放房栋，就故意缺漏三块瓦，来应和上天的不周全。天底下的万物都有差异，事物因为不周全才能够在世间生存逗留。"

褚先生觉得，渔人收网捉到了神龟，神龟找宋元王寻求帮助，宋元王向博士卫平求救，卫平用"式"推算演练，确定日月方位，分辨星象关系，推测龟梦祸福，得出龟和所观测推算的情形相一致的结论，卫平就极力劝元王留住神龟，把它当作国家宝物，这的确是件好事啊。古时候占卜的在占卜时一定要使用和称赞龟，是神龟在这方面有响亮的名声，由来的确很悠久了。因此我才写下这篇传记。

占卜的禁忌规定：子时、亥时、戌时不能够占卜和杀龟。白天遇到日食不能占卜；黄昏时分神龟纠缠不清，也不能够占卜。庚日辛日可以杀龟，还能够在龟甲上钻凿。占卜师常常在每月初一来祓龟。

具体的做法是，先用清水给龟洗澡，再用鸡蛋在龟甲上摩擦，然后再拿龟去占卜，这是占卜时的常用方法。要是这样还不灵验，就先要驱邪，再用鸡蛋摩擦龟，然后向东站立，用荆条或硬木灼龟甲，用土捏成卵的形状，来指龟和绕龟各三遍。

最后再拿起龟用土卵绕行一圈，并祝愿说："今天是吉日，谨以精米鸡卵荆木黄绢，消除玉龟的不祥。"这样，玉灵一定诚实可信，知道所有事情的结果，什么事都能通过分辨兆文的方法，占卜得清清楚楚。

如果这样做了，占卜还是不信不诚，那就只好烧掉玉灵，扬弃它的骨灰，用来惩罚以后要使用的神龟。占卜时一定要面向北方，龟甲要用一尺二寸的。

占卜时，先要在龟甲燃烧过荆条木材的地方灼龟钻凹，先灼钻中部，再灼龟首，各灼三次；再灼中部，叫正身，灼首部的，叫正足，各灼三次。再用荆条火在龟甲的四周灼龟钻凹，共作三遍。

然后祝祷说："借助玉灵夫子的神力。玉灵夫子充满了灵性,我用荆枝灼烤您的心,就是为了让您先知未来。您的灵性上可行于天,下可行于渊,各种灵策都比不上您的灵信。今天是个吉日,就向您求一个好卜兆。"

还要祷告说："我想占卜某某事,如果得到恰当的兆示我就高兴,得不到的话就悔恨。如果我求的卜兆能得到,请向我呈现又长又大的兆形:收缩首尾,兆纹成对向上;如果我求的不能得到,请向我呈现弯折不直的兆文,中心和边缘的兆纹不对应,首尾不现兆纹。"

用灵龟占卜,就祝祷说："借助您灵龟神力。五巫五灵,也没有您神龟的灵性,先知人的生死。我要求个好占卜,我想求得某某物。如能得到,请您将兆头兆足都显现出来,兆纹内外相连;要是得不到,就请兆头向上仰,兆足向下收,内外自行下垂。我就得到结果了。"

为病人占卜时,祝祷说："现在某人病得很重,如果必死,兆首就上开,兆文内外错乱,兆身曲折不连贯;如果病不至于死,则呈现一个兆首上仰、兆足下收的兆纹。"

占卜为患者求问,患者有没有被鬼神作祟时,就祝祷说："这个患者如果中了邪,请不要呈现兆纹;没有的话,就呈现出兆纹来。兆有中祟,有内,外祟,有外。"

大致地总结一下:卜书上说的外者,是指他人,内者则是指自我;有时外指女,内指男。首俛,说的是忧。大,指的是兆身。小,指的是兆文末枝。

辨别兆文的大致原则是,寻问病情的,兆文足敛的则能活,足开的则要死;寻问出行的,兆文足开的就能到达目的地,足敛的则到达不了。寻问能否出行,足敛的则不宜出行,足开的就可以出行。寻问有所求结果的,足开的就会有收获,足敛的就没有收获了。寻问被囚的,足敛的就不能够获释,足开的则能获释。那些寻问病情的,足开的就死了,这是由于兆文呈内高而外下的缘故。

货殖列传第六十九

人物像

管仲

越王勾践　　　范蠡　　　计然

货殖列传第六十九

老子说:"国家政治清明到了极点,社会关系和谐到了极致,那时相邻封国之间的民众会相互看见,鸡鸣犬吠之声会相互听见,百姓们只是热衷于自己如何吃得更好、穿得更新,不需要为生活或社会问题而烦恼。他们依照道德风俗做事,心情愉快地工作,一生都不需要去抱团结伙维护自己的利益和人格。"但我不这样认为,我想,如果近代还有人以此为方式和目标去管理社会,那就是在欺骗世人,是行不通的。

太史公说:神农氏以前的情况我还不能了解,但《诗》《书》对虞夏以来的情况记述得就很清楚了,从这些记述来看,人的欲望是无穷的,他们总想听到最好的音乐,看到最好的美色,吃到最好的肉食,过上最安逸舒适的生活,摄取最大的权力来炫耀自己。这种观念在人们心目中已根深蒂固,即使用老子最精妙的言辞去挨家挨户地劝说他们,也不能改变他们的心志。

所以,最高明的社会管理方法首先是顺其自然,其次是因势利导,再次是教育软化,最后是束缚限制,最不可取的是与民争利。

太行山以西的地区盛产
木材、竹子、楮木、野麻、旄牛
尾和玉石，以东则盛产鱼、
盐、漆、蚕丝、音乐和女色；江
南盛产楠木、梓木、生姜、木
犀、金、锡、铅矿石、丹砂、犀
牛角、玳瑁、珠玑、兽角、皮
革；龙门山、碣石山以北繁育

马、牛、羊，毛毡、毛皮和制作弓弩的兽筋、兽角等，铜、铁资源则星罗棋布
地蕴藏在这里方圆千里的山峦之中。这仅仅是物产分布的大概情况，这
些物品都是中原民众最喜爱的，是百姓们衣食住行和生老病死所必备的
生产生活资料。

人们依靠农民来获得食
物，依靠虞人去伐取木材，依
靠工匠把圆木制成器皿和什
物，依靠商人流通物品，他们
各尽所能，各尽其力，以求所
需，这是再正常不过的事了，
无需管理者去插手、去要求。

贵是贱的征兆，贱是贵
的征兆，物价低了就进货，物价贵了就销售，人们各行其业，各乐其事，就
如流水一样日夜不息，永无休止。他们不用召唤就会自己赶来，不用要
求就会自己生产，这难道不是很自然的又经过验证了的事吗？

《周书》说："农民不从事农业，食物就要匮乏，工匠不制作器物，物品
就会缺少，商人不做买卖，物品流通就会断绝，虞人不开发山泽，资源就
会短缺。"反之，财富少了山川也就不会得到进一步的开发利用了。这四
种行业是民众生活用品的必要来源，来源多则天下富，来源少则天下贫。
它大则可以富国，小则可以富民。贫富的形成是没有人能够施予和剥夺

的，只是聪明的人能让财富越来越多，愚蠢的人会使自己越来越穷。

姜太公被封在营丘，那里的人口极为稀少，土地盐碱化严重，他因此鼓励女子去纺织刺绣，不断提高工艺水平；鼓励男子去从事鱼业和盐业的生产和贩运，不断扩大其生产规模。

这样一来，别国的财物就不断流入齐国，民众也纷纷归附齐国。各地的货物向营丘集中，就象串好的钱币一样连接着滚滚而来，又像车辐集中于车毂一般，奔跑着向营丘疾驰。这样，齐国生产的帽子、缎带、衣服、鞋子畅销天下，从渤海到泰山之间的诸侯们都整好衣冠前来朝拜齐国。

齐国中途衰落了，管仲又重新整治姜太公的事业，他设立了管理物流和物价的九个行政机构，不断规范齐国的商品市场，齐国的经济又重新振作了起来。齐桓公因此称霸天下，天下的政治也因此得到了匡正。管仲虽然只是个陪臣，但他为自己修建了华美的三归台，私人财富胜过了列国的君王。齐国的富强一直延续到齐威王、齐宣王时代。

"仓库充盈了,百姓自然就懂得礼节,衣食富足了,百姓也就知道了荣辱。"因此说,礼仪产生于富有的时代,废弃于贫穷无着之时;君子富有了就喜欢施行仁德,小人富有了,就去量力开发新的财源。渊深而鱼生,林深而兽往,民众富裕了,仁义道德就会自然归附于他们身上。

富有的人有了仁德就会越加显赫,但失势时连门客也无处容身,因而心情也就不会愉快,夷狄之地这种情况更为突出。谚语说:"千金之家的子弟不会因犯法受刑而死于闹市。"这绝不是假话。

所以说:"天下熙熙,皆为利来;天下攘攘,皆为利往。"那些拥有千乘兵车的天子,享有万户封地的诸侯,占有百室封邑的大夫尚且担心贫穷,更何况那些被登记在册的普通老百姓呢?

越王勾践会稽山被困之后,他为了复兴国家就启用了范蠡、计然二人,计然向他献计说:"知道要进行战争,就先要做战前准备;知道货物何时可用,才能懂得货物

的价值。只要把握好时间和需用这二者的关系,各种货物的供需情况和行情就能看得清楚。"

计然说:"年岁在金时农作物就丰收,年岁在水时就欠收,年岁在木时就有饥馑,年岁在火时就会干旱。干旱之时了,就应趁早备船以防洪涝;洪涝之时,就要准备好车马及时防范干旱,这是事物变化的基本规律。一般情况下每六年一丰收,每六年一干旱,十二年会遇上一次大的饥荒。"

他继续说:"如果出售粮食,价格在二十钱,农民的利益就会受到伤害;价格在九十钱,商人就要遭受损失。商人受了损失,钱财就很难流通;农民遭受损害,田地就会撂荒。如果粮价最高不超过八十钱,最低不少于三十钱,那么农民和商人就都有利可图。平价出售粮食时,要注意平抑其他商品的价格,关卡税收和市场供求机制都应该健全,这是治国之道。"

他接着说:"屯积货物、积累财富必须注意两方面的问题,一要重视货物的质量,二要防止造成资金的积压。对于容易腐烂变质的物品,要及时售出,不要为追求高价而去冒险囤积。物价贵到了极处,货物就会变得越来越不值钱;物价贱到了极处,货物就会变得越来越贵。"

计然最后说:"当货物的价格高到极点时,就要把手里的货物当成粪土及时出售;当货物贱到极点时,反而要把货物视为珠宝,及时去购买囤积。贵与贱不是绝对的、永恒的,而是相对的、变化的,它的流通和运转就像流水一样周而复始,永不停息,关键在于掌握好时机。"

勾践依照计然的这套办法治国，用了十年时间就让越国强大了，然后他花费重金去奖赏兵士，兵士们便勇于冲锋陷阵，战场上他们不顾箭镞和飞石的威胁，像口渴时遇到饮水一样勇往直前。这样，越国终于灭了吴国，称霸中原。

　　范蠡辅助越王成功之后，慨然长叹说："计然的策略有七条，越国只用了五条就实现了复仇的愿望，他的计策既然治国很有成效，我就把它用在治家上吧。"于是，他就改名换姓，乘舟泛海离开越国，浪迹江湖。他在齐国改名叫鸱夷子皮，在陶邑改名叫朱公。

　　他认识到陶邑地处天下的中心，这里的交通四通八达，各诸侯国交流货物十分便利，于是他就在这里治理产业，囤积货物，专心研究市场行情，把握稍纵即逝的商机，大胆投入，果断出手，讲求信用，不坑害别人，十九年中三次抢得商机，赚取了千金之财。

　　范蠡还两次把钱财分散给了穷朋友和本族的兄弟，这正是"君子富有了就做仁

德之事"的表现。范蠡年老力衰后就让子孙们去治家,子孙继承并发展了他的事业,拥有了巨额财富。所以,后世人谈论富翁时,就都称颂陶朱公。

子贡是孔子的弟子,后来他离开孔子到卫国去做官。这期间,他利用贵卖贱买的方法在曹国和鲁国之间经商,孔子的七十多个学生中,子贡是最为富有的。孔子的另一位学生十分贫穷,糟糠之食也难以保证,隐居在狭窄破败的小巷里无人问津。

子贡乘坐着齐头并辔的驷马高车,带着束帛厚礼经常访问和馈赠各诸侯王,他所到之处都受到人们的欢迎,国君们把他当做最好的朋友,与他平起平坐,不需要行君臣之礼。孔子得以名扬天下,就是因为有子贡在诸侯面前对他的宣扬和辅助。这正是所谓的名人得势之助,他的名声会更加显赫。

白圭是西周人,魏文侯时期,他在致力于农业生产的同时,又仔细观察市场行情和农业收成的变化,物产过剩时,人们都低价抛售,他却大量收购;市场供应紧缺时,他又高价售出。每年谷物成熟时,他大量购买粮食,卖出丝、漆等紧俏商品;蚕茧结成时,他又买进绢帛丝绸而出售粮食。

白圭知道,太岁在卯位时,当年的五谷将会丰收,但第二年的年景就不会好了。太岁在午位时会发生旱灾,但第二年的年景一定会很好。太岁在酉位时五谷又会丰收,第二年的年景又会变坏。太岁在子位时,当年将会出现大旱,但第二年将不会缺少雨水,收成将会很好。太岁第二次来到卯位时,他囤积的货物要比平常年份多一倍。

为了追求利润,白圭就收购质量稍差的谷物立即出手倒卖,收购上等谷物进行仓库储存,因此积攒了大量钱财。他不讲究吃喝,严格限制自己的生活嗜好；他节衣缩食，能同仆人们同甘共苦；他把注意力完全集中到市场上去，捕捉商机时就像飞禽猛兽捕捉猎物一样迅猛。

白圭说："从事商业经营要有伊尹、吕尚的谋略，要有孙子、吴起用兵时的诡异和果敢，要有商鞅变法时的法纪和严苛。那些不会应变，不会决断，不知舍弃，不能坚守的人我是不会教他们的。"所以人们都说白圭是商界的祖宗。白圭的经商之道是经过反复实践得来的，实践出真知，这绝不是马虎和随便的事。

蒲州人猗顿是依靠经营池盐发家的，邯郸的郭纵是依靠冶铁致富的，他们都富比王侯。

乌氏县有一个名叫倮的人经营畜牧业，他把家里的牲畜全部卖掉，然后买了很多奇异之物和大量的丝织品，私下里把这些东西献给了戎王。戎王便用十倍多的物品回赠他，他得到戎王的牛羊数量就像满地的谷粒一样难以数清。秦始皇便亲自颁发诏令，让倮的地位和诸侯大臣们一样尊贵，并邀请他在规定的时间与大臣们一起觐见皇帝。

巴郡有个叫清的寡妇，祖上留下了一个朱砂矿，她家几代人独享着矿业带来的丰厚利润，家产多得数不清。清这个女人能以寡妇之身坚守祖业，并用财产保护自己的安全和社会地位，秦始皇认为她是个有贞节的妇人，

就用宾客之礼对待她,还为她修建了女怀清台。

乌氏倮不过是个边远地区的牧人,清也不过是个穷乡僻壤的寡妇,但他们都能够和万乘之国的君主平起平坐,这难道不是因为他们富有吗?

汉朝统一天下后政府开放了水陆交通,废除了开采山泽的禁令,富商大贾们获得了商机。这样,商人们遍行天下,各地的货物流通一片繁忙,经济得到了很好的恢复。政府于是把富商豪杰、诸侯大户迁徙到了京城。

关中地区从汧县、雍县向东到黄河、华山,这方圆千里的土地十分肥沃,虞夏推行贡赋时,这里就被定为上等田地。后来公刘迁居到了邠地,周太王、王季迁居到岐地,文王在这里兴建了丰邑,武王在这里治理了镐京,所以这里的民众一直奉守着先王的遗风。他们重视农耕,种植着五谷,以德为本,羞于做坏事。

秦文公、秦穆公定都雍邑时,这里又是陇、蜀物流的要道,商人往来又很多;秦献公迁居栎邑,这里向北可防御戎狄,向东可沟通三晋,富商大贾往来其间;秦孝公和秦昭襄王治理了咸阳,汉朝籍此以咸阳为都市,长安附近的诸陵就成了全国货物的集散中心。这里地少人多,所以当地百姓更喜欢经商。

关中地区以南的巴蜀两郡沃野千里,那里出产栀子、生姜、朱砂、石材、铜、铁和竹器之类的物品。这里向南可以防御滇、僰(bó)之患,僰地是有名的僮仆之乡;向西邻近邛、笮,笮地盛产马匹和旄牛。

但巴蜀地区交通不便,只能用千里栈道与关中连接。这里的褒斜通道控扼其口,勾联四方道路,人们在这里用多余之物来交换短缺之物。

天水、陇西、北地和上郡与关中地区的风俗相同，它西面有羌中之地利，北面有戎狄的牲畜，畜牧产出居天下之首。可是这里地势凶险异常，京城长安把守着其通道。因此关中之地仅占天下的三分之一，人口也不过全国人口的十分之三，财富却占据了天下的十分之六。

唐尧时期定都于黄河之东的晋阳，殷人定都于河内之地的安阳，东周定都于河南洛阳。这三个地方位居天下的中心，犹如托起王业之鼎的三足，确实是帝王建都的理想之地。这里各诸侯国集聚十分方便，它们各有数百甚至上千年的建都历史。但这里土地狭小而人口众多，民俗小气、节俭而世故。杨与平阳两地向西可以到秦和戎狄地区经商，向北可到种、代地区做买卖。

种、代在石邑的北方，与匈奴接壤，屡遭匈奴的掠夺和侵扰。这里的民众尚武力、好义气，他们把扶弱抑强当做自己的使命，不喜欢从事农业生产和商业经营。

种、代之地靠近夷狄地区，因此多有军队驻扎，从中原运输来的各种物资多有剩余。当地民风强悍，不喜欢从事农耕，从早期的晋国时期开始，国君就对民风的慓悍感到担忧。赵武灵王时，这种剽悍的风气得到了进步一的滋长，当地民俗中至今仍保留有赵国好战的遗风。因此，杨和平阳两地的民众经常在这里往来买卖，获得他们想要的东西。

温、轵两地的民众向西可到上党地区、向北可到赵、中山一带经营商业。

中山地区地少人多，沙丘一带还有殷纣王留下的殷人后代，他们性情暴躁，靠投机谋生，男人们经常聚集在一起赌博游戏，慷慨放歌。他们白天纠合在一起杀人越货，晚上要么掘坟盗墓，要么山寨假货，要么私铸钱币投机取巧赚钱。

中山地区的男子多貌美，当歌舞艺人的很多；这里的女子喜好击鼓奏瑟，经常翘着高跟鞋游走献媚于权贵与富豪之间，她们被买入后宫的人很多，诸侯人家随处可以看到她们的身影。

邯郸是漳水、黄河之间的一个都市，北通燕、涿，南有郑、卫。郑、卫风俗与赵相似，但因地近梁、鲁，民俗相对来说比较庄重和矜持。卫君曾从濮上的城邑迁徙到野王，野王之地的人们比较侠义，还带有卫国的遗风。

蓟是渤海和碣石山之间的一个都市，它向南可通往齐、赵，向东北则与胡地衔接。上谷到辽东之地偏僻遥远，人口稀疏，历史上多次遭受胡人的侵扰，民俗大体上与赵、代地区相似，他们做事简单而凶悍，不爱思考问题。当地盛产鱼、盐、枣、栗等产品。蓟邑北邻乌桓、夫余，东面处于扼守秽貊、朝鲜、真番的有利位置。

从洛阳向东可到齐、鲁一带经商，向南可到梁、楚一带经商。泰山南部是鲁国故地，北部是齐国故地。齐地被泰山和大海怀抱，方圆千里，土地肥沃，适宜栽种桑麻，民众主要生产经营彩绸、麻布、丝织品和鱼盐业。

临菑是东海与泰山之间的一座都市，当地民众宽容厚重，通情达理，足智多谋，又喜欢发表议论，他们有很强的乡土观念，不愿外流漂泊。他们虽然害怕聚众斗殴，但却不忌惮暗中伤人，所以经常有抢夺他人财物的人出现,这是大国的风尚。这里的士、农、工、商、贾五种行业都很有规模。

邹地、鲁地滨临洙水、泗水,周公时期的风尚至今流传,民众崇尚儒术,讲究礼仪,百姓做事审慎而拘谨,特别注重细节。这里桑麻产业较有规模,但缺少山林水泽资源,土地少,人口多,所以人们都节俭吝啬。这些性格特点也决定了这里的人们能躲避邪恶,很少犯罪。

但邹地、鲁地的民众一旦穷困潦倒,经商的欲望就十分强烈,追逐财利的欲望比周地的百姓更强烈。

鸿沟以东,芒、砀以北是巨野县,是从前梁、宋的故地。陶邑(今定陶)、睢阳(今曹州)是这里商业聚会的中心城市。唐尧在成阳兴起,虞舜在雷泽打过鱼,商汤在亳地建立了都城,因此民俗中还存有先王的遗风,他们宽厚庄重,不缺少君子。这里的民众重视农耕,但物产并不富饶,民众节衣缩食,省吃俭用,以此获得财富的积蓄。

越、楚之地分为西楚、东楚和南楚,三地风俗各异。从淮北沛郡到陈郡、汝南、南郡是西楚地区,这里的民俗慓悍浮躁,容易发怒;土地贫瘠,人民几乎没有蓄积。江陵原为楚国古都,向西通往巫县、巴郡,东边是物产富饶的云梦。陈地处在楚、夏交接之处,鱼盐之货往来流通,民众多从事商业经营。徐城、僮县、取虑县(今下邳地区)一带的民众谨言慎行,信守承诺。

彭城以东至东海、吴、广陵一带是东楚地区,这里的民俗与徐、僮一带相近;朐、缯以北之地的风俗则与齐地相同;钱塘以南的吴地风俗与越地相同,阖闾、春申君、刘濞三人都曾在这里招募过天下游说之士。从这里向东有丰富的海盐，有分布在章山之中的铜矿，有来自于三江五湖的资源，吴都是江东的大都市。

衡山、九江、江南、豫章、长沙一带是南楚地区，风俗与西楚地区相近。楚失郢都后迁都到寿春，寿春也是一个都市。合肥也是一个大都市，它南尽长江，北临淮河，是皮革、鲍鱼、木材等商品的集散地。

南楚与闽中、吴越的习俗相互交杂，所以南楚居民擅长说辞，巧言少信。江南的地势低湿，男人大都短命。这里竹木资源十分丰富。豫章盛产黄金，长沙出产铅、锡，但资源有限，开采后所得的价钱难以抵偿支出费用。九疑山、苍梧以南到儋耳，这里的风俗与江南大体相同，有时还混杂着杨、越一代的风俗。番禺是当地的一个都市，是珠玑、犀角、玳瑁、水果、葛布等物品的集散之地。

颍川、南阳是夏禹族人的故地，夏人忠厚朴实，颍川、南阳人也因先王的教化影响而敦厚实在。秦末还曾迁徙过不法之民到南阳。南阳向西通向武关、郧关，东南分别是汉水、长江、淮水。

宛城是当地的一个都市，当地民俗混杂，好惹事生非，居民以经营小生意维持生计，喜欢行侠仗义。在商业流通上这里与颍川地区交往频繁。这里的人至今还被称为"夏人"。

各地的物产资源或多或少，分布很不均匀，民间的习俗也各有千秋，太行山以东地区食用海盐，太行山以西地区食用池盐，岭南和北地沙漠也出产盐。这方面的情况大体就是这些。

总之，楚越一代地广人稀，民众以稻米为食，以鱼类为羹，他们刀耕火种，灌水促苗灭草，种植瓜果，采捕螺蛤，生活自给自足，不进行买卖流通。

由于这里的自然条件较好，食物来源比较充足，因此人们不会为遭受饥馑而担忧。但优越的自然条件和自给自足的封闭经济也造就了人们懒惰偷生，缺少积蓄，所以人们普遍不富裕。因此，长江淮河以南地区虽没有挨饿受冻之人，但也缺少千金大户。

沂水、泗水以北地区适合种植五谷桑麻，饲养各种牲畜，虽然地少人多，历史上还多次遭受水旱灾害，但百姓很会积攒钱财；秦、夏、梁、鲁地的人勤于生产，重视民力。三河、宛、陈等地也是这样，再加上商品贸易的投入，这里自然就有了众多的千金大户。齐地、赵地的民众聪慧智巧，靠投机取巧来谋求财富。燕、代地区的居民勤于耕种、精务畜牧，而且还发展了养蚕业。

由此看来，贤能之人在朝堂竭力谋划、论辩是非，忠义守节之士不惜自身，谋取高名，隐居深山之士自命清高，保全名声，他们究竟是为了什么？都是为了财利！为政清廉就能长久做官，做官时间越长就会更加富有；商人讲求信誉，不贪一时之念而薄利多销，时间长了就能赚更多的钱。

追求财富是人与生俱来的本性，这并不需要学习，所以勇敢的兵士打仗时抢先登城，遭遇敌人时冲锋在前，斩将夺旗而甘愿冒死，赴汤蹈火而不惧怕危险，其实都是因为有重赏在激励。

那些乡间小巷里的青少年，他们抢窃财物，杀人越货，盗掘坟墓，私铸钱币，既当强盗又当侠客，拉帮结伙，图报私仇，胁迫他人做坏事，为了追求利益而不避法律禁令，往死路上跑如同脱缰的野马在奔驰。这一切其实也都是为了钱财。

赵国、郑国的女子精心打扮自己的容颜，弹着琴瑟，舞着长袖，脚着尖俏的舞鞋，用眼挑逗，用心勾引，不远千里外出，招徕男人不论年龄的大与小，她们同样也是为了钱财而作践自己。

那些游手好闲的公子们身佩宝剑，头戴裘帽，外出时车马排列成队，目的也是为了显示富裕人家的气派。

猎人渔夫起早贪黑，饮露卧冰，奔跑在深山幽谷之中却不顾猛兽的伤害，为的是获得更多的猎物。

赌徒们进出赌场，玩鸡逗狗，个个争吵得面红耳赤，还自我夸耀，非要争出胜负不可，他们看重的还是钱财上的输赢。

看病的郎中、算命的方士，以及靠种种技艺谋生的人，他们都绞尽脑汁，尽及所能，目的也是为了获得更多的报酬。

官吏舞文弄墨，私刻公章，伪造文书，冒着被杀头砍脚的危险冒犯王权，是因为他们置身于贿赂之中不能自拨。那些农、工、商、贾之人储蓄增殖，原本是为了自己的财富不断增加。人们这样费尽心机，竭力索取，都是为了财利。

谚语说："百里之外不贩柴，千里之外不贩粮。"因此，在一个地方居住一年的话，就要种植粮食；居住十年的话，则要栽种树木；居住几代人的话，就必须修养仁德。所谓德，就是人身上表现出来的才能、品质、名望和财力。

一些没有官职俸禄，没有爵位和封地的商人，他们生活得欢快而富有，能和政客们平起平坐，这些人被称做"素封"。有封地的人享受着租税，每户每年有二百钱的收入。享有千户的封君，每年有二十万钱的租税收入，但他们入朝拜谒天子，与诸侯来往走动，祭祀和馈赠他人等都要依赖这笔收入。

农、工、商、贾等这些普通百姓，如果家有一万钱的话，每年可获得二千钱的利息，拥有百万钱的话，可获得二十万钱的利息，他们除用这笔钱代替兵役、上缴税赋以及家庭支出外，结余还是很多的，这类人家的生活就比较随心所欲了。

所以说在陆地上养五十匹骏马，养一百六、七十头牛，二百五十多只羊，草泽里养二百五十头猪，在有水的地方建造一个年产一千石的鱼塘，在山里拥有千株大树的山林，这些都可以积攒下足够多的财富。

如果安邑之地拥有千株枣树，燕、秦之地拥有千株栗子树，蜀郡、汉水、江陵地区拥有千株橘树，淮北、常山以南，黄河、济水之间拥有千株楸树，陈、夏之地拥有千亩漆树，齐、鲁之地拥有千亩桑麻，渭河平原拥有千亩竹林，诸侯国和万户人家的城郭郊外拥有亩产一钟的千亩良田，或者千亩栀子、茜草，千畦生姜、韭菜等，您的财富就完全可以和千户侯的财富媲美了。您就不必要到集市上做买卖，不必要长途奔波劳顿去经商，坐在家中就可以获得财利了。这样，您不仅有丰足的财富可资用，还有了享誉乡里的财德之名。

至于那些贫困的家庭，诸如父母年老，妻子儿女因营养不良而多病，逢年过节无钱购置祭祀用品、家庭成员的衣食住行费用、亲戚及社会往来的应酬与馈赠费用等都没有着落者，这样的家庭是会被人轻视的，如果他们对自己的贫穷还不感到羞愧，那我就真的

无话可说了。

缺少钱财的人靠出卖苦力营生，稍有积蓄的人要去想办法增加其财富，千金之家的人要与时逐利，这是世之常理啊！因此，为了谋求生计而不顾惜自身的人，他们应该得到贤达名士的鼓励和支持。

靠耕种养殖等，用不动产而发家致富者为上好，靠商业经营而富贵的为次好，靠投机取巧，违法乱纪而富有的最为低下。如果长期与贫困为伍，又没有弃官隐居之士的品节，而嘴里却空谈着仁义道德，这样的人最让人不齿。

一般百姓面对财富多出自己十倍的人就会底气不足，面对财富多出自己百倍的人就会心生畏惧，面对财富多出自己千倍的人就愿意被人驱使，面对财富多出自己万倍的人就会甘愿为奴，这也是很自然的事情啊。

要改变贫穷面貌，农不如工，工不如商，织锦刺绣不如出卖色相，虽然这些都是末业，但却是穷苦人谋求生计的手段啊。

处在交通便捷的都市，如果每年酿千瓮酒、千缸醋、千甔饮浆、屠宰千张牲畜皮、贩卖千钟谷物、千车薪柴、总长千丈的船只、千根木材、万支竹竿、百辆马车、千辆牛车、千件油漆木器、千钧铜器、千担木器、铁器或染料，二百匹马，二百五十头牛，千只猪羊，百名奴婢、千斤筋角、朱砂、千钧绵絮、细布、千匹彩色丝绸、千担粗布、皮革，千斗漆，千瓶酒曲、盐豆

豉，千斤鲐鱼、紫鱼，千石小杂鱼，千钧腌咸鱼，三千石枣、粟子，千件狐貂皮衣，千石羔羊皮衣，千条毛毡、毛毯，千种水果蔬菜，放贷千贯资金等，凡此种种，市场的经纪人或贪心的商人，他们只能获得十分之三的利润，但薄利多销，讲信誉的商人可获得十分之五的利润。这些人的财富完全可以与千乘之家的人相比。这只是市场的大概情况，至于其他的杂乱行业，如果利润达不到十分之二，那就不是我所看好的行业了。

我说说当今贤能的人致富的大致情况吧，后来的人们可从中借鉴。蜀地的卓氏，其祖先是赵国的冶铁富户，秦国打败赵国后，当地人被迁出，卓氏的家产被虏掠，夫妻二人只推着一辆车子前行。被迁徙的人们把多余的钱财都争着贿赂给官吏，以求把他们迁到较近的葭萌县。

卓氏却觉得葭萌县地方狭小，土地贫瘠，于是就说道："我听说汶山脚下是肥沃的田野，田里生长着大芋头，芋头的形状和大小就象蹲伏着的鸱鸟，那里的人到死也不会挨饿的。那里的民众还擅长经商，到那里还可以做买卖。"

于是他就要求把自己迁到远处，最终他被迁到临邛县。卓氏非常高兴，在有铁矿的山里建起了铸造铁具的铺子，他家的财产很快就超过了滇蜀地区一般居民家庭的财产，再后来他家就有了多达上千人的奴仆，自己则尽享观花赏月，游猎田野之乐，因为他这时已经富比王侯了。

程郑是从太行山以东俘虏过来的人，也是靠冶铁铸造发家的，他的铁器销路主要是西南边远地区的少数民族，财富积累和卓氏差不多，他们都居住在临邛。

宛县孔氏的先祖是梁国人，经营冶铁业。秦国打败魏国后把孔氏迁到了南阳。孔氏便在南阳搞起了铸造业，他利用铸造业赚来的钱挖建鱼塘，还搞起水产养殖业。他家的车马成群结队，他经常游走在诸侯之间，以此为他的经营获取便利。

孔氏常常把钱财施舍给穷人，资助给官家，还赢得了乐赐好善的美名。其实，他施舍和资助的钱财只是所赚利润的零头，这是吝啬小气的商人无法想到的。他家的财富多达数千金，南阳的生意人因此也仿效他做事的厚重和大度。

鲁地人节俭吝啬，曹邴氏在这方面表现得更突出。曹邴氏是靠冶铁业发家致富的，家产万金，但他们父子兄弟都一个样，举手投足之间都想有所收获，为人处事处处想得利。这样长此以往，他家的租赁业、借贷业及其他商业店铺就遍及各地了。在这种经商思想的影响下，鲁地很多人就丢弃了儒学转而去寻求经商发财的门路了。

齐地人鄙视奴仆，但刀间这个人却偏偏重视奴仆。凶残狡猾是奴仆的特点，也是人们鄙视和不愿接纳奴仆的原因，刀间不仅收留和使用他们，还资助鼓励他们去做渔盐生意，让他们坐上马车去结交拜访当地的官吏,对他们的信任一如既往。刀间最终得到了这些人的回报,财富多达数千万钱。所以有人说:"为俸禄当官还不如到刀间家当奴仆。"说的就是刀间不仅能让奴仆变得富裕,也能让这些人死心塌地地跟着自己干。当然刀间更看重的是这些人能为自己创造财富。

周地民众都比较吝啬,师史表现得尤其明显。师史是做长途贩运生意的,他家的车辆数以百计,常年往来于各郡与诸侯之间。洛阳地处齐、秦、楚、赵等国的中心,位置非常优越,当地的好多贫穷人被雇佣在富人家学做生意,这些人常常夸耀自己在外经商的时间长,多次路过家门而不入,这都是因为师史善于用人的结果,也是他家财富增长很快的原因。师史的家财多达七千万钱。

宣曲任氏的先祖是督道仓的看守吏。秦朝灭亡时,豪杰们都去抢夺金银珠宝,而任氏却用地窖储藏米粟。后来楚汉两军在荥阳大战,民田无法耕种,米价迅速上涨到每石一万钱,豪杰强盗抢来的金银财宝这时就全部交换到了任氏手中,任氏因此发了大财。

富人们的生活一般都比较奢侈,而任氏却崇尚节约,自己还亲自从事着农耕和蓄养生产。当时好多人图便宜购买质次价低的米粟储藏,而任氏却坚持储藏质量好、价钱贵的米粟,结果赚了大钱。

任家几代人都很富有，但任氏的家规却规定，不是自家种植和蓄养的东西不吃不用；分内的事情没有做完不能饮酒吃肉！他首先带头遵守这些规定，乡里人都以他为表率做事。正因为如此，任氏在富有的同时还得到皇帝的敬重。

平定吴楚七国反叛时，政府下令长安城中的列侯封君们都要带兵出征，为了筹集战备物资，这些人需大量借贷有息之钱，但当时富人们都认为列侯封君们的食邑都在关东，且战争还不明了，于是就没有人愿意冒险把钱借贷给他们。但无盐氏与众不同，他以高出本钱十倍的利息为条件，把千金之钱借贷给了列侯封君们。三个月后吴楚之乱平息，无盐氏就得到了十倍于本金的利润，他这时的家产就可以和关中的富豪们相匹敌了。

关中地区的富商大户大都姓田，如田啬、田兰等。韦家和栗氏，安陵和杜地的杜氏，他们也都是拥有万万钱家产的富商大户。

以上这些人都是赫赫有名而又与众不同的人物，他们没有爵位，没有封地，没有俸禄，不会以文乱法，收受贿

赂,作奸犯科,夺人钱财。他们靠的是机敏的商业嗅觉,准确的市场预测能力,灵活多变的经营手段,大胆投资的经营理念。

他们用工商业赚钱,用购置田产守财,用强势的手段夺取,用规章制度维系,所以他们获取财富的方法值得记述。

至于那些致力于农业、畜牧、手工、山林、渔猎、商业以及靠权势成就财富者简直数不胜数,他们的财富,多者可压倒一郡,中者可压倒一县,小者可压倒乡里,凡此种种,我就不去记述了。

精打细算、辛勤劳作是理财营生的正道,但致富必有奇招。种田是笨重的行业,秦杨却靠它成为一州的首富;盗墓本是违法的勾当,田叔却靠它发了家;赌博是恶劣的行为,但桓发却因它致富;小商小贩在男人们看来是最低贱的职业,但雍地的乐成却因此而繁华;贩卖油脂是羞耻的事,但雍伯却靠它赚取了千金之财;卖水浆本是本小利薄的小买卖,可张氏却靠它赚了千万钱;打磨刀剪本来是小手艺,可郅氏却靠它过上了列鼎而食的奢侈生活;卖羊肚本是微不足道的简单事,但浊氏却因此而车马成行;给马看病本是小技艺,而张里却因此过上了吃饭时还有音乐伴奏的优雅生活。他们致富的共同原因就是专一。

生财没有固定的行业,财富也不可能有永远不变的主人。有才能的人会拥有财富,缺少才能的人就会败家失财。千金富户堪比一都之君,万贯家产可与一国之君同乐。这是不是人们所说的"素封"呢?难道不是吗?

太史公自序第七十
人物像

司马迁

司马靳

司马谈

太史公自序第七十

从前,颛顼治理天下时,任命南正重执掌天文,北正黎掌管地理。唐虞之际,又让重、黎的后代继续掌管天文地理,直到夏商时期。

重黎氏世世代代做天文地理工作。周朝时期的程伯林甫就是他们的后裔。

周宣王时期,因为失去了官职,重黎氏变为司马氏。司马氏世代掌管周史。

周惠王、周襄王时期,司马氏离开周都来到晋国。

后来遇到晋国中军元帅随会投奔秦国,司马氏就定居到少梁。

司马氏离开周都到了晋国后,族人散居在卫国、赵国和秦国各地。

在卫国的族人做了中山国的相国。

在赵国的司马氏，以传授剑术理论而显扬声名，蒯聩就是他们的后代。

定居在秦国的名叫司马错，曾经与张义发生过争执，于是周惠王就派遣司马错率军讨伐蜀国，夺取后，他做了蜀地的郡守。

司马错的孙子叫司马靳，侍奉武安君白起。这时的少梁改名叫夏阳。

司马靳与武安侯白起坑杀了在长平战败的赵国军队，两个人返回后都被赐死在杜邮，埋葬在华池。

司马靳的孙子叫司马昌，在秦始皇时代做过秦国主管冶铸铁器的官员。

蒯聩的玄孙司马卬曾做过武信君的将领，带兵攻打过朝歌。诸侯们相互争抢称王时，司马卬也在殷地称王。

汉王刘邦攻打西楚霸王项羽时，司马卬投降汉王，汉王就把殷地设为河内郡。

司马昌的儿子叫司马无泽，司马无泽做过汉朝的市长。司马无泽的儿子叫司马喜，司马喜被封为五大夫，死后安葬在高门。司马喜生了司马谈，司马谈做太史公。

太史公司马谈曾师从唐都学习天文，师从扬何学习《易经》，师从黄子学习道家理论。

司马谈在建元和元丰年间做官，他忧虑天下学者不能通晓各家学派的精要，而各习师书，学得一些谬误，就专门论述阴阳、儒、墨、名、法、道德等六家学派的主要思想。

司马谈认为：《周易·系辞传》说："天下人的追求是相同的，但具体谋虑的角度却各不一样；目的相同，但实现的方式却不一样。"阴阳、儒、墨、名、法、道德各家，都致力于太平盛世，但它们遵循的学说却不是一条路径，有的明显、有的隐晦。

司马谈曾经研究过阴阳学派，发现它注重吉凶祸福的预兆，讲究的忌讳很多，让人行动受束缚，思乡生敬畏。但阴阳家关于四季运行的规律却是值得学习借鉴的。

儒家学说博大但很少能抓住精要，让人费力费时却收效甚微，因此儒家的主张很难让人完全遵从接受。但它在君臣之礼、夫妇长幼之别的关系方面却是不能更改的。

注重节俭的墨家,经常让人难以依从。因此,墨家的主张也不能让人全部遵循,但它关于强本节用的思想,则是不应该被废弃的。

法家学派严酷峻法,寡恩刻薄,但它在辨正君臣上下的名分方面,则是不可更改的。

名家学派使人受到约束,容易失去真实,但它在辨正名与实的关系上,则是不能不认真考察的。

道家使人精神专一,行动上合乎无形的"道"。学术上它主张顺应阴阳家关于四时运行之说,吸收了儒墨两家的长处,撷取了名家法家的精要,随着时势的发展而发展,顺应事物的变化而变化。

树立了良好风俗的道家,在人和事方面没有不适宜的,它主旨简约扼要,容易让人掌握,用力少却效应多。

儒家学派却不是这样。他们认为君主是天下人的表率,君主在上倡导,臣民则在下应和,君主先行,臣民跟随。如此一来,则导致了君主劳累而臣下安逸的状况。至于大道要旨,儒家则舍弃刚强和贪欲、聪明和智慧,将这些放到一边却用智术统治天下。

精神过度消耗就会衰竭,身体过度劳累就会疲惫。精神和身体都受到侵扰,却想要同天地一样长久,天下并没有这样的好事。

阴阳家认为四时、八位、十二度、二十四节气各有一套宜忌规定,顺应它就会兴盛,背逆它,要么受伤,要么灭亡。这并不一定正确,所以说它"使人受到束缚又产生过多的敬畏之心"。

春天出生,夏天成长,秋天收获,冬天储藏,这是自然界最重要的运行规则,不顺应它就没法制定天下纲纪,所以说"四季运行的顺序规则是不能丢弃的"。

儒家把《礼》《乐》《诗》《书》《易》《春秋》等《六术》作为法则。而《六艺》的文本和解释有成千上万种,即使几代相续也不能贯通它的全部意义,用尽有生之年也无法掌握它的礼仪,所以说它"博大但很少能抓住精要,让人费力费时却收效甚微"。

但儒家在序序君臣父子的礼数,夫妻长幼的区别方面,即使百家学说也不能改变它。

墨家也崇尚尧舜的治理之道,谈论他们的品德修行:"堂口只有三尺高,堂下土阶只有三层,屋顶覆盖着不加修剪的茅草,用栎木做成椽子而不加刮削。用陶簋盛饭,用陶铡喝汤,吃着糙米粗饭,喝着藜藿做成的野菜汤。夏天穿葛布衣,冬天穿鹿皮裘。"埋葬逝去的人时,仅仅用桐木做三寸棺板,送葬的人即使大声悲哭也难以尽诉哀痛。

墨家教导民众丧失礼仪,以此作为万民的唯一标准,导致了天下尊卑贵贱缺少区别。时代不相同,时势有变化,人们从事的职业也不尽相同,所以说墨家"注重节俭却让人难于遵从"。

墨家的要旨在于强本节用,这是人们丰足、家庭富裕之道。也是墨子学说的最长处,即使百家学说也不能废弃它。

法家学说不区别远近亲疏,不区分尊卑贵贱,全部依据刑罚来治理,则导致了亲爱自己的亲属、尊敬长辈的恩爱关系断绝。它可以作为临时的决策,却不能做长久的应用,所以说法家学说"严酷峻法却寡恩刻薄"。

但法家使君主尊贵、使臣子卑微,使上上下下职责分明,不能相互逾越的观念,即使百家学说也是不能更改的。

名家学说苛刻繁琐,缠绕不清,让人不能反得其意,它把一切都取决于概念名称却失去了普通常理,所以说名家学说"使人受到约束而容易失去真实"。

但名家主张的由名求实,名实相符,要求名称与实际比较对证,这是不能不予以认真探究的。

道家崇尚无为,又叫无不为,它的实际主张容易推行,然而它的文辞则幽深微妙,很难让人明白通晓。

道家的学说以虚无为基础,以顺应自然为原则。它认为事物没有一成不变势态,没有固定不变的形态,所以才能探究天下万物的情理。不做超越或落后于事业本身情理的事,所以才能成为万物的主宰。

道家有法却不以法为法,他讲求顺应时势,促成事业;有度却不以度为度,关键在于依据万物之形来与之相结合。所以说道家"圣人的思想和业绩不能够磨灭的原因,是能够顺应时势。虚无是道的永恒规律,顺应天意是君主治理天下的纲纪"。

道家主张做君主的应让群臣明白自己的职责。臣子的实际情况符合自己言行的,称为"端",实际情形与言行不一致的,称为"窾"。不听信窾言空话,奸邪就不会滋生,贤明与宵小自然就区分开了,黑与白也自然分明。

道家认为人因精神而活,精神又寄托于形体,精神过度消耗就会衰竭,身体过度劳累就会疲惫。形、神分离就会死亡,死去的人再也不能复生,形、神分离后就不可能重新结合在一起,所以圣人很重视这个问题。

道家把精神看作是生命的根本,把形体看作是生命的具体依靠。如果不先安定自己的精神和形体,却畅想"我有能力治理天下",凭借的又是什么呢?

太史公专门掌管天文,不从事民事管理。他的儿子叫司马迁。

司马迁出生并成长在龙门,在黄河之北、龙门山之南过着耕种畜牧的生活。年仅十岁就能习诵古文。

司马迁二十岁时开始南游,他曾游历于江淮地区,登临会稽山,探察禹穴,观览九凝山,泛舟沅水、湘水之间。

游历期间，司马迁向北渡过汶水、泗水，在齐鲁两地的都会研究学问，考察孔子的遗风，在邹县、峄山行乡射之礼；受困于鄱、薛、彭城，经过梁楚之地，返回家乡。

司马迁出任郎中，奉命出使，向西征讨巴蜀以南地区，向南攻占邛、笮、昆明之地，完成任务返回后，把出使的情况向天子做了汇报。

这一年汉朝天子汉武帝开始举行汉朝的封禅大典，而太史公却被滞留在周南，没有获得跟随天子参与封禅活动。

不能参加封禅大典，司马谈因此心中愤懑，郁郁寡欢，得病，行将死亡。

这时候，正遇上儿子司马迁出使返回，在黄河、洛水之间见到父亲司马谈。

父亲拉着司马迁的手，一边哭泣一边说：“我们的先祖是周朝的太史，远在上古虞夏时期就扬名天下，执掌天文之职。后来家族衰落，没想到竟然会断绝在我的手里！”

父亲对司马迁说：“你续做太史官，就会接续我们祖先的事业了。如今天子承袭汉朝千年一统的大业，到泰山举行封禅大典，可我却不能跟随前行，这是命中注定了的，是命啊！”

父亲对司马迁说道：“我死以后，你一定会做太史官的；你做了太史，千万不要忘记我想要撰写的著作啊。"

司马谈说："行孝道开始于侍奉双亲，进而事奉君主，最终在于扬名显世。扬名后世以彰显父母，这是最大的孝道。"

司马谈又说："天下称颂周公，称赞他能歌颂文王、武王的公德，宣扬周、召的风尚，通晓太王、王季的思虑，以至于公刘的功业，遵从始祖后稷。"

司马谈说："周幽王、周厉王以后，王道衰败，礼乐倾废，于是孔子研究整理旧有的典籍，论述《诗经》《书经》，创作《春秋》，天下学者直到现在还把它们作为准则。"

司马谈说："自《春秋》诞生以来，已经有四百多年了，各诸侯相互兼并，史书典籍丢失殆尽。"

父亲最后说："如今，汉朝兴起，四海一统，明主先君忠臣死义之士辈出，我作为太史却没能评论载录，断绝了天下的修史传统，我心里感到惶恐不安，你可一定要记在心上啊！"

司马迁低下头，边流泪边说："儿子我虽然不聪明，但我会详细叙述父亲大人整理的历史见闻，不敢有半点遗漏差错。"

太史公司马谈去世三年后，司马迁被迁作太史令，开始缀集历史书籍和国家收藏的档案文献。

司马迁任职太史令的第五年，也就是太初元年，十一月甲子朔旦冬至，汉朝的历法开始改用夏历，以农历一月为正月，天子在明堂举行实施新历法典礼，诸神皆受瑞纪。

太史公（以下为司马迁自称）说："先父说：'从周公去世后五百年，出现了圣人孔子，孔子去世后到现在也有五百年了，有能彰显和继承清明盛世，正定《易经》，续写《春秋》，以《诗》《书》《礼》《乐》为本的人吗？'他的用意就在这里，就在这里啊！我又怎么敢推辞呢？"

上大夫壶遂说："从前的孔子为什么要编写《春秋》？"

太史公回答说："我听董仲舒说：'周朝的王道衰颓废弛，孔子担任鲁国司寇时，诸侯们陷害他，卿大夫阻挠他。'"

太史公说："董仲舒对我说：'孔子晓得自己的建议不会被采纳，主张不会被推行，便褒贬评论二百四十二年间的是是非非，作为天下评判是非的标准，贬抑无道天子，斥责不轨诸侯，声讨乱政大夫，以达到使国家政事通达的目的。'

"孔子说：'与其让我用空洞的言论来劝说，倒不如列举出以往那些在位者的所作所为，让人们看清他们做事的是非美丑。'

"《春秋》向上阐述夏禹、商汤、周文王的治国之道，向下辨析人事法度，辨别嫌疑，辨明是非，论定犹豫不决之事，褒善惩恶，尊重贤能，鄙视不肖。

"《春秋》能让行将灭亡的国家存续，使将要断绝的世系延续，补救衰敝之事，振兴废弛之业，这就是最大的王道。

"《易》记述天地、阴阳、四时、五行的变化，所以它长于说明变化；《礼》规范人伦，所以它长于行事；《书》记叙先王事迹，所以它长于治理；《诗》记录山川溪谷、禽兽草木、牝牡雌雄，所以它长于风土人情；《乐》议论音乐兴人，所以它长于和谐；《春秋》论辩是非，所以它长于治人。

"由此可见，《礼》能约束人，《乐》能劝善人，《书》能辩政事，《诗》能表情意，《易》能讲变化，《春秋》能论道义。平定乱世，使之反归正道，没有哪一部著作能比《春秋》更贴切有效了。

"《春秋》全文仅仅几万字，但它的精要就有几千条。天下万物的离散聚合都在一部《春秋》当中。

"《春秋》记载了三十六起弑君事件，五十二个被亡之国，诸侯奔走逃亡不能保其侯国的多得不计其数。

"探究《春秋》中所列举的史实，其中变化败亡的原因，都是因为丢失了立国立身之本的春秋大义。

"所以《易》中说道：'失之毫厘，差以千里。'又说：'臣弑君，子杀父，

并不是一朝一夕的缘故，其中的发展变化已经很久远了。'

"做国君的不可以不熟知《春秋》，否则，即就是奸佞之徒、乱贼之臣站在身边也发现不了。

"做人臣的不能不熟知《春秋》，否则，只会墨守成规却不会因事制宜，遭遇意外事件就不能灵活处理。

"做人君、人父的如果不通晓《春秋》的要旨，一定会蒙受首恶之名。做人臣、人子的如果不通晓《春秋》的要义，一定会陷入因弑君篡位而被杀伐的境地，蒙受死罪恶名。

"他们都认为自己是在做好事，却不懂得《春秋》大义，蒙受史家强加的不实之罪却不敢予以否认。

"如果不明了礼义的要旨，就会导致君不像君、臣不像臣、父不像父、子不像子。

"君不像君，就会被臣下冒犯；臣不像臣就会被诛杀；父不像父就会昏聩无道；子不像子就会忤逆不孝。

"上面说的那四种恶性，其实就是天下最大的罪过。把天下最大的罪过强加在他的身上，也只能接受，无法推辞！

"因此，《春秋》是天下礼义的根本，礼可以把坏事禁绝在萌芽状态，把法规施行在坏事发生之后，法施行的作用是显而易见的，而礼禁绝的作用是隐晦难知的。"

壶遂说："孔子生活的时代，在上没有圣明的君主，在下又得不到重用，所以他编写《春秋》，留下一部空洞洞的史文来裁断礼义，当作一代帝王的法典。

"如今，先生您对上幸遇圣明的天子，在下能当官供职，万事俱备，全部各得其所、井然有序，先生所要撰述和阐明的是什么呢？"

太史公说："您说的对，也不对。父亲对我说：'伏羲极为纯厚，作《易》八卦。尧舜的强盛，《尚书》做了记载，礼乐从那时兴起了。商汤周武的盛隆，诗人来歌颂。《春秋》扬善贬恶，推崇夏商周三代的盛德，赞美周王室，并不仅仅是讽刺讥笑啊。'

"从汉朝兴建到当今圣明的天子时代，获见符瑞，举行封禅典礼，修订历法，变换服色，承受天命，广施恩泽。

"海外不同习俗的国家，辗转翻译，来到汉朝边关，请求进献和朝见，多得数不清。

"臣下百官尽力传颂天子的隆恩圣德，仍然无法表达出他们的心意。

"而贤能的人如果不被朝廷重用，那就是做国君的耻辱；君主圣明，功德却不能被广泛传布，让天下人知晓，是相关官员的罪过。

"我曾担任过太史令一职，如果丢弃和不予记载圣明天子的恩德，埋没和不记载功臣、世家、贤大夫的功业，违背先父的临终遗言，这样的罪过实在是担当不起的啊。

"我说的陈述旧事，整理有关人物的家世传记，并不是你说的著作啊，然而您却把它与《春秋》相比较，的确错了。"

在这种情况下，太史公才开始按次序论述所得的文献和材料。

论次到第七年，太史公遭遇李陵之祸，被幽禁狱中，于是就喟然长叹，感慨说："这是我的罪过啊，是我的罪过！身体被残毁，没有用了！"

太史公又退一步思考，自言自语地说："《诗》《书》含义隐微，言辞简约，这是作者要表达心志和情绪啊。"

太史公想："当初周文王被囚禁羑里，从而推演了《周易》；孔子遭遇陈蔡厄运，从而创作了《春秋》；屈原遭遇放逐，从而著有《离骚》；左丘明失明后，从而才有《国语》。"

太史公又想："孙子被膑脚，从而才有了他关于兵法的论述；吕不韦被贬徙，天下才有《吕览》；韩非子被囚禁在秦国，从而才写了《说难》《孤愤》《诗经》三百篇。"

他继续思考："以上那些著作，大都是圣人、贤士抒发愤懑之情的结果。他们心中忧愁郁闷，理想不能实现、主张不能落实，因而追述往事，等待来者。"

于是，太史公司马迁下定决心，记述从陶唐直到汉武帝获麟那一年的历史，史书是从黄帝开始写起的。

想我大汉朝继承五帝遗风，接续三代中断的大业。

周王朝王道废驰，秦朝政府毁弃先前的文化典籍，焚毁《诗》《书》，致使明堂、石室金匮国家收藏的玉版图籍散失错乱。

汉朝建立后，萧何修订法律，韩信申明军法，张苍制定章程，叔孙通确立礼仪。

那些既有文采又有品德的饱学之士逐渐得到朝廷的重用，《诗》《书》不断在各地被发现。

自从曹参推荐盖公讲授黄老之道以来，而贾生、晁错通晓申不害、商鞅之法，公孙弘以饱学儒术而显贵。

汉朝兴建后的一百多年间，天下遗失的文章、古事没有不汇集到太史公这里的。

于是，太史公父子二人相继执掌这一职务。

太史公司马谈说："唉！我们的先祖曾经执掌这一职务，在唐虞时期显耀扬名，直到周朝，再次执掌其职，所以司马家族世代掌管天官之事。难道要在我的手里中断这个职业吗？儿子，你要铭记在心，铭记在心啊！"

司马迁从各方面网罗收集天下散失的旧闻，对帝王的兴起追根究源，既要考察他的昌盛，又要观察探讨它衰微的规律。

细心研讨考察各个朝代所行之事，大略推断三代，详细记录秦汉时代。

全书上溯到轩辕皇帝，下止于现在。

按照类别加以排列，作十二本纪。

有的同时异世，年代误差不明，作十表。

礼乐增减，律历更改，兵法权谋，山川鬼神，自然和人之间的关系；趁其衰败实行变革，作八书。

二十八星宿环卫北辰，三十根车辐集于车毂，运行无穷，辅弼股肱之臣与此相当，他们忠信行道，以侍奉主上，作三十世家。

有些人仗义而行，倜傥不羁，善于抓住时机，立功名于天下，作七十列传。

全书总计一百三十篇，五十二万六千五百字，称为《太史公书》。

序略，以拾遗补充六艺，成为一家之言，协合《六经》异传，整齐百家杂言。

主本藏之于名山，把副本留在京都，留待后世圣人君子观览。

太史公说："我历述黄帝以来至太初年间史事，共一百三十篇。"